ヴェーバー社会理論のダイナミクス

「諒解」概念による『経済と社会』の再検討

松井克浩

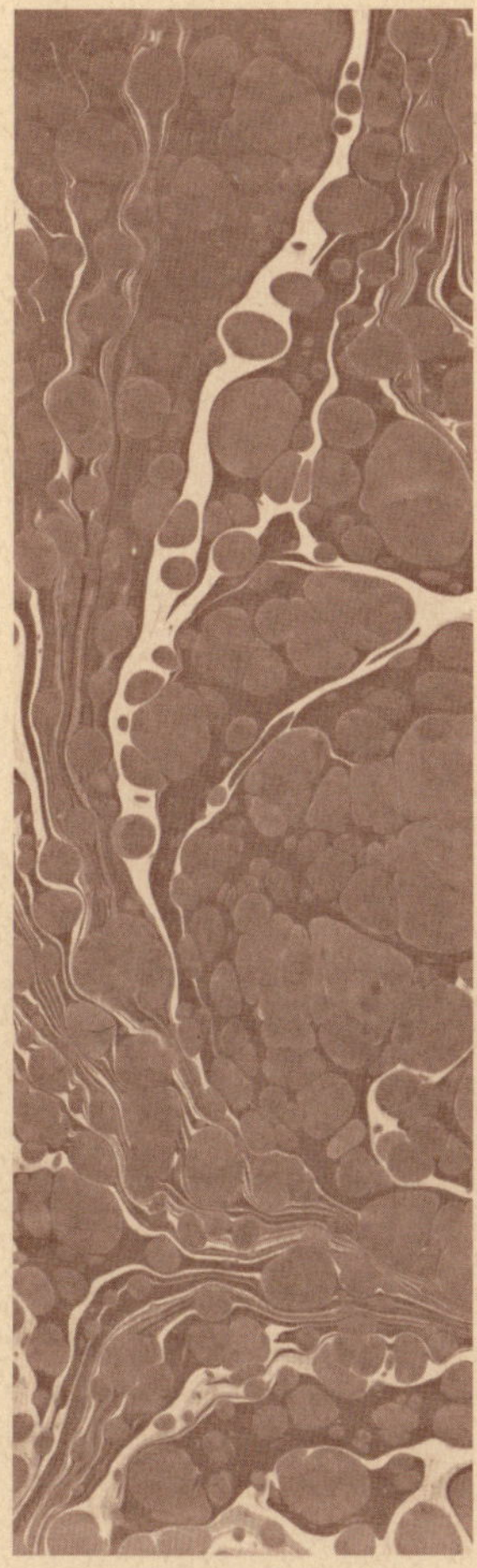

未來社

ヴェーバー社会理論のダイナミクス　目次

序章　「鉄の檻」の動態化……11
第一節　出口のない近代……11
第二節　「諒解」の視座——本書の立場……15
第一章　二つの水準の「意味」と「諒解」——「理解社会学のカテゴリー」の問題構制……31
第一節　「方法論的個人主義」の捉え直し……31
第二節　二つの水準の「意味」……32
（1）目的合理性と整合合理性……33
（2）心理学・法教義学と理解社会学……36
第三節　「諒解」の基底性……40
（1）ゲマインシャフト行為……41
（2）ゲゼルシャフト関係とゲゼルシャフト行為……44
（3）諒解……48
（4）アンシュタルトと団体——ゲゼルシャフト関係に対する諒解の基底性……57
第四節　むすび——合理化の「意味」……63
第二章　秩序の妥当とゲマインシャフトの重層性……75
第一節　秩序はいかにして「妥当」するのか……75
第二節　諒解にもとづく秩序の「妥当」……77
（1）法秩序の妥当……77

（2）習俗・慣習律・法――「妥当」の経路（一）……80
（3）利害関心にもとづく諒解――「妥当」の経路（二）……84
（4）合理的な行為者と合理的な秩序……89
第三節　ゲマインシャフトの重層性と「諒解」……91
（1）重層的なゲマインシャフト形成への視点……91
（2）「原生的」なゲマインシャフト……95
（3）「共属意識」の喚起……99
第四節　むすび――合理的秩序の存立……103

第三章　「理解」の方法と宗教社会学……111
第一節　「プロテスタント的近代」の問題……111
第二節　理解社会学の基礎視角……113
第三節　宗教倫理とその担い手……116
（1）祭司・預言者・平信徒の対抗と協働……117
（2）平信徒の合理主義……122
（3）ルサンチマンと品位感情……125
第四節　「全人格性」としての合理的近代人……131
（1）西欧的な合理化の条件と性格……131
（2）「全人格性」という想定……134
第五節　むすび――プロテスタント的近代の存立構造……138

第四章　法の合理化と重層化……147
第一節　ヴェーバーの近代認識と「法社会学」……147
第二節　「鉄の檻」の越え方……150
（1）合法性の根拠づけ……150
（2）「物象化」という視角……153
（3）行為の規律化と法秩序の物象化……156
（4）本章の課題……160
第三節　法の形式的合理化への道筋……163
（1）「法社会学」の基本的構成……163
（2）政治団体の構造様式と法技術的契機……167
（3）法の形式的合理化の政治的契機……171
第四節　「諒解」としての契約自由――経済的契機……175
（1）市場と契約自由……175
（2）契約自由と自然法……188
（3）自然法以降の展開――形式性と実質性の関係……196
第五節　むすび――法の合理化と重層化……200
第五章　政治ゲマインシャフトの存立構造……213
第一節　政治ゲマインシャフト論の課題……213
第二節　政治ゲマインシャフトの発展段階……215

第三節　威信感情と「国民」……222
（1）権力のダイナミクス……222
（2）「国民」への統合……227
第四節　身分と階級の対立と交錯……233
（1）階級と身分の〈構成〉……233
（2）身分、生活態度、諒解……237
第五節　むすび――政治ゲマインシャフトの重層性……244
終章　行為者像の転換と社会像の転換……251
あとがき……262
初出一覧……xvi
文献……ix
事項索引……iv
人名索引……i

［凡例］

一　引用文中の傍点は、引用文著者による強調を示す。

二　文献の参照指示は、文中にカッコ書きで、著者名・出版年（・ページ）の順に記載する。訳書がある場合は、原著者名・原著出版年・ページ＝訳書のページの順、あるいは原著者名・原著出版年＝訳書の出版年の順に記載する。これらの参照指示は、巻末の参考文献リストに対応している。

三　ただしマックス・ヴェーバーの著作からの引用については、原典・邦訳書ともに以下のような略号を用いる（文脈から邦訳書が明確な場合は、ページのみ示している）。引用に際しては邦訳書を参照したが、訳文を変更している場合もある。

GS：*Gemeinschaften, Max Weber Gesamtausgabe*, I/22-1, J. C. B. Mohr.
　「一般」：厚東洋輔訳「共同体の経済的関係についての一般的考察」『ウェーバー』中央公論社
　「家」：厚東洋輔訳「ゲマインシャフト結合とゲゼルシャフト結合の諸類型」『ウェーバー』中央公論社
　「種族」：中村貞二訳「種族的共同社会関係」『みすず』二一一号
　「政治」：濱島朗訳「政治共同体」『権力と支配』みすず書房
　「国民」：濱島朗訳「勢力形象。『国民』」『権力と支配』みすず書房
　「階級」：濱島朗訳「階級、身分、党派」『権力と支配』みすず書房
PS：*Gesammelte Politische Schriften*, 4. Aufl., J. C. B. Mohr.

「議会と政府」：中村貞二・山田高生訳「新秩序ドイツの議会と政府」『政治論集』2、みすず書房
RG：*Religiöse Gemeinschaften, Max Weber Gesamtausgabe*, I/22-2, J. C. B. Mohr.
「宗教」：武藤一雄・薗田宗人・薗田坦訳『宗教社会学』創文社
RS：*Gesammelte Aufsätze zur Religionssoziologie* I, J. C. B. Mohr.
「倫理」：大塚久雄訳『プロテスタンティズムの倫理と資本主義の精神』岩波文庫
SS：*Gesammelte Aufsätze zur Siziologie und Sozialpolitik*, J. C. B. Mohr.
「政策」：中村貞二訳「市町村の経済的事業によせて」『政治論集』1、みすず書房
「学会」：中村貞二訳「ドイツ社会学会の立場と課題」『ウェーバー 社会科学論集（完訳 世界の大思想 1）』河出書房新社
WL：*Gesammelte Aufsätze zur Wissenschaftslehre*, 6. Aufl., J. C. B. Mohr.
「ロッシャー」：松井秀親訳『ロッシャーとクニース』未來社
「カテゴリー」：海老原明夫・中野敏男訳『理解社会学のカテゴリー』未來社
「基礎概念」：阿閉吉男・内藤莞爾訳『社会学の基礎概念』恒星社厚生閣
WuG：*Wirtschaft und Gesellschaft*, 5. Aufl., J. C. B. Mohr.
「諸秩序」：世良晃志郎訳「経済と社会的諸秩序」『法社会学』創文社
「法」：世良晃志郎訳「法社会学」『法社会学』創文社
「支配Ⅰ」：世良晃志郎訳『支配の社会学』Ⅰ、創文社
「支配Ⅱ」：世良晃志郎訳『支配の社会学』Ⅱ、創文社

ヴェーバー社会理論のダイナミクス——「諒解」概念による『経済と社会』の再検討

装幀——岸顯樹郎

序章　「鉄の檻」の動態化

第一節　出口のない近代

未来の隷従の檻

マックス・ヴェーバーは、近代社会の行く末について、陰鬱な予言を残した人物として知られている。一九一八年に公刊された「新秩序ドイツの議会と政府」の中で、ヴェーバーは次のようにいう。「生命ある機械は生命なき機械と手を結んで、未来の隷従の檻をつくりだすよう働く。もしも純技術的にすぐれた、すなわち合理的な、官僚による行政と事務処理とが、人間にとって、懸案諸問題の解決方法を決定する際の、唯一究極の価値であるとするならば、人間はたぶんいつの日にか、古代エジプト国家の土民のように、力無くあの隷従に順応せざるをえなくなろう」（PS, 332＝「議会と政府」363）。

また「プロテスタンティズムの倫理と資本主義の精神」の末尾近くには、次の文章がみられる。「禁欲は修道士の小部屋から職業生活のただ中に移されて、世俗内的道徳を支配しはじめるとともに、こんどは、非有機的・機械的生産の技術的・経済的条件に結びつけられた近代的経済秩序の、あの強力な秩序界をつくりあげるのに力を貸すことになった。……運命は不幸にもこの外衣を鋼鉄のように堅い檻としてしまった」(RS, 203＝「倫理」364–5)。

ここで描き出されているのは、近代化、合理化の結果として現われた官僚制と資本制が、私たちを鋼鉄の檻に押し込め、精神の自由を奪って歯車化し、生活のすみずみまで決定しつくす、というイメージである。これまでのヴェーバー研究の大きな部分は、こうした彼のペシミスティックな予言をどのように受けとめ、またそれをどのように乗り越えるのか、という点をめぐって展開されてきた。

たとえばタルコット・パーソンズは、「ヴェーバーの立場にみられる方法論的な難点」が「合理化過程というものが鉄のように堅い性格をもっているという考え方を生みだす源泉となっている」という(Parsons 1968 : 607＝208–9)。パーソンズの場合、こうした観点から、ヴェーバーの理念型論の批判的再検討、さらにはシステム論の見地からの行為理論の再構成へと歩みを進めていく。「鉄の檻」というヴェーバーのペシミズムへの批判とその乗り越えが、「パーソンズの生涯をかけた学問的営為」となっていったのである(高城 2003 : 56)。

ヴォルフガング・モムゼンは、官僚制化に対するヴェーバーのペシミスティックな展望を前提として、官僚支配を克服した「強大国ドイツ」の実現がヴェーバーの課題だったとする(Mommsen 1974＝1994)。そのための方策として、議会による政治指導者の選抜から、やがてはカリスマ的リーダーによる「人民投票的指導者民主制」の構想に至ったとみている。モムゼンは、ナチズムの台頭に道を開くともみられるヴェーバーの構想に対して、西欧市民革命と結びついた自然法の理念に依拠することによって、批判的克服をはかっている。(1)

根底的な非合理性

日本においても、大塚久雄の問題提起をきっかけとして多くの論者がヴェーバーの〈近代批判〉的な側面に言及し、研究が蓄積されてきた。(2) その代表的なものとして、山之内靖による一連の研究をあげることができるだろう（山之内 1982；1986；1993；1997）。山之内によれば、「古プロテスタンティズム」は「初発からその合理性の裏腹として非合理なものを内包」していた。それが『人間を管理する僕』に化し、『営利機械』として組織に仕えさせるような近代官僚制の展開を準備」したのである（山之内 1982：32–5）。

山之内によれば従来のヴェーバー研究は、近代ヨーロッパを範型とする〈近代主義〉的解釈にとらわれていたため、プロテスタンティズムがそもそも有していた根底的な非合理性に目を向けることができなかった。しかし、ヴェーバーが「プロテスタンティズムの倫理と資本主義の精神」において語ろうとしたことの中心は、この点にあったのである。「ヴェーバーの苦悩は、伝統主義からの脱却において世界史的な意義を担ったプロテスタント的禁欲がそのものとして合理性と非合理性をあわせもっているという自覚の上に立っていたがゆえに、西欧近代を根底から揺るがす恐れへと連動していかざるをえなかった」（山之内 1982：37）。

山之内は、こうした宗教倫理に由来する官僚制の「鉄の檻」の問題を考察するために、ヴェーバーの中の「ニーチェ的モメント」に光をあてる、という戦略を提案する。そしてこの観点から、ヴェーバーの古代史研究などにみられる「騎士的・戦士的市民層の精神への共感」の復元を試みる。山之内はそこに、「近代の呪われた運命」の「流れに抗する」姿勢を読みとろうとしているのである（山之内 1997：228）。

山之内の場合は、ヴェーバーが出口のない「鉄の檻」という展望に至ったことは、方法論上の難点に起因するとは考えられていない。プロテスタンティズムが孕む根底的非合理性ゆえに、「鉄の檻」に至ることはある意味で必然的であったと考えられているようだ。これまでのヴェーバー研究は、ニーチェとの親縁性を無視してきたために、ヴェーバーが対峙した問題の深刻さを十分理解してこなかった。そう山之内はみているのである。

「鉄の檻」を生きる人間像

合理化・官僚制化がやがて「鉄の檻」に至るという〈近代批判〉的なヴェーバー理解に対応して、そうした社会を生きる人間の姿もまた、批判的に捉え返されてきた。その出発点をなしてきたのも、たとえばヴェーバーの次のような文言だろう。「この計算のために、一人ひとりの労働者はこの機械の中の一つの小さな歯車となる。そして内面的にますます機械と同調して、自分を歯車と感じ、次のような問いかけをするだけになる。もう少しは大きい歯車になれるだろうか、と」（SS, 413＝「政策」101）。「精神のない専門人、心情のない享楽人。この無のものは、人間性のかつて達したことのない段階にまですでに登りつめた、と自惚れるだろう」（RS, 204＝「倫理」366）。

社会の合理化が進めば進むほど、行為者の「主観的目的合理性」は低下していくというパラドックスを、「没意味化」として鋭く剔出したのは折原浩だった。合理化によって「目的合理的行為」のための客観的条件が整ってきており、外的経過においては「客観的に整合合理的」に行為しているが、「もはやその定律の『意味』は明晰に意識されず、問われもしない」のである（折原 1969：409）。折原は「理解社会学のカテゴリー」の読解によって、この「没意味化」という視点を浮かび上がらせる。そして「これこそがウェーバー社会学の〈基礎概念〉であり、現象把握の基本的カテゴリーである」とみている（折原 1969：412）。

中野敏男も、こうした折原の視角を引き継いで、「物象化 Versachlichung」をキーワードとしたヴェーバーの読解を試みている。中野によれば、ピューリタンたちは「目的合理的かつ価値合理的な〈物象化としての合理化〉」の担い手となったが、やがて合理化の末に形成された官僚制的組織の外枠の中で、行為の価値合理性が見失われることになる。「ここには、〈秩序〉においては高度に合理的でありながら〈行為〉の意識性の水準においては〈合理性〉が頽落するという意味での、典型的な〈没意味化〉が生じている」（中野 1983：286–7）。中野は、「社会学の基礎概念」を中心としたテキストの読解にもとづいて、折原のいう「没意味化」を「物象化としての合理化」過程の中に位置づけ直している。

第二節 「諒解」の視座——本書の立場

「鉄の檻」の捉え方

筆者は、〈近代批判〉的な立場に立つ上記の先行諸研究から多くを学んできた。だが同時に、いくつかの点では疑問も感じている。

まず第一に、これらの研究の多くでは、合理化過程がやや一元的に把握されているように思われる。プロテスタンティズムから「鉄の檻」へ、あるいは合理化から没意味化へといった過程が、全面的である意味で宿命的なものとして捉えられているように感じられるのである。問題をこのように設定してしまうと、そこからの「出口」としては、たとえば「騎士的・戦士的市民層の精神」や「自然法の理念」を外在的に対置せざるをえなくなる。ヴェーバー自身は、合理化され物象化された社会それ自体の成り立ちを、もっと〈重層的〉に捉えていたのではないだろうか。

第二に、上記の研究で前提とされている〈行為者像〉の問題を取りあげたい。「鉄の檻」を生きる人間像としては、「機械」や「歯車」のイメージで語られたり、秩序の「意味」を意識しなくなる、行為者の意識性の水準で「〈合理性〉が頽落」する、といった性格づけがなされていた。そうした意味喪失、「没意味化」といった把握の背景には、〈あるべき〉人間像として、高度の意識性をもった目的合理的人間像が前提とされているように思われる。たしかにヴェーバーは、こうした人間像を理念型として提示し、方法論上の出発点として〈仮構〉している。しかし現実の社会分析においては、もっと〈半-意識的〉で伝統や慣習律を身体化させた行為者をベースとしていたのではないだろうか。

本書ではこうした疑問を手がかりとして、従来とはやや違った視角にもとづいたヴェーバー像を提起してみたい。それは、「鉄の檻」の存立構造論、合理化・物象化した社会秩序の存立構造論とでもいうべき視角である。それほど高度の意識性をもっているわけではないし倫理的にとくに高潔というわけでもない、いわば〈ふつう〉の行為者が、構造的なものに規定されつつ、それぞれなりに目的合理的・価値合理的な〈意味づけ〉をおこないながら秩序を形成し、日々妥当させていく。物象化としての合理化によって実現した官僚制の「鉄の檻」の内実は、こうした動態的な過程を通じて、価値や意味を織りこんで存立する重層的な構造をもつのではないか。

「社会学の基礎概念」から「理解社会学のカテゴリー」へ

ヴェーバーの社会理論は、合理化された社会の動態的で重層的な存立構造論として読み解くことができるのではないか。――このような議論を展開していくためには、従来の方法論的な枠組みの再検討が必要になる。(3)

ヴェーバーが出口のない「鉄の檻」という悲観的な将来社会展望に至った理由は、目的合理的な単独行為者モデルに代表される彼の行為理論の難点（独我論的偏向）にあった、という指摘がなされてきた。たとえばユルゲン・ハーバーマスは、ヴェーバーの悲観的な将来展望は目的合理性に準拠した行為理論の狭隘さに端を発しているとみており、新たに「コミュニケーション行為」の概念を提起することによってその〈乗り越え〉をはかろうとしている（Habermas 1981＝1987）。またニクラス・ルーマンも、ヴェーバーのように目的合理的な個人を前提とし、行為者の「主観的に思われた意味」から出発する議論では、「社会」の独自の論理を捉えることはできない、としている（Luhmann 1972：17＝20–1）。

たしかに「社会学の基礎概念」等で展開されている諸概念や方法論の中には、相互行為によって新たな意味が創発され、個々の行為者の主観を超えた論理にもとづいて社会が展開していく、という仕組みを見いだすことは難しい。しかしヴェーバーの方法論を、こうした個々の行為者の「思われた意味」の域を出ない、いわば「独我論的」なものとみなしてしまうと、たとえば『経済と社会』の「第二部」や『宗教社会学論集』で展開されている実質的な社会分析とは、どうしても不整合をきたす。実質的な諸研究においては、社会秩序の形成と展開が独自の論理をもっていきいきと描かれているように読めるからである。ヴェーバーの方法論と実質的な社会理論は、論理的な関連性の薄い別個の作品として、切り離して論じられるべきなのだろうか。

このようなヴェーバーの方法論に対する批判や、「不整合」という評価をもたらしてきた一つの背景としては、永年ヴェーバーの主著とみなされてきた『経済と社会』の編纂問題をあげることができるだろう。フリードリッヒ・テンブルックは、『経済と社会』が誤った方針にもとづいて編集されており、とうてい「主著」と認めることはできない、とする問題提起をおこなった（Tenbruck 1975＝1997）。ヴェーバーの死後、マリアンネ・ヴェーバー、さらにはヨハネス・ヴィンケルマンの手により編集・刊行された『経済と社会』は、執筆時期と完成度の異なるテキストを一書にまとめた（ヴェーバーの意図とは異なった）編纂となっているからである。[4] 具体的には、ヴェーバーの最晩年に改訂が施された「社会学の基礎概念」を含む四つの章が「第一部」に、「宗教社会学」や「支配社会学」など一九一〇年代前半に執筆されたと考えられる草稿群が「第二部」に配置されている。[5]

この提起を受けて、日本では折原浩が、『経済と社会』から「訣別」するのではなく、ヴェーバーのプランに沿って解読し再構成するという方針を立てて精力的に研究を進めている（折原 1988；1996 ほか）。折原は、テキストに散りばめられた相互参照指示のネットワークを逐一拾いあげるという周到な作業にもとづいて、一九一〇年代前半に執筆された『経済と社会』の旧稿部分の再構成を試みている。そこで一つのポイントをなすのは、頭部に配置されて、全体の基礎的な諸概念を規定しているテキストは、「社会学の基礎概念」ではなく「理解社会学のカテゴリー」だ、という点の論証である。執筆時期の異なる「基礎概念」と『経済と社会』旧稿では、概念規定や用語法に無視できないズレがみられる。「カテゴリー」を概念的導入部として冒頭に配置してはじめて、旧稿部分を正確に読解することができるのである。この折原の提起が、本書の出発点をなしている。(6)

「諒解」と二つの水準の「意味」

「カテゴリー」に登場する概念の中で、本書ではとくに「諒解 Einverständnis」に着目してみたい。「諒解」とは、次のように定義される概念である。「その事態とは、他の人びととの行動について予想を立ててそれに準拠して行為すれば、その予想の通りになってゆく可能性が次の理由から経験的に『妥当 Geltung』しているということであり、その理由とは、当の他の人びとがその予想を、協定が存在しないにもかかわらず、自分の行動にとって意味上『妥当なもの』として実際に扱うであろうという蓋然性が客観的に存在している、ということである」(WL, 456＝85-6)。すなわちそれは、当事者間の協定や制定秩序が存在していなくても、あたかもそれらが存在しているかのように行為が経過する、というケースを指し示している。

この「諒解」概念は、「カテゴリー」の中で詳細に規定され、『経済と社会』の旧稿部分にも頻出する。しかしヴィンケルマン編集版で冒頭に配置された「基礎概念」には、この概念についての規定がない。(7) そのために、「旧稿」において諒解概念が使用されている部分、あるいは明示的でなくても諒解の〈論理〉を用いて議論が進められている部分については、十分な読解がなされてきたとはいいがたい。この意味で「諒解」は、忘れられた概念だったのである[8]。この概念を〈復権〉し、その正当な意義を回復させることが、本書にとっては基礎的な視角をなす[9]。

諒解概念を再評価していくためには、「カテゴリー」の冒頭にみられる次の注記をふまえることが重要である。「なお、定式化が瑣事にわたって煩雑になっているのは、主観的に思われた意味を客観的に妥当する意味から厳密に区別しようとしたからである」(WL, 427＝7)。つまり、行為者の主観的な意味づけ(他者の行動の予想)と客観的な諸条件にもとづいて研究者が構成する意味(その条件のもとで客観的に成り立つ意味)とは区別されるべきだというのである。

行為者が抱く意味は、客観的・構造的な諸条件から導き出される意味とイコールではないが、無関係でもない(むろん影響を受けている)。逆に客観的な意味が「妥当」しているのは、行為者の抱く意味によって日々確証されているからだともいえる。ヴェーバーは、こうした二つの水準の「意味」の相互規定的、相互媒介的な関係を軸として、社会秩序の形成と展開を捉えようとしていたのではないだろうか[10]。

諒解は、このように区別され、関連づけられる二つの水準の「意味」を、取り結ぶ役割を果たしていると考えられる。簡単にいうと、制定された規則があろうがなかろうが、それが「妥当」していると関係者が思い、そのように扱うことによって秩序が成り立つ(客観的に妥当する)ということである。

本書の課題

ヴェーバーは、合理的に秩序づけられたゲゼルシャフト関係の存立を実際のところ支えているのは諒解関係である、とする興味深い指摘をおこなっている（WL, 457＝88–9）。諒解概念に関しては、従来、諒解関係を前近代的な社会関係とみなして近代的なゲゼルシャフト関係とのあいだを〈段階論的〉に理解する見方（林 1970）や、ゲゼルシャフト関係が「没意味化」した「頽落態」として諒解関係を理解する見方（折原 1969；1988）が提出されてきた[11]。それもあって、合理化された近代的社会関係を「支える」という諒解の位置づけについては、十分な注意が払われてこなかった[12]。

後に本論でみていくように、ヴェーバーは、行為者が合理的な制定秩序を手がかりとして目的合理的に行為するというよりも、むしろ合理的な秩序がある「かのように」行為することの繰り返しによって、結果としてゲゼルシャフト的な秩序が存立し、同時に行為者はみずからを目的合理的な存在として表象できるとみている。諒解という一定の拘束力をもつ秩序が、相互行為の繰り返しの中から形成されるのである。

こうした諒解にもとづく秩序の特徴は、目的や意義が曖昧なまま相互行為が接続している中で、〈結果的に〉秩序が立ち上がるという点にある。規則は規則であるというそれだけで遵守されるのではなく、相互行為が繰り返される経験を通じて義務性・拘束性を帯びることにより遵守される。二つの水準の「意味」のズレを含んだダイナミックな関係、両者の〈あいだ〉にあるものに、ヴェーバーは狙いを定めているのではないか。

本書は、このような従来十分に活かされてこなかった「カテゴリー」の概念・視角を用いて『経済と社会』旧稿を読解する試みである。とくに諒解および二つの水準の意味という視角に注目して、ヴェーバーによる「鉄の檻」の存立構造論、合理的な社会秩序はいかにして「妥当」するのかという〈問い〉について論じていく。

こうした本書の作業は、ヴェーバーの合理化過程、合理化された社会についての一元的理解に対して、別様の見方を提示することをめざしている。「鉄の檻」のイメージで語られる近代社会像を、もっと動態的・重層的に捉え直そうというものである。

ヴェーバー自身の課題として、物象化した近代の〈内側〉からの「鉄の檻」の乗り越え、克服を直接に語ることは、おそらく難しいだろう。しかし本書では、近代の〈外側〉に乗り越えの契機を求めるのではなく、その内的なメカニズムにあくまでも照準し続けることにしたい。こうした作業を通じてのみ、既存の〈合理的〉社会秩序を内在的につくり替えていくための示唆を引き出すことができると考えるからである。ヴェーバーの社会理論は、別様の社会の存立を探求するための潜在的可能性、そのための示唆が豊かに孕まれたテキストとして、解読していくことができるのではないだろうか。[13]

本書の構成

上記のような課題を果たすために、以下では「理解社会学のカテゴリー」から始めて、順次『経済と社会』旧稿を読み進めていくことにする。[14]

まず第一章では、「カテゴリー」論文を取りあげ、そこで規定されている諸概念のあいだの関係を検討する。ヴェーバーの社会科学方法論は、従来、目的合理的行為を範型として構成される方法論的個人主義にもとづいているとみなされてきた。しかし、「カテゴリー」で展開されている「主観的に思われた意味／客観的に妥当する意味」の区別、「諒解」、「かのように」などの諸概念を検討してみると、従来の理解とは必ずしも整合的ではない部分がみえてくる。これらの諸概念をふまえると、ヴェーバーの狙いは、むしろ目的合理的行為を可能にする特殊な諸条件に向けられていたのではないかと考えられる。こうしたことを論じながら、『経済と社会』旧稿全体の視角と課題を浮き彫りにしたい。

第二章では、『経済と社会』旧稿の冒頭部に配置されている「経済と社会的諸秩序」、「ゲマインシャフトの経済的関係一般」、および「家ゲマインシャフト」、「種族ゲマインシャフト」、「市場ゲマインシャフト」といった比較的短い諸章を検討する。そこでまず、〈諒解にもとづいて合理的秩序が存立する〉という論理を取りあげ、そのメカニズムを確認する。ついで、この機制をふまえて、ゲマインシャフトの重層的な存立について論じる。家や近隣、あるいは種族・国民は、より高次のゲマインシャフトに組みこまれて「共属意識」を引き出す諒解を構成する要素として動員され、たとえば合理的な国家システムの存立を支える。ヴェーバーによる「合理化」の社会理論を、時間的な継起・発展の面からだけでなく、重層化してゆく側面から捉え直してみたい。

第三章では、前述した二つの水準の「意味」を手がかりとして「宗教的ゲマインシャフト」を検討する。「宗教」章で展開されている生活態度の合理化をめぐる筋道をたどってみると、この筋道は担い手がおかれた社会的・経済的な位置によってストレートに決定されているわけではなく、信徒による〈意味づけ〉と呼応しあって成り立っている。宗教の合理化によって推進された合理的な社会秩序は、形式合理的なシステムが作動する（かにみえる）領域と、「品位感情」や「全人格性」といった曖昧な実質性にもとづいて意味づけや行為接続がなされる領域からなる重層的な構成として理解できるのではないか、ということを論じたい。

第四章では、「法社会学」を取りあげる。従来は、法の形式的合理化と実質的領域との対立・対抗の側面がクローズアップされてきた。ここでもまた、二つの水準の「意味」と「諒解」の議論を手がかりとして、法の形式的合理化が一定の実質性を組みこみつつ重層化していく側面、形式性と実質性の対立ではなく連関の側面に焦点を合わせる。とくに「人のいかんを問わない」形式的な法と「人格性」や〈倫理的なもの〉との関係に着目する。それにより、形式的・抽象的な法が普遍妥当性を獲得する理由、妥当性を成立させている特殊な想定とその帰結を明らかにしたい。

第五章では、「政治ゲマインシャフト」、「権力威信と国民感情」「『階級』、『身分』、および『党派』」の諸章を検討する。政治ゲマインシャフトはその成員に対して「死の要求権」をもつ特殊なゲマインシャフトである。こうした〈究極の要求〉を発することができる根拠について考えてみたい。ヴェーバーは、近代国家を形式合理的なシステムとして捉えて終わりとするのではなく、この〈究極の要求〉が承認される正当性諒解の調達の場（諒解ゲマインシャフト）としても捉えている。こうした正当性諒解は、いかなるメカニズムによって調達されているのか。このテーマを、「権力威信と国民感情」と「『階級』、『身分』、および『党派』」においても追跡して取りあげてみたい。

最後に終章において、全体の議論を振り返った後に、今後の課題を示すことにしよう。

［注］

(1) モムゼンのヴェーバー批判については、本書第四章で再度取りあげる。

(2) ヴェーバーの生誕百年を記念して、一九六四年に東京で開催されたシンポジウムにおいて、大塚は次のように述べていた。「このエートス〔資本主義の精神〕は、ヴェーバーがしばしば言っているように、じつは、人間自然の幸福感を強力に変形させるような、そうした根底的に非合理的なものを含んでいるわけです。そうした非合理的なものこそが、近代ヨーロッパ文化における徹底的合理化を推し進めていくことになったのだ、とかれは言うのです」(大塚 1965 : 326)。なお、ヴェーバーの〈近代批判〉的な側面をクローズアップした研究に関しては、本書の第四章でも取りあげて検討している。

(3) その際にまずは導きの糸としたいのは、向井守による次の指摘である。「ヴェーバーの科学論は、絶対的に自明な事柄への果てしない根源的な懐疑に支えられ、そして常に暫定的で究極の定式化にいたっていないという自己理解にもとづいて展開されるのである」(向井 1997 : 9)。

(4) テンブルックによる批判に対しては、ヴィンケルマン自身がみずからの「二部構成」による編纂を守るべく反論を試みている (Winckelmann 1986)。だが、折原浩の詳細な検討が示しているように、「二部構成」説の論証には成功していない (折原 1988 : 105 以下)。

(5) 以下本書では、一九一〇年から一四年にかけて『社会経済学綱要』への寄稿のために執筆されたと推定される草稿群を、『経済と社会』旧稿、あるいはたんに旧稿と呼ぶことにする。

(6) ドイツではヴォルフガング・シュルフターが、折原と同様に、「『カテゴリー』論文はいずれにしても旧稿の前に置かれるべきである」との見解を示していた (Schluchter 1988 : 633＝51)。しかし、シュルフターは近年自説を修正し、「カテゴリー」の適用範囲は『経済と社会』の旧稿全体に及ぶものではないとしている。シュルフターによれば、旧稿を準備した前半期は「秩序概念」が、後半期は「ゲマインシャフトおよび団体概念」が「組織的原理」をなすのであり、「カテゴリー」の適用範囲はこの前半期に限られる (Schluchter 2000 : 201＝59)。したがって、

『経済と社会』の旧稿部分はそれ自体二つの執筆時期と構想の変容をともなうもので「統合された全体」とはみなしえないとしている。他方折原は、この旧稿部分が「理解社会学のカテゴリー」を含めて「ひとつに統合された全体」として扱いうるとみている（シュルフター・折原 2000：149）。

筆者は今のところ、これらの旧稿群を、用語法や視点の移行を内に含みつつ少なくとも〈相対的なまとまり〉をもつものとして読むべきであると考えている。そして、とくに「カテゴリー」を旧稿部分と統合して扱うことは、旧稿全体の理解にとって不可欠であると思われる。そのように扱うことが、一九一〇年代前半の時期のヴェーバー理論がもつ魅力を引き出すためには、必要なのではないだろうか。これらの点も、本論において考えていくことにしたい。

（7）ピエトロ・ロッシは、「カテゴリー」と「基礎概念」を比較して、前者を「もっとも難解なテキスト」、「しばしば明確さの点で欠けるところをもつ定式化」と評した（Rossi 1987：66＝79）。実際ヴェーバーは、「基礎概念」の冒頭部分で、「カテゴリー」よりも「術語はできるだけ簡単に」して、概念の厳密さよりも平明さを追求すると言明している（WL, 541＝「基礎概念」5）。本書では、一見すると複雑で分かりにくい「カテゴリー」段階の概念構成の中にこそ、明確さと平明さを追求するなかで失われた重要な視点が存在すると考えている。

（8）諒解概念の意義がこれまで十分に捉えられてこなかった理由としては、まず第一に、一九一〇年代前半の限られた時期の著作にのみ用いられ、その後は使用されなくなるといった経緯があげられる。最晩年に執筆された「基礎概念」が、ヴェーバーの方法論的な〈決定版〉と見なされたために、そこに登場しない「諒解」もまた重視されなかったのである。

第二に、そもそもEinverständnisというドイツ語は、承認、同意、一致といった意味をもつが、「カテゴリー」でヴェーバーが定義している「諒解」には必ずしもそうしたニュアンスはない。英語圏では、ギュンター・ロートらによる『経済と社会』の英訳（Weber 1978）やエディス・グレイバーによる「カテゴリー」の英訳（Weber 1981）でconsensusという訳語が主として採用されている。この訳語も同様に誤解を招きやすく、概念内容のヴェーバーにそくした理解を難しくしている。マーティン・オルブロウは、consensus に代えて common understanding という訳語を用いることを提案しているが、こちらの方が幾分かは誤解を回避できるかもしれない（Albrow 1990 : 220–1）。

（9）本章の注（6）で取りあげた、『経済と社会』の旧稿部分を「ひとつに統合された全体」として扱いうるかどうかをめぐる論争において、この「諒解」概念の位置づけがあらためて注目を集めている。シュルフターによれば、「諒解」は『経済と社会』旧稿の第一の執筆時期（一九〇九～一九一〇年）には頻出するが、第二の執筆時期（一九一三～一九一四年）にはあまり使われなくなる（Schluchter 2000 : 231–3＝104–6）。この点は、シュルフターが旧稿を「統合された全体」とはみなしえないとする論拠となっている。

シュルフターの提起を受けて、折原浩はあらためて「諒解」概念を取りあげ、『経済と社会』旧稿におけるその用例を追跡していく。そして、「諒解」の語が出現するかどうかは「主題とされる対象（社会形象）の性格いかんによって決まる」のであって、「〈諒解〉の概念そのものは、一貫して適用されている」と結論づける（シュルフター・折原 2000 : 137）。本書ではこうした折原の見方をふまえて、「諒解」の語そのものが用いられていない部分においても、〈諒解の論理〉を読みこんでいくことにしたい。

（10）宇都宮京子は、「基礎概念」が「わかりやすさを追求」したために「この『主観的に抱かれた意味』と『客観的に妥当する意味』との境界の引き方を曖昧にしたのではないか」と推測している（宇都宮 1999 : 47）。「基礎概念」の冒頭でも、この二つの意味を区別することについて注記がなされているが、内容を「カテゴリー」と比べると二つの意味の区別は曖昧になっている。そのために、研究者の視点（による客観的諸条件の構成）と行為者の視点のズレが失われ、両者が「平均的な思惟や感情の習慣」を共有していることが前提とされてしまうことになる（宇都宮 2000 : 34）。つまり「基礎概念」においては、二つの水準の意味を区別する理由が実質的には消失してしまうのである。

筆者は、この二つの水準の意味の区別と関連にもとづいて社会秩序の形成を問う、という課題と諒解概念の規定は対応しているのではないかと考えている。だから、この両者の区別が曖昧になった時点で、諒解もまたその位置づけを失うのである。本書では、宇都宮の指摘をふまえたうえで、「基礎概念」への概念変更によって失われた「カテゴリー」段階の（したがって『経済と社会』旧稿段階の）ヴェーバーの社会理論がもっていた可能性を明らかにしたい。

（11）この点について、林道義は次のように述べている。「……『理解社会学のカテゴリー』を読んでも、ただちに、『諒解関係』―『ゲゼルシャフト関係』という対応、および『団体』―『アンシュタルト』という対応が、前近代と近代の関係に照応していることを感じないわけにはいかない」（林 1970 : 268）。

それに対して、合理的な社会関係（「ゲゼルシャフト関係」）における「諒解」関係の重要性を強調しているのが折原浩である。折原によれば、たとえ外見的に「ゲゼルシャフト関係」が成立していても、そこでの行為者が「主観的にその『協定』の『意味』を意識しなくなり」、たんに惰性ないし習慣によって行為しあっている場合には、その関係の実態は「諒解関係」であって「ゲゼルシャフト関係」ではない。このように折原は、「諒解関係」のメルクマールを制定規則の有無にではなく、行為者がその「意味」を主観的に意識しているかどうかに求めている。それゆえ「『諒解関係』は『ゲゼルシャフト関係』が〈没意味化〉した、いわばその〈頽落態〉である」ということになる（折原 1969 : 407）。折原は近年の文献においても、同様の見方を示している。「〈諒解行為〉は、『〈（ゲマインシャフト行為以前の）同種の大衆-、群集-、模倣行動〉―〈無秩序な amorph ゲマインシャフト行為〉―〈（諒解秩序に準拠した）ゲマインシャフト行為＝諒解行為〉―〈（制定秩序に準拠した）ゲマインシャフト行為＝ゲゼルシャフト行為〉』という〈ゲマインシャフト秩序の合理化〉尺度上に、中間領域として位置づけられる」（折原 2000 : 128–9）。

本書は、近代社会における諒解とゲゼルシャフトの関係を問う折原の見方に触発されながらも、諒解関係をゲゼルシャフト関係の「頽落態」と捉え、その内実を行為者の意識性の低下に求める「没意味化」論の視点に対しては異なった見方をとっている。ヴェーバーの「諒解」について、折原とは違う角度からアプローチすることを本書はめざしている。

（12）杉浦克己は、ヴェーバーが貨幣、言語、支配など「社会科学におけるもっとも規定困難な」ものを「諒解という共通の概念によって解釈しようとしていたこと」を高く評価している（杉浦 2000：10）。ヴェーバーが、これらの秩序を「目的合理的な協定によっては説明できない」とみており、それを「相互的な人間行為として解明」しようとしている、という認識を本書も杉浦と共有している。ただし杉浦は、ヴェーバーが実際には「これらの形態の秩序の解明には進んでいってはいない」として、それ以上の探求を手がけていない（杉浦 2000：13）。本書では、この「諒解」が『経済と社会』旧稿の広い範囲にわたって、「貨幣、言語、支配」にとどまらない社会秩序の形成・存立を解明するための有効な視角になっていることを論じていく。

（13）もちろん、「別様の社会」を構想したり「示唆」を引き出そうとするのは、〈われわれ〉であってヴェーバーではない。ただ、近代社会の成り立ちを重層的・動態的に分析しているヴェーバーのテキストには、現在の把握や将来の予見につながるような多くのヒントが含まれていると考えられるのである。

（14）『経済と社会』旧稿各章の配列については、折原浩の提起にしたがい、「一九一四年構成表」に準拠して考えている（折原 1996：17–8）。本書では、この「構成表」の配列を念頭におきながら、対応すると考えられる旧稿各章を順次取りあげていく（次頁表参照）。また、「カテゴリー」を含む各章に散りばめられた参照指示のネットワークについても、折原による考証から多くを学んでいる。なお、「構成表」の最後に位置する「支配」については本書で取りあげることができなかったので、今後の課題としたい。

「一九一四年構成表」	五版第二部（邦訳の略号＊）	本書
1（1）社会的秩序の範疇	（「カテゴリー」）	一章
（2）経済と法の原理的関係	一章（「諸秩序」）	二章二節
（3）団体の経済的関係一般	二章（「一般」）	二章三節
2 家ゲマインシャフト、オイコス、および経営	三章（「家」）	二章三節
3 近隣団体、氏族、ゲマインデ	三章（「家」）	二章三節
4 種族的ゲマインシャフト関係	四章（「種族」）	二章三節
5 宗教ゲマインシャフト	五章（「宗教」）	三章
6 市場ゲマインシャフト関係	六章（「市場」）	二章二節
7（1）政治団体	八章一・二節（「政治」）	五章二節
（2）法発展の条件	七章（「法」）	四章
（3）身分、階級、党派	八章六節（「階級」）	五章四節
（4）国民	八章三～五節（「国民」）	五章三節
8 支配		
a 正当的支配の三類型	九章一～五節	
b 政治的支配と教権制的支配	九章六節	
c 非正当的支配。都市の類型学	九章七節	
d 近代国家の発展		
e 近代的政党		

表　「一九一四年構成表」と『経済と社会』第五版、本書の対応

＊邦訳の略号については、本書「凡例」参照

第一章　二つの水準の「意味」と「諒解」
――「理解社会学のカテゴリー」の問題構制

第一節　「方法論的個人主義」の捉え直し

マックス・ヴェーバーの社会科学方法論は、目的合理的行為を範型として構成される「方法論的個人主義」にもとづくものとして理解されてきた。その際、この方法論的個人主義の内容が狭く固定的に捉えられ、ヴェーバーの議論は社会構造とのつながりを見失っているという指摘もなされた(1)。そのために、こうした方法論的原則と『経済と社会』旧稿や『宗教社会学論集』などにおいて展開されるマクロな社会秩序に関する議論が十分に関係づけられることのないまま、今日に至っている(2)。

だがヴェーバーの方法論は、本当にその実質的研究と乖離しているのだろうか。たしかにヴェーバーは個人主義的な主体像を〈仮設〉しているけれども、後にみるように、それは必ずしも自明の前提とは言えないし、社会性の希薄な「単独行為者モデル」とも言いきれない。ヴェーバーは「行為」と「意味」を理論構成上の出発点としながらも、「団体結成」や「秩序形成」を射程に捉えている(3)。したがって、ヴェーバーの方法論における行為や意味の内容と構成が、もっと問題にされるべきだろう。

本章では、『経済と社会』旧稿の方法論的視角を示すものと位置づけられる「理解社会学のカテゴリー」を検討することを通じて、ヴェーバーの方法論に関する従来の理解に対して疑問を投げかけてみたい。以下の検討で取りあげるのは、「カテゴリー」にみられる「主観的に思われた意味／客観的に妥当する意味」の区別、「諒解」、「かのように」などの諸概念である。これらはいずれも、純粋に目的合理的行為を前提とする理論構成とは、必ずしも整合的ではない。「カテゴリー」の問題構制は、むしろ目的合理的行為を可能にする特殊な条件の探求に向けられていたのではないか、ということを論じていきたい。

第二節　二つの水準の「意味」

先にみたように、「カテゴリー」論文の冒頭におかれた注でヴェーバーは、ジンメルに言及しつつ次のように述べている。「なお、定式化が瑣事にわたって煩雑になっているのは、主観的に思われた意味を客観的に妥当する意味から厳密に区別しようとしたからである」(WL, 427＝「カテゴリー」7)。従来のヴェーバー研究では、この注記の意味が「カテゴリー」の問題構制にそくして、したがってまた『経済と社会』旧稿を貫通する論理として、十分に位置づけられてこなかったのではないだろうか。以下ではまず、「カテゴリー」前半部（第一～三章）の論述をたどって、この「主観的に思われた意味」と「客観的に妥当する意味」の区別と関連がもつ重要性を確認しておきたい。

（1）目的合理性と整合合理性

「主観的に思われた意味」と「客観的に妥当する意味」

ヴェーバーのいう「理解社会学」は、人間の「行為 Handeln」をその特有の対象とする。ここで行為とは、「『対象』に向けられた理解できる行動、すなわち、たとえ多かれ少なかれ無意識にでも『抱かれ』あるいは『思われた』何らかの（主観的）意味 Sinn によって特定されている行動」を指している。その中でも、とくに重要な行為は次のものである。「1行為者によって主観的に思われた意味の上で他者の行動に関係づけられており、2その意味の上での関係づけによっても経過が規定され、したがって、3主観的に思われたこの意味から理解し説明することができるような行動である」（WL, 429＝13）。この説明は、後段で規定される「ゲマインシャフト行為」と重なる。

「主観的に思われた意味」とは、観察の対象である行為者が主観的に抱いている（と研究者の側で想定している）「意味」である。それに対して「客観的に妥当する意味」とは、研究者の側からみて客観的な妥当性をもつと考えられる「意味」である。いうまでもなく行為者は、必ずしも研究者から見て妥当な「意味」にもとづいて行為するわけではない。二つの「意味」は一致する場合もあるが、むしろ一致しない場合も多い。この両者のかかわりが、議論の焦点の一つを形づくる。

「主観的に思われた意味」に対応するもっとも合理的で、それゆえもっとも理解可能な行為類型は、

「主観的目的合理性」にもとづく行為である。そして、「客観的に妥当する意味」に対応する合理的行為類型は「客観的整合合理性」にもとづく行為である。前者は「(行為者の主観において) 一義的かつ明確に把握された目的を達成するために、(これまた行為者自身が考えるに) まぎれもなく適合的なものと捉えられた手段をもって行われる、主観的に厳密に合理的に方向づけられた行為」であり、「行為者自身が対象の行動について立てた予想 Erwartungen」にもとづく。後者は、「研究者から見ても、この手段がその目的にとってふさわしいと思われるような場合」、すなわち「妥当な経験からすると立てることが許されるであろう予想」にもとづく行為である。(4)

その上でヴェーバーは、この両者を「それ自体としてはまったく異なったもの」とみなしている (WL, 433＝19-22)。たとえば、ある規則に則ってどれだけ主観的に目的合理的に行為を選択したとしても、その規則自体が時代遅れになっていたら、客観的な整合合理性はもたない。ここでは、もっとも「合理的」なケースにおいてさえ、行為者の予想や判断と研究者のそれとを明確に区別した上で類型が構成されている点に注目しておきたい。

「主観的目的合理性」と「客観的整合合理性」の関係

ヴェーバーは、このように「主観的目的合理性」にもとづく行為と「客観的整合合理性」にもとづく行為を区別して設定した上で、両者の関係を問題にしていく。(5) ヴェーバーによれば、「整合型に対して経験的経過が示す一致の程度、隔たりの程度、あるいは背反の程度といったものが理解できるようになるまで、そしてそれを通じて『意味上の適合的因果連関』というカテゴリーによって説明されたとしうるまで、具体的に歴史的な、あるいは類型的に社会学的な先行諸条件が探求されねばならない」（WL, 434＝24）。

研究者の立場からみて〈妥当な経験からすると想定されうる予想〉にもとづき、「整合型」は構成される。しかし、行為者が主観的に抱く予想と客観的に妥当する予想は必ずしも一致しないため、「整合型」と現実の行為の「経験的経過」とのあいだにはズレが生じうる。この場合、行為の「経験的経過」からさかのぼって、行為者は一体いかなる「予想」を抱いて行為したのか、さらにそうした「予想」を形成する〈歴史的・社会学的先行諸条件〉はいかなるものなのかが問題となる。この〈主観的な予想〉を媒介として、〈歴史的・社会学的先行諸条件〉と行為の現実的経過の関係が十分に説明できれば、そこに「適合的因果連関」が成り立っていると考えることができる。(6)

たとえば「予定信仰」からは、論理的（整合合理的）には「宿命論」や「倫理的アノミー」が導き出される。当時の最大関心事であった死後の運命が、あらかじめ定まっており、しかもその当人の行為によってはいっさい改変不可能であるとすると、人びとが無気力になったりヤケを起こしたりするというのは、もっとも〈ありそうなこと〉である。だが、歴史的現実としては次のような事態が起こりうる。「特定の（まったく理解可能な）諸条件がある場合には、倫理的な行為を積極的におこなう能力を信仰者がみずからの救いの認識根拠にするということが生じうるが、これはまさに特殊な意味で合理的に理解しうることである」(7)（WL, 436＝29-30）。整合型とは異なった行為が選択されるという事態について、「特定の諸条件」との関係にもとづいて行為者の主観にそくした「合理的」な理解が試みられるのである。

この場合においてももちろん、行為者は何らかの目的（たとえば死後の救済）を達成するために「予想」をしながら行為を選択している。それが主観的に〈理に適って〉いれば「主観的目的合理性」の範疇で捉えうるのであり、研究者が設定する「客観的整合合理性」とはズレていても構わない。それによって、行為者はなぜそうした予想を立て、みずからの行為選択を〈理に適った〉ものと考えることができるのか、という問いを立てることができる。こうした整合型とのズレや距離の中に、ヴェーバーは歴史のダイナミズムを読みとろうとする（WL, 438＝33-4）。客観的な諸条件に適合的な行為しか現われない場合、この諸条件自体の変更は難しいからである。このようなズレを含んだ行為者の「予想」を形成する諸条件として、後段では「ゲゼルシャフト関係」や「諒解」などの〈秩序の問題〉が考察対象となっていく。

（2）心理学・法教義学と理解社会学

心理学との関係——ルサンチマン論

ヴェーバーは、二つの「意味」の区別と関連を探求するところに理解社会学の課題の一つを設定している。この課題の位置を明確にするために、彼は心理学および法教義学との比較検討を行い、理解社会学の方法の特質を浮き彫りにしていく。

ヴェーバーはまず、心理学的な考察で説明がつく領域と対照することによって、理解社会学の対象、とりわけ「主観的に思われた意味」の範囲を明確にする作業を行っている。「今日の理解心理学研究の非常に重要な部分は、まさに、まったく、あるいは不十分にしか意識されておらず、それゆえこうした意味からして主観的に合理的に方向づけられたとはいえないが、それにもかかわらず事実上はきわめて客観的『合理的』に理解しうる脈絡をたどっている諸連関を発見することにある」(WL, 434=25)。

その例としてあげられているのは、ニーチェのルサンチマン論や「経済的唯物論」(いわゆる「反映論」)である。行為の「意味」が「まったく、あるいは不十分にしか意識されて」いない状況(および、ここにウェイトを置いて把握できる行為のタイプ)は、理解心理学の対象であり、理解社会学の対象からは除外される。これらは、行為者の意味づけや意図とは別個の、たとえば〈無意識の抑圧〉といった心理的事態から行為を説明するものであるが、その適用範囲は限定的に考えられている。この種の行為に関しては、行為者の「主観的に思われた意味」には必ずしも注目する必要がない。研究者は行為者による意味づけを素通りして、もっぱら行為者のおかれた状況や行為の客観的な諸連関だけを問題にすればよいのである。

たとえばニーチェは、抑圧されたユダヤの人びとの「パーリア民」としての地位が、復讐欲をその内実とする「ルサンチマン」を生みだすとみた。ユダヤの民が無意識のうちに内向させた復讐への欲求が、彼らの宗教性と行為を規定していると考えたのである。また、ここでいう「経済的唯物論」とは、市場におけるポジション(階級)が思考や行動にストレートに影響するという見方を指すと思われる。いずれも、〈客観的な地位→(ほぼ)無意識→行為〉という連関を、研究者が合理的に理解できるという立場である。

それに対してヴェーバーの場合は、あくまでも行為者の主観的な〈意味づけ〉という契機に固執する。ユダヤ教徒の宗教性についていえば、彼らの品位感情や名誉の機制に着目して、ニーチェの議論を相対化している。ルサンチマンではなく、みずからのあり方を正当化しようとする内面作用にウェイトを置いているのである。(8) 行為者による行為選択は、それが観察者の立場からどれほど非合理的に、あるいは脈絡ないものにみえようとも、行為者なりの意味づけや納得の回路を経て経過している。この点がヴェーバーの人間理解の、したがって彼の社会科学方法論の重要な前提をなしているように思われる。

法教義学との関係

つづいて、法教義学との関係において理解社会学の特徴の明確化がはかられる。ヴェーバーによれば、個人は「意味をもった行動の唯一の担い手」であり、「国家」や「仲間団体」といった社会形象を「参与している個々人の行為へと還元することが社会学の課題である」(WL, 439=38)。こうした言明を額面通り受け取れば、国家や団体などの社会形象は、個人の主観的意味づけを超えた〈独自の論理〉をいっさいもたず、個人の「意味をもった行為」からすべてが説明できると考えられる。ヴェーバーの方法論的個人主義は、こうしたいわば〈心理学的還元主義〉に近いものとして理解される傾向があった。(9) だが、そうであるならば、わざわざ「客観的に妥当する意味」をもちだす必要も、「カテゴリー」論文後半部で社会秩序形成について議論する必要もなかったはずである。

法教義学は、たとえば国家を個々人と同列の「法人格」として取り扱い、「法」についても命題の

「客観的な」意味内容を問題にする。他方で理解社会学は、法を関与者の行為にそくして探求する。その際、法命題の「意味」や「妥当」が人びとにどのように「表象」され、行為する際に実際に影響をもつかということが重要である。ここでも行為者個々人の主観的な意味づけが、行為の決定要因として重要な役割を果たすわけである。

しかし、それだけではない。社会学は、法命題の意味や妥当に関する表象が「広く流布しているという蓋然性」を考慮に入れる。というのは、客観的な〈表象流布の蓋然性〉の存在は、客観的な〈行為のチャンス〉の存在を意味しているからである。すなわち「行為を特定の『予想』に合理的に準拠させることを可能にし、それゆえ具体的な個々人に対して特定の『可能性』をあたえる」のである(WL, 440＝39-40)。行為者が百パーセントありえない予想を立てるというのは、やはり例外的だろう。行為者は、彼らを取りまく客観的な行為チャンスを表象し、それと関係づけながら、行為の予想をつくりだすのである。この関係づけのありようについては、今後順を追ってみていくように、きわめて多様なものが考えられるのだが。

法に対する理解社会学のアプローチは、法についての個々の行為者の主観的な意味づけに準拠した行為からのみ法を考察するのではなく、研究者の視点により構成される客観的な意味関係——法の意味や妥当に関する表象——にも同時に着目するものだった。すなわち「客観的に妥当する意味」の水準を別個に設定した上で、法と行為にアプローチするわけである。したがって、社会形象を「個々人の行為へと還元する」というヴェーバーの言明は、社会形象がもつ独自の論理を無視して、個々の行為のレベルに解消してしまうものではないだろう。そのように理解するのは一面的である。「還元する」という言葉の内実はむしろ、社会形象を意味のある行為と〈関係づけ〉ながら把握しようとする試みとして理解されるべきではないだろうか(10)。

ヴェーバーは、以上のように理解心理学および法教義学との関係を検討することによって、理解社会学的アプローチの特徴を明確にしている。理解社会学は、行為者の〈主観的な意味づけ〉に準拠して行為を捉える。それにより、無意識や心理的衝動などを媒介として客観的な社会構造が行為に〈反映〉するとみる見方を退ける。他方で、行為者の意味づけは、客観的な諸条件を無視して純粋に個人的・主観的におこなわれるわけではない。行為者の予想は、彼らを取りまく諸条件を（多かれ少なかれ）考慮に入れつつ形成される。

理解社会学は、行為者の行為選択を支える「主観的に思われた意味」と、研究者が整合型にもとづいて構成する「客観的に妥当する意味」を別個の水準に設定する。それによって、両者のズレや一致の程度を問題にし、さらにはズレをつくりだす諸条件を考察することができる。ヴェーバーは行為の「意味」を、このように二つの水準で把握しているのである。

第三節 「諒解」の基底性

前節で見てきたように、「主観的に思われた意味」は「客観的に妥当する意味」の〈反映〉ではなく、両者はあくまでも区別される必要がある。たとえば行為者は、彼のおかれた社会的状況や種々の経験にもとづいて、みずからの行為を主観的に意味づける。とはいえ、こうした行為者による意味づけは（少なくともその多くは）、まったく〈個人的〉に行われるわけではないし「客観的に妥当する意味」と無関係に行われるわけではない。したがって、両者を区別した上で関係づけることが必要である。

「カテゴリー」論文の後半部（第四章以降）の論述では、こうした二つの水準の「意味」の関係が社会秩序形成とのかかわりで探求される。ヴェーバーは、社会秩序を〈物化〉したものとして固定的に把握するのではなく、諸個人間の意味をもった行為の連関として動態的に捉えようとする。その論理展開を、順を追ってみていくことにしよう。

（1）ゲマインシャフト行為

理解社会学の「第一の対象」であるゲマインシャフト行為とは、他の人間の行動へと意味の上で関係づけられた行為を指す（WL, 441＝43）。ここで定義づけられているゲマインシャフト行為には、テンニース的なゲマインシャフトの要素は入りこんでいない。したがって後年の「社会学の基礎概念」にみられるゲマインシャフト関係とは意味が重ならない。「カテゴリー」段階でのゲマインシャフト行為は、「基礎概念」における「社会的行為」に対応している（WL, 562-3＝「基礎概念」32-3）。

ここでのゲマインシャフト行為の「重要かつ正常な構成要素」は、その行為が、他者の行動についての予想や自己の行為の成果について見積もった可能性に、「意味の上で方向づけられる」ということである。こうした可能性が客観的に、すなわち「この予想を抱くことが正当であるという『客観的可能性判断』として表現される蓋然性」として存在すれば、行為はもっとも理解可能なものとなる。行為者によって「主観的に思われた意味」と、研究者が構成する「客観的に妥当する意味」が近づけば近づくほど、ゲマインシャフト行為は理解しやすい。

ところで「主観的合理的に行為する者」は、予想の根拠として次のことを想定しうる。「自分は、他の人びとの主観において意味をもった行動を予想することができるのであり、それゆえそうした行動の可能性についても、一定の意味をもった関係を根拠にしてさまざまな程度の確率であらかじめ目算を立てることができる、と主観的に信じていること」がそれである（WL, 441＝「カテゴリー」43-5）。

ここでは目的合理的な行為者が、他者の行動を現実に「予想」できるかどうかということは、必ずしも問題にされていない。そうした予想の成立が目的合理的行為にとって不可欠なのではなく、予想できると「主観的に信じていること」が根拠になる、と述べられていることに注意しておきたい。他者が彼自身の行為に付与する意味や行動の可能性は、本来〈よく分からないもの〉であるだろう。にもかかわらず、予想できると〈思いこめること〉、このような思いこみが人びとのあいだで共有されていることが重要なのである。こうした主観的な信念が、結果的に行為の合理性を担保し、目的合理的行為を可能にしているのである。

ヴェーバーは目的合理的な行為者を、客観的な状況を透明に見ぬいて、みずからの行為を組み立てる存在とは必ずしもみなしていない。研究者からみて客観的な状況認識からどれだけ隔たっていようとも、「みんながこう行動するだろう」という目算が成り立つことを「信じる」ことができればよいのである。互いの行動を予想できるという〈思いこみ〉が共有されていれば、目的合理的な行為は成立する。その根拠となるような「一定の意味をもった関係」(への主観的な信念)は、どのように存立しているのか。ここが問題となる。

とはいえ、予想のみに準拠する行為は「合理的な極限事例」にすぎず、行為は「価値準拠的」でもありうる(WL, 442＝46)。ゲマインシャフト行為の「主観的に思われた意味」は、第三者の行動についての予想のみでなく、「義務」のような「その行為のもつ意味内容自体について行為者自身が信じた『価値』」に準拠することがありうる。もちろん、予想を無視してひたすら「価値」のみに準拠する行為もまた、もう一方の「極限事例」である。現実の行為は、他者の行動を予想しつつも、みずからの行為がもつ価値についていくぶんは意識しながら遂行されるだろう。あるいは「予想」をつくりだす意味関係に、たとえば「義務」の要素が入りこむことも十分考えられる。この点は、後段で論じていくことにしよう。

いずれにしろゲマインシャフト行為の概念において、「歴史的に観察されたもの」(現実の個々人の「主観的に思われた意味」に準拠した行為)と、「客観的に『可能な』あるいは『蓋然的な』ものとして理論的に構成されたもの」(研究者の立場から「客観的に妥当する意味」にもとづいて構成された行為)とが、別個の水準に設定されている。その上で、整合型とのかかわりで歴史的に観察された現実の行為が分析される。両者の区別は、今後展開される諸概念においても前提となる。

(2) ゲゼルシャフト関係とゲゼルシャフト行為

「かのように」の論理

目的合理的な秩序制定を前提として、この秩序にもとづく予想に目的合理的に準拠する行為を「ゲゼルシャフト行為」とよぶ。秩序の制定は、一方的な要請にもとづく場合もあるし、相互的な意思表示や協定にもとづく場合もある。いずれにしろ、こうした制定秩序の存在によって、行為の予想・方向づけの確実性がそれなりに保証されうる。行為者たちが、ある特定の種類の行為が期待されていることを、(制定秩序を欠いている場合に比べて)確実に見込むことができるからである。「カテゴリー」の概念規定では、ゲゼルシャフト行為は、ゲマインシャフト行為の中のこのような限定的ケースを指している。

ところでヴェーバーによれば、こうした秩序の経験的な「妥当」は次のことを意味する。

1……実際に(その主観において)個々人が、ゲゼルシャフト関係 Vergesellschaftung にある他の人びとは制定された秩序を遵守することが行為の規準であると受けとめている「かのように als ob」平均的に行動するであろうと、平均的にみて予想しているということ、2人間の行動の可能性について平均的に下されうる判断によれば、個々人は上記のような予想を客観的に立てることができたということ(「適合的因果連関」というカテゴリーの特別な形態)。(WL, 443=52–3)

後に「諒解」に関する部分で重要な役割を果たす「かのように」という表現がここで登場する。解釈の差異や〈遵法意識〉の差異を含みながらも、各行為者はその主観において、他者は秩序の遵守に方向づけられている「かのように」行為する、と現に予想している。これは、研究者からみて、「観察対象である行為者の主観において現にある事態」を指し示している。

　他方2で言われているのは、研究者によって、「関与者がもっているとしうる知識や思考習慣を顧慮しつつ、客観的に計算されうる可能性」のことである。この場合、研究者からみて、人びとが「かのように」行為するという予想が客観的にも成立しうる状態、つまり多くの行為者がそうした予想をもつことが可能な空間が成立しているわけである。ここでは、前述の「主観的に思われた意味」と「客観的に妥当する意味」の区別に対応した二つの水準で、制定秩序の経験的「妥当」が判断されている。

　以上のように、他者が「かのように」ふるまうことが予想できるというだけで、ゲゼルシャフト的秩序の妥当をいうことができる。つまり、制定律の存在それ自体や制定律〈遵守〉の可能性ですらなく、〈「かのように」ふるまうことの予想〉の成立をもって、秩序の「妥当」を特徴づけているわけである。したがってゲゼルシャフト関係が存立するためには、制定秩序への意味上の準拠・方向づけが、行為者の主観において目的合理的におこなわれる必要は必ずしもない。外に現われる行為としては、「秩序」を遵守している「かのように」ふるまうという予想が平均的に成り立てばよい。こうした予想とそれに準拠した行為の繰り返しによって、結果的・事後的に合理的な秩序が存立し妥当する、というメカニズムである。

ゲゼルシャフト関係の妥当

加えて、その予想が客観的な根拠をもっていることが、秩序の安定的な妥当にとっては必要である。その際、一方では、当の秩序に対する「合法性 Legalität」が「義務づけられている verbindlich」という見解が共有されていれば、予想はそれだけ確かなものになりうる(WL, 446=58-9)。制定秩序が合法性をもち、それに従うことが「義務」であるという認識が広まっていれば、この秩序にそくした他者の行為をあてにできる度合いも高まる。この場合には、先にみた予想準拠的行為と価値準拠的行為が相互に連関し補強しあって、秩序の「妥当」を構成しているといえる。[11]

他方では、関与者が当該秩序に従った方が利害関心が満たされると想定している場合にも、予想は成立しやすくなる。ヴェーバーは、「すべてのゲゼルシャフト行為は、関与者たちが織りなす利害の布置連関の現われ」である、と言いきる(WL, 452=75)。ここで「利害の布置連関」という用語が指しているのは、研究者からみて客観的に存立している利害関係のことでは必ずしもない。それは行為者が、他者が秩序に準拠した行為をおこなうことを予想できて、それに自分の行為を準拠させることができるということに「利益をもっていると信じていること」を意味している。秩序に準拠して行為することが、他者にとっても自分にとっても利害関心を満たすことになると「信じる」ことができれば、秩序の「合法性」を問題にしなくても、行為の予想は立てやすい。このようなかたちで関与者の利害関心を組みこんだ制定秩序は、遵守される確率が高いと想定されうるのである。

ゲゼルシャフト関係の「合理的な理念型」は、「目的結社」である。それは「ゲゼルシャフト行為の内容と手段についての、すべての関与者によって目的合理的に協定された秩序をともなっているゲゼルシャフト行為」を指している（WL, 447＝62）。さらにそこには、持続的な「社会形成体」であるというメルクマールが付け加わる。協定の中身は、集団の目的やメンバー、行為の内容や手段、集団のルール等である。目的結社においては、協定にすべての関与者が参加することが想定されているのだから、個々の関与者が協定された秩序を遵守する（という予想が成立する）可能性はきわめて高くなるだろう。まさに合理的な極限事例といえる。

こうした目的結社を一方の極、理念型として、他方の極には「臨時のゲゼルシャフト関係」としての「交換」の事例があげられている（WL, 450-1＝71-2）。交換当事者のあいだには一時的な協定が結ばれるが、それが大量現象（たとえば「市場」）として現われる場合でも、持続的な「形成体」をなすことはない。さらに、「交換という事例でのゲゼルシャフト関係形成は、それ以外に、直接かかわらない第三者も交換の結果すなわち『占有の移転』を『尊重する』であろうという予想にも準拠してなされる」。

交換当事者同士のゲゼルシャフト関係は、当該の協定にも制定秩序にもかかわりをもたないような第三者に対する想定をも含みこんで成立している。ここですでに、ヴェーバーの議論は「諒解」の問題圏に及んでいる。

（3） 諒解

交換と言語ゲマインシャフト

「諒解 Einverständnis」[12]という概念で指し示されることになる現象について、さしあたり次のようにその特徴が述べられる。「ゲマインシャフト行為のある種の複合体は、目的合理的に協定された秩序を欠くにもかかわらず、1効果としては、そうした秩序が協定されているかのように経過し、2この特有の効果が、個々人の行為の意味関係のあり方によっても規定されている」（WL, 452-3＝77）。

この説明を受けて、先ほどふれた「交換」の事例が再度取りあげられる。貨幣による目的合理的な交換は、交換相手とのゲゼルシャフト関係形成と同時に、それ以外の人びとも貨幣を受け取るであろうという予想に準拠してなされる。この点で、交換相手以外の他者がなす「将来の行為への意味上の関係づけ」を含んでいる。自分が所持している物品を相手に売る（相手の貨幣と交換する）のは、そこで取得した貨幣を今度は他の誰かが受け取ってくれる、という想定をもつことができるからである。この場合は、想定された人びとの利害関心に意味の上で関係づけられることによって、制定された秩序を欠いていても、「全関与者の需要充足に関する秩序に準拠して行為がなされることによって達成された『かのような』かたちをとる」（WL, 453＝78）。

交換は、想定された他者の利害関心に意味の上で関係づけられることによって成立する。だから「貨幣使用者は、自分の利益を考えようとすれば、通例他人の利益をある程度は顧慮しなければならない」。市場とは、そうした交換にかかわる人びとの想定と行為の網の目であり、他者の利害関心を顧慮しつつおこなわれる諸行為の「理念型的複合体」である。このような意味上の関係づけの「結果として」、交換行為は、秩序に準拠した「かのような」外観をまとうのである。

こうして、目的合理的に制定された秩序が存在していなくても、そうした秩序がある「かのように」関与者が行為することによって、関与者がゲゼルシャフト関係にあるのと同じ効果が得られる。この場合、想定された人びとが貨幣の取得に対して利害関心をもつことが、「ある範囲の人びとのあいだに平均的に存在する特定の可能性」として存在しており、こうした「意味関係」によって行為が準拠する予想の実現が支えられる。

「かのように」という表現が該当する事例としては、交換と市場以外に「言語ゲマインシャフト」をあげることができる（WL, 453＝79）。言語ゲマインシャフトとは、理念型的にいえば、「自分の抱いた意味を他人に『理解』してもらおうとする期待に準拠して方向づけられたゲマインシャフト行為」により実現されるものである。言語のやりとりは、外見的には「発話者が自分の行動を合目的的に協定された文法規則に準拠させている『かのように』経過していく」。むろんそうした協定は、現実には存在しない。だが発話者は、聞き手による「理解」を想定し、そこに意味の上で関係づけながら発話をおこなうのである。もちろん実際には、十分な理解が得られない場合も多いだろうが、理解を期待しあるいは信じて発話がなされる。

そうしたやりとりの結果として、協定された秩序がある「かのような」事態が現われるのである。したがって、「『言語ゲマインシャフト』が存在するということは、むしろ、『発語』の際の行動が、

『理解』してもらえるという、ある範囲の人びとのあいだに平均的に存在する特定の可能性に意味の上で準拠してなされており、したがってこの意味上の効果を平均的に予想することも『許される』ということなのである」(WL, 455-6＝84-5)。

「諒解」の定義

このような「かのように」ということで特徴づけられる現象を、明確にするために導入されるカテゴリーが「諒解」である。「諒解」とは、次のような事態をさす。

その事態とは、他の人びとの行動について予想を立ててそれに準拠して行為すれば、その予想の通りになってゆく可能性が次の理由から経験的に「妥当」しているということであり、その理由とは、当の他の人びとがその予想を、協定が存在しないにもかかわらず、自分の行動にとって意味上「妥当なもの」として実際に扱うであろうという蓋然性が客観的に存在している、ということである。(WL, 456＝85-6)

たんに人びとが、秩序が存在している「かのように」行為しているというだけでは、外見的には模倣や斉一的な群衆行為と区別をつけにくい。そこで「諒解」においては、他者の行動について予想を立てるということと、この予想が現実化する「蓋然性が客観的に存在している」ことがポイントとなる。この場合、合理的に協定されたゲゼルシャフト関係が存在していなくても、こうした関係抜きで予想に準拠した目的合理的行為が可能となるのである（むろん目的合理的でなくても構わない）。

諒解においてもゲゼルシャフト関係においても、「平均的にみると予想の実現可能性が客観的に妥当」しているという事態と「平均的にみると関与者たちがそのつどそうした予想を抱いているという事態」とは区別されるべきである。だが両者のあいだには、「適合的な因果連関という関係」が存在しうる（WL, 456＝87）。すなわち、予想の客観的な実現可能性（客観的に妥当する意味）と当事者が抱く予想（主観的に思われた意味）とのあいだに「適合的因果連関」が成り立っているとき、その秩序は「妥当」しているといえる。そこで、この両者を媒介し「適合的因果連関」を成り立たせているものは何か、ということが問題となる。

他者の行動について、とくに根拠も手がかりもなく「予想」してそれに準拠するのは、諒解の「極限事例」であり、非常に不安定なものである。この場合は「適合的因果連関」は成り立ちがたいだろう。ヴェーバーによれば、諒解においても、関与者が諒解にかなった行為を「義務づけられている」とみなすとき、その行動についての予想はそれだけ客観的に根拠づけられる（WL, 457＝88-9）。

「義務づけ」と見知らぬ他者

その際にヴェーバーは、「妥当している諒解を『暗黙の協定』と同一視してはならない」という。とりわけ「純粋型における『妥当している』諒解は、もはや制定律の要素、あるいはとくに協定の要素を何ら含んでいない」。それは、互いに見知らぬ他者であり、したがって暗黙のものも含めて「協定」を取り結ぶ可能性のない人びとのあいだにも成立する秩序を意味する。にもかかわらず、彼らのあいだで「諒解は経験的にはほとんど不可侵に妥当する『規範』をなす」こともありうるという。ここに、ヴェーバーが「諒解」という概念にこめた不可思議な力を見てとることができる。

たとえば、貨幣使用における諒解は、貨幣を「未知の多数の人びとが債務の支払いのための、すなわちある『義務づけられた』ものとして妥当しているゲマインシャフト行為の履行のための、『有効な』手段として扱う可能性として存立している」のである。あるゲマインシャフト行為は、「当事者たちが平均的にそれを義務づけられている行動として実際に扱うであろうことを有意な程度にあてにすることが許されるときに、諒解行為となる」(WL, 458=90-1)。何らかの秩序として協定されたわけでも制定されたわけでもないけれど、行為者はある種の行為を「義務づけられた」ものとみなす。こうした〈義務づけ〉が、見知らぬ他者たちにおいても機能していると予想できるとき、それにもとづいた行為は諒解行為となるのである。

また救難行為は、「酔っぱらいの取り押さえ」と比べて、諒解行為の存立を意味することが多い(WL, 458=91)。というのは、救難行為は一種の義務であるという諒解が、客観的に成立しているからである(「酔っぱらいの取り押さえ」は必ずしもそうではなく、「ゲマインシャフト行為の事実上の合成作用」にすぎない場合が多い)。行為者が個人的に判断し、みずから進んで救難行為をおこなうというより、救難行為が「共同行為の意味に合致」していると関与者がすべて考え行動するという諒解が存在しているのである。つまり、「主観的に思念して」救難行為に参加するというより、関与者がすべて巻きこまれるような義務的な意味関係(力の場)が存在していて、そう行為するように強く促される、という事態を物語っているといえる。

救難行為の場合、共同行為は突然形成される。だから、ここでいう意味関係はある限定された範囲（実際に救難行為に参加した成員）においてのみ成り立つわけではない。救難を「義務づけられた」ものとみなすことは、その場にいない見知らぬ他者たちにおいても機能することが予想できる。こうした諒解の可能性が（先行して）存立していてはじめて、たとえば突発的な事故の際に、たまたまその場に居合わせた人びとのあいだで救難行為が現実化するのである。

諒解がもつ力の源泉を、この例からも読みとることができるだろう。諒解行為は、具体的な相手の行為を予想することにのみもとづいているのではない。ヴェーバーは、見知らぬ他者を含む人びとが、ある「義務づけられた」行為をおこなう可能性に準拠するケースを好んで取りあげている。そうした場合、見知らぬ他者を含むがゆえに、予想を確認することも協定を結んで透明性を高めることもできない。確認できないまま、「義務づけられている」ことを互いに想定し、行為しあうわけである。それゆえ、諒解の効力は限定されることなく、想定が実現される経験をへて、いっそう高まっていくことが考えられる。[13]

諒解の妥当と「利害の布置連関」

たんなるゲマインシャフト行為が諒解行為となるための要件は、未知の第三者を含む行為者が、ある種の行為を「妥当」なものと扱うことが予想できる、ということである。人びとの行為を予想する際に、この予想が「妥当するとみなされているものに平均的に準拠して他人の行為がなされる可能性を根拠とするかぎりにおいてのみ、ここでいう諒解を構成する」（WL, 459＝92）。ここで「妥当」するとみなされている意味内容は、「この上なく非合理的なもの」であっても構わない。たとえ非合理的なものであっても、義務的なものとして妥当している意味内容に準拠するかぎり、諒解行為といえる。

この点で諒解行為は、ゲゼルシャフト行為とは大きく異なる。それはゲゼルシャフト行為のように、目的合理的な秩序制定を前提として、この秩序にもとづく予想に目的合理的に準拠する行為といった性格をもたない。諒解は、合理性といった内容的・手続き的な基準をもたずに、予想と行為の繰り返しの中で成立して効力をもつ秩序なのである。

したがって諒解は、ヴェーバーのいう「慣習律 Konvention」の概念と重なりあう。「この『慣習律』は、『妥当』諒解の存在によって何らかの『習熟』や慣れた『志向』に根ざすたんなる『習俗 Sitte』から区別され、強制装置の欠如によって『法』から区別される」(WL, 460＝94)。慣習律は、義務づけられているものとして経験的に妥当している行動から構成される諒解を意味しているのである。慣習律はそのようなものとして存立しており、それにまつわる手続きや内容の合理性はむろん問われない。(目的合理性を基準としたゲゼルシャフト行為やゲゼルシャフト関係と諒解とがどのように関係づけられるのか、それとヴェーバーの「合理化」の歴史認識とはどうかかわるのか、これらの点が次項以降の課題となる。)

つづいてヴェーバーは、諒解の妥当と「利害の布置連関」とのかかわりについて論じる(WL, 460＝95)。「まったくさまざまな主観的動機や目的や『内的状態』」から、結果的に経験的妥当の点では等しい諒解が生みだされうる。なぜなら、「諒解行為の実在的基礎は、その『諒解』を妥当させるように作用する『外的』・『内的』利害の布置連関にすぎない」からである。

ここでヴェーバーは、①行為者の主観的動機、②利害の布置連関、③諒解、という三段構えで議論を進めている。行為者は、多様な主観的動機を抱きつつ行為をおこなう。にもかかわらず、なぜある一定の諒解が生みだされるかというと、それが利害の布置連関によって媒介されるからである。すなわち行為者の目的や動機がさまざまであっても、それらが「相まって」、ある諒解が妥当しているとみなすことが有利に働くような「利害の布置連関」が形成されるのである。この場合「利害」というのは、経済的利害のみを意味しているわけではなくて、名誉やプライド、安心感などの「内的」利害を含むと考えられる。

この「利害の布置連関」に行為の基礎を求める説明は、ゲゼルシャフト行為に関する議論でも取りあげられていた。そこで「利害の布置連関」は、客観的に存立している利害関係・利害状況というよりも、行為者が、予想された他者の行動に自分の行為を準拠させることに利益をもつと「信じる」ことにより形成されるものだった。諒解行為の場合においても同様に、いかなる動機からであれ、その諒解が妥当することによって何らかの利害関心が満たされると「信じる」ことにもとづいて「利害の布置連関」が形成される。それが諒解を妥当させるように作用するのである。

したがって、諒解行為もゲゼルシャフト行為も、①種々の動機や目的をもっておこなわれる行為が、他者の行為を予想することにもとづいて遂行されること、②他者の行為の予想が、広い意味での利害の共有の想定（利害の布置連関）を手がかりとしてなされること、③その結果ある秩序（諒解、ゲゼルシャフト関係）が形成されること、という点では共通した性格をもつ。ゲゼルシャフト行為は、「制定律によって秩序づけられているという特殊事例にすぎない」のである（WL, 460-1＝96）。

諒解行為とゲゼルシャフト行為の双方向的移行

それゆえ、諒解行為とゲゼルシャフト行為とのあいだの移行は漸移的であり、しかも双方向的である。一方で諒解行為は、それが目的合理的に秩序づけられればゲゼルシャフト行為に移行する。たとえば電車の乗客が車掌と争っているときに、他の乗客たちがその乗客に加勢するのは諒解行為だが、彼らが後に共同して異議申し立てをおこなったとすれば、それはゲゼルシャフト行為となる。

他方で、ゲゼルシャフト行為から諒解行為へ移行する場合もある。「ほとんどあらゆるゲゼルシャフト関係から、その合理的な目的の範囲を超える übergreifend（「ゲゼルシャフト関係に制約された」）諒解行為が、ゲゼルシャフト関係にある人びとのあいだに生ずることもよくある。九柱戯クラブはどれも、メンバー相互の行動について『慣習律的な』帰結をもたらす、つまり、ゲゼルシャフト関係の枠外にあって『諒解』に準拠してなされるようなゲマインシャフト行為をつくりだすのである」（WL, 461＝97）。

合理的な秩序をもつゲゼルシャフト関係から諒解関係が生みだされるという後者の道筋は、後にみるように、「カテゴリー」に後続する『経済と社会』旧稿に繰り返し現われる。ここでは、ヴェーバーがあげている例が示すように、諒解がけっして前近代の社会関係を表象した概念ではないこと、および諒解とゲゼルシャフトの関係が、単線的な進化・発展を含意するものではないことを確認しておきたい。

諒解は、「対立関係」と対になる「共同関係」とは同一視できないし、必ずしも第三者への排他性をもつわけではない。ある諒解行為が第三者に向けて「開かれて」いるか「閉じて」いるかは、「個別事例の問題」なのである（WL, 463＝101）。

たとえば言語ゲマインシャフトも市場ゲマインシャフトも、「そのつど、どこかに（たいていは流動的な）境界」をもつ。すなわち、他者の行動について「予想」を立てる際には、つねにあらゆる人間を考慮に入れるわけではない。その際には、「しばしばごく不明確にしか限定されない一群の人びとだけが考慮に入れられる」のが通例なのである。もちろん言語ゲマインシャフトも市場ゲマインシャフトも、第三者の排除に関心をもたない場合も多いし、むしろ圏域の拡大が利益になることも通常である。しかし――ヴェーバーはいう――、「にもかかわらず言語（聖なる言語、特定身分の言語、あるいは隠語として）も市場も、諒解やゲゼルシャフト関係形成によって独占的に『閉じ』られうる」（WL, 463＝102）。

圏域を画する境界が流動的で曖昧であるがゆえに、とりわけ諒解によるゲマインシャフトの「閉鎖」は、目に見えにくい分かりにくいものとして力をもちうる。この点も、ヴェーバーが後続する『経済と社会』旧稿において再三言及する論点である。

（4）アンシュタルトと団体――ゲゼルシャフト関係に対する諒解の基底性

「合法性」諒解による「妥当」

ヴェーバーによれば、ゲゼルシャフト関係の基盤をなす「協定」も「究極的にはこの『合法性』諒解によって『妥当』している」。ある行動が「義務づけられている」という観念そのものは、制定律にもとづいて成立しているわけではない。しかし繰り返し指摘されているように、この「義務」の観念が機能しなければ、ゲゼルシャフト関係においてさえ「予想」は十分確かなものにはならない。関係者たちがその主観において、「諒解に適っている」行為が自分にとって「義務づけられている」と平均的にみなす事態をあてにできればできるほど、「予想」はそれだけ客観的に「根拠づけられる」(WL, 457＝88-9)。

つまり秩序の「妥当」にとっては、制定律や協定の存在そのものが決定的な要因なのではなく(必ずしも存在している必要さえなく)、行為者にある行動をうながし義務づけるような客観的な意味関係の存在こそが重要なのである。制定律や協定があってもなくても、その意味内容が各人に「義務づけられている」と認識される空間が客観的に成立しており、個々の行為者自身も強弱の差こそあれ主観的に当該行為を「義務的なもの」とみなしていれば、秩序は安定的に「妥当」していると考えられる。制定律を欠いている場合でも、「義務」という表象の働きにより、ゲゼルシャフト関係がある「かのように」行為が繰り返され連関していく度合いが高まるのである。

アンシュタルトと団体

先にみたように、ゲゼルシャフト関係の合理的な理念型は「目的結社」である(この目的結社を成り立たせている「協定」の妥当が究極的には「諒解」にもとづく、というのは今みたとおりである)。この目的結社とは対照的な性格をもつゲゼルシャフト関係を、ヴェーバーは「アンシュタルト」と呼ぶ。

この場合人びとは、自分では何もしなくても、たとえば特定の地域内での出生といった客観的な指標によってアンシュタルトへの参加がすでに決まっている。それにもとづいて特定のゲゼルシャフト行為に関与させられ、彼が自分の行為を秩序に準拠させることが予想できる。しかもこの予想は「平均的には、当該の個々人が当のゲマインシャフトにとって構成的なゲマインシャフト行為への参加を『義務づけられている』ものと経験的にみなされうるという理由から、そして場合によっては、彼らは反抗したとしても『強制装置』によって参加を……強いられる可能性があるという理由から、根拠をもつ」(WL, 465-6=109)。アンシュタルトにおいても、ある行為が「義務づけられている」とみなされることが、行為の予想を、したがって行為の秩序への準拠を基礎づけるのである。

したがってアンシュタルトは、①本人の言明とは無関係に純粋に客観的な要件にもとづいて帰属させられ、②人為的な合理的秩序と強制装置とが存在していて「それもまた行為を規定している」、という二点によって特徴づけられる(WL, 466=110)。アンシュタルトは、第一の特徴により目的結社とは区別され、第二の特徴により無定型な諒解ゲマインシャフト関係と区別される。具体的には国家と教会が、これらの特徴を備えたアンシュタルトにあたる。『経済と社会』旧稿においては、「政治ゲマインシャフト」が合理的制定律を備えた形態として国家が、「宗教ゲマインシャフト」が合理的制定律を備えた形態として教会が取りあげられることになる。

合理的制定律をもつアンシュタルトと対になる集団概念として、ヴェーバーは「団体 Verband」を提示する(WL, 466=111)。アンシュタルトと団体との関係は、ゲゼルシャフト行為と諒解行為の関係に対応する。したがって団体行為というのは、諒解に準拠した諒解行為を意味するが、以下のような特徴をもつ。すなわち、①個々人は諒解によって参加したものとみなされ、②権力者が諒解によって実効力をもつ秩序を発令し、③諒解に反する行動に対して物理的あるいは心理的な強制を行使する用意がある、というものである。

こうした団体の例としては、具体的には原生的家ゲマインシャフト、家産制的政治形成体、宗教ゲマインシャフト、宗教教団があげられている。これらの団体においては、それぞれ家長、君主、預言者、教主が権力者として位置づけられる。そうしてみると団体とは、一時的なものから支配と権力を含みこんだ社会的形成体に移行した諒解ゲマインシャフトを指しているといえるだろう。

ところで「現代文明」においては、ほとんどすべての団体行為が、少なくとも部分的には、合理的秩序によって秩序づけられているという（WL, 467＝112)。たとえば家ゲマインシャフトは、国家アンシュタルトの家族法により秩序づけられている。たしかに国家アンシュタルトに所属しているかぎり、われわれは生活のさまざまな局面で「法律」に準拠して行為することを期待される。しかしだからといって、私たちのあらゆる行為が法律によって包括され、整序されるということはありえないだろう。法律は、そのつど必要に応じて、したがってもっぱら断片的に、ある特定の事態を合理的に秩序づけるにすぎないからである。

アンシュタルトと諒解

したがってアンシュタルトにおいては、「組織の存立を実際には構成している諒解行為は、……通常、利害関係者が目的合理的な制定律に準拠させうるゲゼルシャフト行為より広範にわたるばかりでなく、通常は後者よりも以前から存在していたものである」。いいかえると、「アンシュタルトにおいては、制定された秩序は『諒解』のかたちで経験的妥当性をもつ」(WL, 467＝113-5)。

ここでいう諒解は、先にもふれたように、「納得していること」や「暗黙の協定」とは区別されなければならない。諒解は次のような事態を示している。

(平均的な)意味理解からして授与された制定律があてはまると「想定されている人びと」が、事実上も――概念的には、恐怖、宗教的信仰、支配者に対する恭順、あるいは純粋に目的合理的な考量、その他どのような動機からであろうとどうでもよいのだが――制定律を自己の行動に対して「妥当な」ものとして実際に取り扱うであろう、つまり平均的には制定律に適うようにという意味でみずからの行為をそれに準拠させるであろう、という平均的可能性がそれである。(WL, 468＝115)

制定律を欠いて成り立つ秩序というのが諒解の指標だったことを考えると、ここにみられるアンシュタルトと諒解の関係は奇妙なものに思える。このことは何を意味しているのであろうか。アンシュタルトの制定律は、関与者の自律的な協定によるのではなく、ほとんど例外なく支配者・支配層によって「授与」される。[14] この授与権力の存在や制定律の妥当は、ともに諒解にもとづいており、その決定的な内容は、人びとが実際に服従する可能性である。授与権力に関しては、「どのような人間に、どの範囲まで、どの点で実際に平均的に『従う』であろうかという可能性こそが、現実に経験的に妥当する『憲法』となる『諒解』の決定的な内容」である。また、制定律の授与は、関係する人びとのあいだにすでに存在している「諒解予想」にもとづいてなされる（WL, 469＝116–7）。つまり、授与権力の存在そのものや人びとがなぜ当該の制定律に従うのかということは、そもそも制定律や協定それ自体に拠っているわけではなく、人びとが準拠する諒解にもとづいているということである。

さらに、諒解が実際に妥当する可能性が高いのは、支配関係が「義務づけられている」と認識される「『正当性』諒解」にもとづく場合であることが指摘される（WL, 470＝119）。予想（とりわけ服従者の恐怖）のみに準拠した諒解行為は、不安定な限界事例にすぎない。それだけでは、支配者が安定した服従を調達することは難しい。「服従者が支配関係を自分にとって『義務づけられた』ものと主観的にもみなすがゆえにこそ服従するということが平均的にあてにできるようになればなるほど、諒解が経験的に妥当する可能性はそれだけ高く見積もられうるようになる」のである。この「正当性」諒解の〈根拠〉を問うたカズイスティークが、やがて「ほとんどあらゆる団体行為のこの上なく重要な基礎としての支配の問題」を扱う「支配社会学」を構成することになる。

ゲゼルシャフト関係の基底には「諒解」が存しているというヴェーバーの把握は、行為者が目的合理的な制定秩序を手がかりとして他者の行為を予想しつつ目的合理的に行為する、という理解だけでは不十分であることを示している。現実の行為には、「客観的に妥当する意味」と「主観的に思われた意味」が「義務」の観念によって架橋された空間において、ゲゼルシャフト関係がある「かのように」繰り返されるという側面がある。「かのように」行為する中で、ゲゼルシャフト行為（したがって「合理的な」行為者）とゲゼルシャフト化された秩序が同時に現実化されるメカニズムが、ここで示されているのである。(15)

第四節　むすび――合理化の「意味」

〈合理性諒解〉

「カテゴリー」の末尾では、以上の類型論的な議論をふまえて「ゲマインシャフトの秩序の合理化は実際には何を意味するのか」という問題が取りあげられる。全体的な歴史的発展の経過は、諒解行為が制定律によって目的合理的に秩序づけられ、団体が目的合理的に秩序づけられたアンシュタルトへ変化する方向にあるという（WL, 470-1＝120）。しかし先にみたように、合理的な制定律にもとづくゲゼルシャフト関係もアンシュタルトも、実際には結局のところ諒解の働きにもとづいて「妥当」している。

ヴェーバーは、こうした諒解の妥当を説明するのに「九九」の例をあげる（WL, 471＝121）。われわれが九九を正しく使いこなすためには、必ずしもその基礎になる代数の諸原理を合理的に理解している必要はない。「九九は、専制君主の合理的な命令が臣民に授与されるのとまったく同様に、子どもの時に『授与』される。それも……義務づけるかたちで『妥当する』ものとして授与されるのである」。合理的に理解し判断するというより、授与され義務づけられるもの。したがってそのつど目的合理的に考量するのではなく、物事をとらえ判断する枠組み（思考習慣）として、すでに何ほどか〈身体化〉されているもの。ここに諒解の〈原型〉があるといえるだろう。

このことは、「目的合理的な秩序」についてもあてはまる。ゲゼルシャフト関係にある人びとを、支配者、支配幹部、利害関係者、大衆の四者に階層分けした場合、この大衆においては『合理的』秩序の経験的『妥当』は、それ自体また主として、習慣となったもの、慣れ親しんだもの、教えこまれたもの、いつも繰り返されるものには服するという諒解の上に成立している」という（WL, 473＝124）。少なくとも、制定律を授与され「義務」の観念のもとにその妥当性を受けいれる「大衆」にとって、合理的制定律を備えたゲゼルシャフト関係はあくまでも諒解にもとづいて効力をもつのである。

こうして、社会の分化と合理化の進展が意味するものは、人びとが技術や秩序の合理的基礎から引き離されることである。「ゲマインシャフト行為の諸条件や諸連関についての知識の普遍化が、当の行為の合理化をもたらすというわけではけっしてない。そうではなく通常は、その正反対のものが行為の合理化をもたらすのである」（WL, 473＝125）。ここでいう「正反対のもの」とは一体何であろうか。

ヴェーバーによれば、いわゆる「未開人」の方が、自分自身の生活の経済的・社会的条件について、「文明人」よりもよっぽど多くのことを知っている。それでも「文明人」が「未開人」よりも「合理的」であるといえるのは、次の二つのことによる。それは、「1路面電車とかエレベーターとか貨幣とか裁判とか軍隊とか医療とかいった日常生活の諸条件は、原理的に合理的なものである、いいかえれば合理的に知り製作し制御できる人間の製作物であるという一般に定着した信仰――これは『諒解』の性格に対して一定の重要な帰結をもたらす――、2それら日常生活の諸条件は合理的に、つまり周知の規則に従って機能するのであって、未開人が呪術師を通じて呼び起こそうとする諸力のように非合理的には機能しないであろう、だから人間は、少なくとも原理的には、それらを『あてにし』、その動きを『計算』し、そこからもたらされる一義的な予想に準拠してみずから行為しうるのだ、という確信」、この二つによるのである（WL, 473-4＝125-6）。

すなわち、日常生活の諸条件が合理的なものであるという「信仰」と、それゆえ諸条件をもとに合理的に行為しうるのだという「確信」が（そしてそれのみが）、「文明人」が「合理的」だといえる根拠を構成している。こうした信仰や確信が、「主観的に思われた意味」の水準でも「客観的に妥当する意味」の水準でも現代人の行為を方向づけている。現代においては、少なくとも外見上は「合理的」にふるまうこと、ふるまえることが一種の「義務」あるいは〈約束ごと〉という色彩を帯びているといえるかもしれない。いいかえると、合理性の存在と共有への「信仰」と期待が、現代における「諒解」を構成し特徴づけている。

先にみたように、諒解が目的合理的に秩序づけられたゲゼルシャフト関係に変化するという「外観」は確認できる。しかしその内実を探ってみると、「秩序の合理化」が実際に立脚しているのは、いわば〈合理性諒解〉であることが示されているのである。

目的合理的行為の条件

ヴェーバーによれば、「予想」に準拠して目的合理的に行為するためには、必ずしもゲマインシャフトが合理的に秩序づけられている必要はない。合理的な制定秩序を欠いていても、秩序がある「かのように」行為することによって、結果的に「ゲゼルシャフト形成」とみなしうる事態が成立する。この場合、目的合理的な行為者が秩序を手がかりとして行為するというよりも、むしろ秩序がある「かのように」行為することの積み重ねによって、結果としてゲゼルシャフト的な秩序が成立し、同時に行為者はみずからを目的合理的な存在として表象できる。

しかしながらそれは、目的合理的に行為できるという信念が共有されているだけで、現実には「諒解」がその基盤を支えている。つまり、合理性の存在と共有への「信仰」が現代における諒解を構成する意味関係をなしているといえる。秩序がある「かのように」行為する者の背後にあって、その「予想」をかたちづくるのは、「諒解」にもとづく意味関係であり、なかんずく支配の正当性についての諒解が重要な意味をもつ「義務」の観念である。

こうした「義務づけられている」という要素は、行為者のたんなる内面的な動機にすぎないものではない。一方で「主観的に思われた意味」の水準で、行為者は、ある種の行為が「義務づけられている」ということを手がかりとして他者の行為を予想する。他方で「客観的に妥当する意味」の水準では、行為者を含む関係者を包みこむようにして、客観的な行為チャンスが存立している。この二つの水準での〈意味〉が相互に規定しあうことによって諒解という秩序が形成される。諒解は、こうしたいわば〈意味の二層構造〉に立脚してその効力をもつ。(16)

ある種の行為が、義務的・拘束的でそれゆえ「妥当」なものとして人びとに受け止められており、したがって他者の行為を「予想」しうる確実性が高いことが、目的合理的行為を可能にする条件なのである。明示的で透明なはずのゲゼルシャフト関係は、じつはその存立の基盤を必ずしも明示的ではない諒解においている。

こうした読解が可能であるとすると、ヴェーバーの社会科学方法論を、目的合理的行為を範型として構成される方法論的個人主義にもとづいている、という側面だけで限定的に理解することは難しい。たとえば、限界効用理論が前提とするような「合理的に選好をおこなう個人」を出発点にするというより、選好を構成する意味関係やあるいは〈みずから選べる〉ということの仮象性にヴェーバーは着目するのではないだろうか。目的合理的個人が個人的に抱く意味から出発して社会理論を構想しているわけではなく、人が合理的に行為しうる条件は何か、そもそも合理的に行為するとはどういうことなのかを問題にしているように思う。

こうした視角の背後には、イギリスなどの先進資本主義国と異なって自律的に判断する目的合理的な行為者を無前提的に出発点におくことができない、「後進国」ドイツのおかれた状況が存しているとみることもできるだろう。それゆえ、「合理的」、「自由」、「個人」といった諸概念は、ヴェーバーにとって議論の前提なのではなく、それ自体が歴史的・論理的な探求の対象だったのではないか。そのような迂回路を経由することによって、〈真に責任倫理的な〉個人の条件と可能性について考えようとしたのではないか。そうだとすれば、「カテゴリー」の末尾から、一般的に〈合理化が「没意味化」を招来する〉という事態を読みとる見解についても、修正が必要かもしれない(17)。

本章では「理解社会学のカテゴリー」を読解することによって、後続する『経済と社会』旧稿で展開される基礎視角が提出され（二つの水準の「意味」と「諒解」）、対象領域（家等のゲマインシャフト、宗教、支配など）が予示されていることをみてきた。とりわけ旧稿で取りあげられる対象領域は、諒解概念とのかかわりを抜きにしては十分に理解できないことは、確認できたといえる。以下の章では、本章で取りだした視角にもとづいて、『経済と社会』旧稿を順次読み進めていくことにしたい。

［注］

（1）スティーヴン・コールバーグは、「アメリカのヴェーバー学者たち」のあいだに「『理解』をもっぱら認識論の枠組みの中で議論したり、ヴェーバーの方法論的個人主義と主観的意味の強調は構造についての考慮をいっさい認めないものであると解釈する傾向が広まっていた」ことを批判する（Kalberg 1994：47–8＝61）。それに対して彼は、ヴェーバーの社会学においては秩序・正当的秩序・社会的場の三様式によって行為がパターン化され、それにもとづいて行為と構造が連結しているという興味深い議論を展開している。しかし他方でコールバーグは、「どのような環境のもとで価値と伝統に導かれた規則的行為が純然たる目的合理的計算に導かれた規則的行為に『とって替わられた』のか」というテーマが、ヴェーバーの「比較史社会学の真髄」にあるともいう（Kalberg 1994：30＝41）。本書では、この両者の関係や「純然たる目的合理的計算に導かれた規則的行為」それ自体の存立根拠を問い直そうと考えている。コールバーグの試みが必ずしも成功していないことについては、フリッツ・

リンガーによる批判がある（Ringer 1997 : 155–6）。

（2）たとえばブライアン・S・ターナーによれば、ヴェーバーの「方法論的原則」と「実質的研究」とのあいだには重大な乖離が存在しており、後者は「理解の原則よりもマルクス主義的な構造主義にはるかに忠実である」（Turner 1981 : 9）。だがこうした特徴づけは、ローレンス・スカッフが指摘するように、「ヴェーバーの思考の中の二つの互いに異なった傾向のあいだから選択することを強いられる」ことにつながる（Scaff 1984 : 191）。ターナーのように、ヴェーバーの（狭く理解された）方法論からは見えてこないような、実質的諸研究の「構造主義」的側面を取り出すことには意味があるが、それだけでは不十分だろう。問題は、「方法論的原則」と「実質的研究」の〈あいだ〉をつなぐ論理をつかみ取ることである。

（3）ドイツ社会学会第一回大会（一九一〇年）の会務報告でヴェーバーは、社会学の基本的課題として、集団への所属が人間形成に及ぼす影響の解明をあげている。その背景にあるのは、「今日の人間が想像を絶するくらい著しく結社的人間 Vereinsmensch だ」という認識である（SS, 442=「学会」223）。安藤英治によれば、「団体結成」は初期から一貫したヴェーバーの基本的問題関心だった。「個の自立」論者という「それ自体は些かも誤っていない」ヴェーバー像は、しかし「団体結成」という視角を見失わせた点で、その理解に重大な制約をもたらした、と安藤はいう（安藤 1992 : 92–3）。また中野敏男は、従来の「方法論的個人主義」に依拠した理解が「秩序形成」へのヴェーバーの関心を隠蔽してきたが、「ウェーバーにとっての問題」は「個々の行為とトータルな秩序とのそれぞれが持つ固有論理の狭間に成立する緊張関係にある」と指摘する（中野 1988 : 94）。本書では、こうした指摘に学びつつ、行為と秩序の〈あいだ〉、中野のいう「緊張関係」の中身を問題にしていきたい。

（4）ヴェーバーの「整合合理性」を主題とした文献には、折原（1969）、宇都宮（1989）、杉野（2000）などがある。なお「客観的」整合合理性といっても、この場合の「客観性」は研究者の観点により構成されたものであることは言うまでもない。

（5）晩年の「基礎概念」ではこの区別自体が消失している。研究者と行為者は〈主観的意味づけ〉を共有していることが前提とされてしまい、主観的・経験的な意味づけと整合型とのズレを問題にすることができなくなっている。そのために、研究者の構成する整合型からはありえないようなことを、なぜ行為者は〈理に適った〉ものと認識し、みずからの行動の指針にするのか、といった問いを立てることはできない。たとえば、アルフレッド・シュッツによるヴェーバー批判——ヴェーバーは「世界一般と、したがって社会的世界の意味のある諸現象とも間主観的に一致していると素朴に前提することで満足している」——は、この「基礎概念」時点での概念構成を前提としている（Schutz 1981 : 16＝20）。この点は、宇都宮京子の指摘に学んでいる（宇都宮 1993 : 5）。「カテゴリー」では行為者を〈他者〉とみなし、行為の理解に対して慎重で厳密な姿勢を保っていたのに、「基礎概念」ではそれが失われている。つまり、「よく分からないもの」にどうやって接近すればよいか、という姿勢が消失している。逆にいえば、この姿勢こそが「カテゴリー」段階の議論に深みをあたえているとみることができる。

（6）こうした手続きを経なければ、研究者は行為者の「思われた意味」に接近できないのであり、行為者との意味の共有を素朴に前提することはできない。

（7）もちろんここで念頭におかれているのは、「プロテスタンティズムの倫理と資本主義の精神」の記述である（RS, 91ff.＝「倫理」151 以下）。

（8）この点については、旧稿中の「宗教」章および「階級」章で同様の視点から再論されている。本書第三章第三節、第五章第四節を参照。なお、ヴォルフガング・シュルフターは、「カテゴリー」の記述がヴェーバーの「比較宗教社会学的研究」の成果を受けたものであることを指摘し、とくに『世界宗教の経済倫理』の「序論」との関連に言及している（Schluchter 1988 : 566＝126）。

（9）たとえば廣松渉は、次のようにヴェーバー社会学の「難点」を指摘している。「果たして、社会的集合体や社会的秩序、それに社会的〝法則〟といった『特種的綜合態』を、行為者ないし行為者たちという個々人の主観的に思念せる意味の理解によって説明しきれるものであろうか？ ……ヴェーバー理解社会学の方法論的理論構制においては、その〈意味〉〈理解〉なることが『主観的に思念された意味がそのまま実現する場合』にしか効かない形になっている……」(廣松 1991：406, 410–1)。ヴェーバーの理論構成について、こうした理解とは異なった解釈を提示することが本書の目的である。

(10) マーティン・オルブロウは、ヴェーバーの「意味」概念を行為と構造を媒介するものとして位置づけている(Albrow 1990：210ff.)。そうした基本的な視角を本書も共有しているが、オルブロウの場合、「意味」概念をあまりにも包括的に把握しているために、議論がやや拡散しているといえる。

(11) 橋本直人は、この verbindlich と「妥当」を「カテゴリー」における二つの概念系列として再構成する緻密な議論を展開している(橋本 2000)。橋本は、この両概念を秩序の安定性と流動性の対立に結びつけているが、本書では verbindlich を「妥当」を保証するものとして、「主観的に思われた意味」とは異なる水準で捉えている。

(12) ヴェーバーの「諒解」概念については、すでに支配論とのかかわりを中心に論じたことがある(松井 1989；1991)。

(13) 現代日本社会における「諒解」現象としては、たとえば〈メディアの自己規制〉をあげることができるだろう。メディアは、明確な法規制やガイドラインが存在していなくても、権力に対する批判を抑制したり、「タブー」を設けたりする。しかもこれは「横並び」でおこなわれるケースが多い。この場合、実際に何らかの拘束力があるから従うというより、周囲も従うだろうと予想することによって拘束力が発生するといえる。

(14) 相澤出は、諒解と授与の関係に注目して、この視角からヴェーバーの「学問研究の社会学」を再構成するという意欲的な議論を展開している(相澤 2004)。その際相澤は、諒解が授与によってあたえられ、合理的な理解や納得をともなわないまま身につけさせられる、という点を強調する。たしかにヴェーバーは、こうした事態を重視していた。しかし他方で、行為者が互いに相手の行為を予想しつつ相互に行為する中で、諒解が〈形成〉される側面も捉えている。諒解という秩序の形成には、この両面からアプローチする必要があると思う。

(15) このメカニズムについて、平子友長は次のように述べている。「ここでは、『ゲゼルシャフト化』(=目的合理的秩序の制定）があって初めて『ゲゼルシャフト化された行為』が成立するとするヴェーバーの当初の方法論的枠組みを裏切って、『ゲゼルシャフト化』なしに『ゲゼルシャフト化された行為』が『かのように』という機制を媒介として成立し、論理的にはその結果として『制定』とは別の回路を経て『ゲゼルシャフト化』が達成される可能性が開かれていたのである」（平子 1997：480）。

本書では、こうした「かのように」のメカニズムについて平子の指摘から多くを学んでいる。ただ本書では、「ゲゼルシャフト化」＝秩序形成の側面のみでなく、それが同時に行為者としての存在の性格にもフィードバックしてくると考えている。さらには、この「かのように」機制にもとづく諒解概念を、『経済と社会』旧稿の全体を貫く問題構制を指し示すものとして捉えようとしている。

また加藤眞義は、マルクス社会理論における「社会的行為の『として als』構成」に着目し、行為者の日常意識に「〜として」というかたちで浮かぶ「社会的なもの」の表象、社会的意味へのマルクスの関心を指摘する。その際、「行為者が〈社会的なもの〉にかんする表象にもとづいて行為を行うことをとおして、当該の表象を遂行的にリアルなものにしていく」という（加藤 1999：284）。ここで詳論することはできないが、「かのように」行為することにもとづいて合理的な秩序と合理的な行為者が同時に成立するという事態へのヴェーバーのまなざしと、加藤が浮き彫りにするマルクスの「社会的行為の『として』構成」とは、かなり重なりあう面があると考えている。

(16) なぜ「義務づけられている」という主観的観念および客観的行為チャンスが生じるのか。すなわち、なぜ諒解は「妥当」するのか。ヴェーバーが人間社会の秩序を構成する主要なゲマインシャフトを取りあげ、検討する際には、この点が主要な視角をなしていたといえる。このことが、「諒解」概念とともに長いあいだ忘れられていたのではないだろうか。

(17) 前章でもふれたように、折原浩によれば「没意味化」とは、行為者が「主観的にその『協定』の『意味』を意識しなくなり」たんに惰性ないし習慣によって行為しあっている状態であり、『『諒解関係』は『ゲゼルシャフト関係』が〈没意味化〉した、いわば〈頽落態〉である」（折原 1969：407）。しかし、一見習い性となった行動様式に従順に従っているように見えても、行為選択に際しては行為者なりの何らかの意味づけ、納得、自己了解をへて行為は遂行されているだろう。したがって「没意味化」というよりも、ある種の行為を義務的・拘束的なものと人びとに感得させる機制こそが問題なのだと考えられる。

第二章　秩序の妥当とゲマインシャフトの重層性

第一節　秩序はいかにして「妥当」するのか

ヴェーバーは「理解社会学のカテゴリー」において、「諒解 Einverständnis」という難解で誤解を招きやすい概念を、彼の社会理論の中心概念の一つとして提示していた。簡単にふり返っておくと、他の人間の行動へと意味の上で関係づけられた行為であるゲマインシャフト行為のうち、目的合理的な秩序制定を前提として、この秩序にもとづく予想に目的合理的に準拠する行為を「ゲゼルシャフト行為」と呼ぶ。他方、諒解とは、そうした目的合理的な制定秩序が存在していなくても、存在している「かのように als ob」関与者が行為することによって、結果的に関与者がゲゼルシャフト関係にあるのと同様の効果が得られる場合を指す（WL, 452-3＝「カテゴリー」77）。

ところでヴェーバーによれば、ゲゼルシャフト関係の基盤をなす「協定」も「究極的には、この『合法性』諒解によって『妥当 Geltung』している」（WL, 457＝89）。また、国家に代表されるような、強制力をもち合理的な制定律を備えたゲゼルシャフト関係である「アンシュタルト」においては、制定された秩序は『諒解』の形で経験的妥当性をもつ」（WL, 467＝115）。すなわち協定もアンシュタルトにおける制定秩序も、こうした諒解にもとづいて「妥当」しているというのである。

ゲゼルシャフト関係もアンシュタルトも、合理的に制定された秩序が存在する社会関係として特徴づけられているのに、そこにおいて諒解の働きが問題となるのは定義からして奇妙な話である。しかも諒解概念のこうした位置づけは、たまたま定義から逸脱した事例としてあげられたものではなく、「カテゴリー」に引き続くかたちで執筆されたと考えられる『経済と社会』旧稿に属する草稿においても繰り返し現われている。この一見奇妙な位置づけをもつ諒解概念は、何をねらって構成されたものなのか。そもそも〈秩序が諒解にもとづいて妥当する〉というのは、どのような事態なのか。

本章ではまず、『経済と社会』旧稿のうち「経済と社会的諸秩序」を中心に取りあげる。そこで「諒解」という視角にこめられた意味を探り、この概念が行為と秩序を媒介する位置にあることを示す。そのうえで「諒解」概念が、〈「合理化」された近代的な社会編制を可能にしているもの〉に照準していることを明らかにし、その意義に言及したい。

次にそれを受けて、後続する「ゲマインシャフトの経済的関係一般」の章、および「家ゲマインシャフト」章から始まる具体的なゲマインシャフトの分析をたどる。そこではとくに、合理的なゲゼルシャフトが諒解ゲマインシャフトに支えられて妥当するという〈ゲマインシャフトの重層性〉という把握を取りあげてみたい。それにより、〈合理的な社会秩序はいかにして「妥当」するのか〉という問いに対してヴェーバーが諒解という視角を用いてアプローチしていること、このアプローチに着目することによってヴェーバーの社会理論を動態的に捉え返すことが可能になること、を論じていくことにしよう。

第二節　諒解にもとづく秩序の「妥当」

（1）法秩序の妥当

法秩序と経済秩序

「経済と社会的諸秩序」と題された章は、『経済と社会』旧稿の構成上「カテゴリー」論文の次に位置すると考えられ、内容上も連続する論述を多く含む（折原 1996：144 以下）この章の冒頭の部分でヴェーバーはまず、法秩序に関する法学的な考察方法と社会学的な考察方法の区別に注意をうながしながら、法秩序と経済秩序の関係について考察を加えている（WuG, 181-2＝「諸秩序」3-5)。

法学的な考察方法は、法規範には「どのような規範的意味が、論理的に正当な仕方で帰属すべきであるか」を問題にする。ヴェーバーによれば、このように法学的考察方法によって理解された「観念的な当為的妥当の次元」にある法秩序と「現実的な生起の次元」にある経済秩序は、「直接には何の関係もない」。経済秩序とは「財貨と経済的役務に対する事実上の処分力の配分の仕方」と「その事実上の利用のされ方」を意味し、利害調整の仕方に応じてそのつど「諒解にもとづいて」成立するものである。この場合、当為の世界と存在の世界は完全に分離した相のもとに立ち現われている。

他方で、法秩序に関する社会学的考察方法は、ゲマインシャフト行為の関与者が「一定の秩序を妥当力あるものと主観的にみなし、また実際上そのように取り扱う」チャンスの存在を問題にする。このように法秩序を社会学的な意味において、すなわち「経験的な妥当」として理解すると、「経済秩序と法秩序とは相互にきわめて緊密な関係に立つ」という。このことは何を意味しているのだろうか。

法秩序を社会学的に理解するとき、それは「現実の人間行為を事実上規定しているもろもろの規定根拠の複合体」を意味する。現実の行為者は、法秩序が論理的に正しいから、あるいは法が一定の行為を命じていると考えるから法秩序に服するわけでは必ずしもない。ヴェーバーはここで、「合理的な秩序が『存在する』ことの意味について、「カテゴリー」論文の参照を求めつつ次のように述べる。(1)「参加者たちの広範な層が法秩序にしたがった行態をしているのは、周囲の世界がこれを是認し、その反対を是認しないという理由からか、あるいは習俗として慣れ親しんできた生活の規則性に従うぼんやりした慣れからしてそうしているのであり、服従を法的義務と感じているからではない」(WuG, 182=5)。

法秩序の「存在」をこのように理解すれば、経済秩序との「相互にきわめて緊密な関係」も理解できる。利害関心あるいは「慣れ」にもとづいた諒解行為は、一方で経済秩序を成り立たせ、他方で法秩序を「妥当」させる。いいかえると、妥当している法秩序は経済行為を安定的に接続させ、繰り返される経済行為は何らかの法秩序を必要とし妥当させる。この両者(規範性と事実性)を媒介する位置にあるのが諒解行為ということになる。

客観的法と主観的権利

ヴェーバーによれば、国家法の「経験的存在」が意味するものは、何か事件が起こった場合に、諸機関の団体行為（たとえば警察による逮捕）が行われることが「諒解にもとづいて、蓋然性をもって予想することができる」ということである。しかもこの場合、団体行為は、この「予想」のみにもとづいて、結果的に法命題を「遵守」させることができる（WuG, 183＝9）。国家法が妥当し通用するためには、法命題がたんに存在しているだけでは十分でない。法命題にもとづいた行為（この場合は政府機関の団体行為）を、人びとが諒解にもとづいて現実に「予想」できるということが決定的に重要である。強制力の行使が法命題にうたわれているからそれが拘束力をもつのではない。〈ある法命題が拘束力をもつと他の人びとがみなしている〉という予想にもとづいて人びとが行為することにより、それは拘束力をもつのである。

他方で、諸個人がみずからの経済的利得を得るためにこの国家法秩序を利用するという側面がある。すなわち、法秩序が個々人の「『主観的』権利」（計算可能なチャンスの保障）をあたえるという側面である（WuG, 184＝18）。「一定の（観念的あるいは物質的な）利益」を追求する行為は、侵害された場合は「強制装置」の援助を受けるチャンスをもつ。しかしこのチャンスが、たんに形式的に法にうたわれているだけでは十分ではない。それが法規範の「諒解にもとづいて妥当」している意味により保障されていることによって、すなわち周囲の利害関係者が現実にこうした「権利」が保障されることを予想しつつ行為することによってはじめて、「主観的な権利」として効力をもつ。

したがって、客観的な法が制定され、もっぱらそれにもとづいて関係者の行為が調整されるわけではないし、主観的な権利（あるいは権利を有する個人）がまず存在しており、それにもとづいて客観的な法が制定されるというわけでもない。法規範の意味が「諒解にもとづいて妥当」していること、つまり関係者が法命題に近い行為を取ることが予想され、それにもとづいて行為が繰り返され接続していくことによって、一方で客観的法の存立が支えられ、他方で主観的権利が実効あるものとされるのである。こうして法や権利が「妥当なもの」として存立することによって、人びとのあいだの諒解もまたより確実性を増す。ここではこのような諒解と秩序形成の基本構造が示されているといえる。

　ところでこうした「諒解」は、そもそもどのような仕組みで成立し、「妥当力」をもつに至るのだろうか。ヴェーバーによれば、「法規則」に志向した結果によるものは、秩序の「極小部分」を占めるにすぎない。秩序の大部分は「習俗 Sitte」や「慣習律 Konvention」にもとづくものであるか、あるいは「参加者たちのそれぞれがみずからの利益のためにおこなう主観的に目的合理的な行為の格率からくる規則性」なのである（WuG, 190＝39）。ここには諒解を通じて秩序が「妥当」する二つの経路が示されている。これらについて、以下で順次みていくことにしよう。

（2）習俗・慣習律・法――「妥当」の経路（一）

習俗から慣習律への移行

　ヴェーバーによれば、「一つのゲマインシャフト関係のために諒解にもとづいて妥当している秩序が、すべて『法秩序』であるのではけっしてない」（WuG, 182＝7）。法秩序は、諒解にもとづく秩序の一つの特殊ケース、つまり「強制装置」によって規範の遵守を強制するチャンスが客観的に存在しているケースのみを指す。秩序をつくりだすものとしては、他に「習俗」と「慣習律」が重要である。

習俗とは、「類型的に一様な行動がおこなわれており、これらの行動は、もっぱらそれに対する『慣れ』や無反省な模倣だけによって伝来的な軌道に保たれているケース」であり、『要求』されない『大量行為』」を意味する。これに対して慣習律は、「一定の行為をするようにとの働きかけが存在しているが、それはいかなる物理的または心理的強制によるのでもなく、また……行為者の特有の『周囲 Umwelt』を形成している一定範囲の人びとの是認または非難をのぞいては、いかなる反作用によるものでもない場合」であり、したがって法秩序とは異なって「強制装置」は欠如している(WuG, 187＝29–30)。人びとの行為がたんにある規則性を帯びているにすぎない場合は習俗であり、この規則性を帯びた行為が物理的な「強制」を欠きながらも一定の「拘束性」をともなうとき慣習律となる。周囲の人びとの是認や非難をともなう慣習律は、個々人の行動を決定する上で、「法強制装置」の存在よりも「しばしばはるかに有力」であるという。というのは、われわれが無数の諸関係を取り結びながら生活していく際に、周囲の人びとの「自発的な好意」に依存しているからである(WuG, 187＝31)。

社会学にとっては、こうした習俗から慣習律への、また慣習律から法への移行は、「明らかに流動的なもの flüssig」である。習俗から慣習律への移行は、どのように起こるのだろうか。ヴェーバーの説明では、まず「慣行化した行為の仕方をたんに身につける」段階、つまり「一つの行為に対する慣れが、たんにぼんやりと受けとられていた段階」から始まり、やがて「慣行の維持への志向 Eingestelltheit」（いいかえると慣習化からの離脱に対する不安）が生まれる（WuG, 191-2＝42-5）。すなわち、まずゲマインシャフト関係にある人びとによって一定の行為が繰り返され、そこでこの行為に対する「慣れ」が生じる。繰り返されることによってこの行為はいわば〈身体化〉されるのであり、規則性をともなう「大量行為」として定着していく。やがてこの行為は、身についた「慣れ」による、あるいは周囲にたんに合わせているだけのやや「ぼんやりとした」状態を超えて、意識的に「志向」されるようになる。身についた規則的な行為からあえて離脱することは不安や抵抗感をともなうので、当該の行為パターンを今度は意識的に繰り返すようになるわけである。

さらにこの段階から、「ゲマインシャフト行為の『諒解的』性格への進歩、すなわち一定種類の慣行化した行為に『拘束性 Verbindlichkeit』があるという観念への進歩」が現われてくる。いいかえるとこれは、慣習律が行為の規則性を支配して「『大量行為』が『諒解行為』に転化する」段階であり、それをヴェーバーは「伝統形成」と呼ぶ。たんにある種の行為を意識的に繰り返すというのみでなく、その行為が周囲から「要求」されている、その意味で義務的・拘束的なものであるという観念が生じるのである。この場合、規則や秩序に「拘束力がある」とみなされているから行為が「規則性」を示すのではなく、逆に「有機的に制約された規則性がまずあって、これに『拘束力ある規則』という観念が結びついてくる」（WuG, 188＝31-2）。「拘束性」の観念は、規範や秩序がそもそもともなっているものではなく、身体化された現実の日常的な行為の繰り返しの中で生み出される、という基本的な認識が示されている。

習俗・慣習律と法の関係

多くの社会的領域において慣習律のみで秩序が保たれるのは、慣習律が「強制装置」をともなう法秩序と同様の効果をもつからである。「慣習律秩序の侵害が社会的に非難されるという単純な事実が、侵害者に対するきわめて現実的な間接的結果をともなっており、これだけで制裁として十分であろうし、また十分であるに違いないと判断されている」のである（WuG, 191＝44）。それればかりか慣習律は（そして習俗も）制定法を含む法秩序が存続してゆくために、きわめて有力な働きをすることがここでも繰り返し強調されている。「法秩序は、強制装置が存在しているがゆえに、現実の世界において経験的に『妥当する』というのではけっしてなく、法秩序の妥当が『習俗』として慣れ親しまれ・『習熟され』、また法秩序に適合的な行動から著しく離反すると慣習律がこれを非難するがゆえに、経験的に妥当するのである」（WuG, 195＝57）。

こうした習俗・慣習律から法への移行は「どこにおいても流動的」なものである。一面では行為のたんなる事実上の規則性が、それに照応する内容の倫理的・法的確信を成立させ、他面では「物理的および心理的な強制手段が一定の行動を指令するという事情が、行為の事実上の慣れとしたがってまた行為の規則性とを成立させる」（WuG, 192＝45）。こうして習俗、慣習律、法はループを描くように、それぞれが別の事態を引きおこすとともに、互いに基盤となり支えあう関係にある。したがってヴェーバーのいう「流動的」という言葉は、各領域が時間軸に沿って切れ目なく相互に移行しているという意味のみでなく、実際には各領域が同時に重なりあって存立している（重層的である）という意味をも含むといえる。

ところで法秩序は、上述のように習俗と慣習律にもとづいて経験的に「妥当」していたわけであるが、これらだけで現実に存在する秩序を説明しきれるわけではない。他方で行為者の利害関心にもとづく目的合理的な行為の連鎖によって成立する秩序が存在している。次に、この点について検討することにしよう。

（3）利害関心にもとづく諒解——「妥当」の経路（二）

「第三者」による承認の想定

他者の行動を予想して、それとのかかわりで自分の行為を目的合理的に組み立てようとする場合、法や慣習律が他者の行動に影響力をもっていればいるほど予想の確実性は増すだろう。だが、妥当している法や慣習律がなければ、他者の行動がまったく予想できないわけではない。われわれは何を手がかりとして、他者の行動を予想し、目的合理的な行為を互いに連鎖させていくのだろうか。

ヴェーバーによれば、「法と慣習律と習俗とは、われわれがある他人の……行動の保証者として当てにしている、また当てにしうる唯一の力ではけっしてなくて、これらの他に、とりわけ一定の諒解行為の存続そのものを求める他人自身の利害関心が保証者として働いている」(WuG, 194＝51)。ある一定の行為をおこなうことが、行為をやりとりする相手の利害関心に合致している場合、この行為の遂行を高い確率で相手に期待することができるわけである。このような他者の利害関心を手がかりとした諒解＝秩序形成について、ヴェーバーは繰り返し財貨の「交換」を例にあげて説明している。

いったん「カテゴリー」論文にさかのぼり、そこで展開されていた交換の議論をふり返っておこう。交換という当事者間の契約にもとづいた、そのかぎりでのゲゼルシャフト関係形成を意味する事例が、なぜ諒解の説明になるのか。その理由は、交換に直接かかわらない第三者が交換の結果を尊重するという予想にもとづいて交換がなされる、という点にある。すなわち、「交換という事例でのゲゼルシャフト関係形成は、それ以外に、直接かかわらない第三者も交換の結果すなわち『占有の移転』を『尊重する』であろうという予想にも準拠してなされるのである。そのかぎりにおいて、こうした行為は、われわれが後に『諒解行為』と名づけるような種類のたんなる『ゲマインシャフト行為』なのである」(WL, 451＝「カテゴリー」72)。たとえば何らかの商品と引き替えに貨幣を手にした交換当事者は、将来この貨幣によって別の商品を購入することができるということを期待している。「他の人もまた貨幣を『受け取る』であろうという貨幣使用をそもそも可能にするような予想に準拠して、当の行為はなされる」のである(WL, 453＝77–8)。

これら第三者が交換を是認し、また貨幣を受け取ることを想定できるから、個々の交換も安定したものとして実行可能となる。こうした見知らぬ人びとすべてのあいだで協定を取り結ぶことは不可能であるが、市場におけるふるまい方や貨幣の扱われ方は、関係者の中で場合によっては「拘束力をもつ」規範として通用しうる。「諒解を介してゲマインシャフト関係にある人びとは、状況によっては、個人的には互いについて何も知らなかったということがあるのだが、それにもかかわらず、彼らのあいだでの諒解は経験的にはほとんど不可侵に妥当する『規範』をなす、ということさえありうるのである」(WL, 458＝89–90)。この拘束力をもつ規範として(規範のごとく)通用するということは、どのようなメカニズムによって可能となるのだろうか。

「かのように」の論理

貨幣の使用（貨幣を用いた交換）は、市場に関与する人びとすべてにかかわる秩序が存在していて、それに準拠して行為がなされる「かのような als ob」かたちをとる。この点にまずヴェーバーは着目する。「通常多くの点で、貨幣使用の帰結の総体は、全関与者の需要充足に関する秩序に準拠して行為がなされることによって達成された『かのような』かたちをとる。しかもそれは、貨幣使用者の行為が、意味の上で関係づけられていることの結果として生じた事態なのである」（WL, 453＝78–9）。こうした事態が生じる理由は、貨幣使用者が、他者の利益の顧慮にもとづいて他者の行為を予想する、という点に求められる。平均的にみるとあらゆる関与者がこうした「予想」に準拠して行為するために、結果的には関与者を包括する秩序が存在しているのと同様の事態が生じるわけである。

「経済と社会的諸秩序」では、以上のような「カテゴリー」論文での論述を受けて、次のように述べている。「債務関係や交換に参加する人たちはすべて、相手方が自分の意図に照応するような仕方で行為するであろう、という予想を抱いている。この場合、このことを保証し、命令し、強制装置によってまたは社会的非難を通じて強制するような、両当事者の外にある『秩序』の存在が、概念的に必ずしも前提されているわけでもないし、また、何らかの規範を『義務づけられた verbindlich』ものとして主観的に承認したり、あるいは相手方がそのように承認するであろうと信じたりすることが、何らかのかたちで当事者間に必ず前提されているというわけでもない」（WuG, 192＝「諸秩序」46）。この場合、秩序の存在が前提されていないばかりでなく、何らかの規範を「義務づけられた」ものとして関与者が相互に承認している必要もない。必要なことは、義務づけられたものとして承認した「かのように」ふるまうことが予想できる、ということである。

こうした「予想」の根拠をかたちづくるものは、ヴェーバーによれば次の事態である。「交換当事者は、相手方が将来にわたっても自分との交換関係を継続してゆきたいという利己的な利害関心をもっており、この利害関心が、約束を破ろうとする傾向をおさえるであろうことを信頼しうる」からである（WuG, 192＝46-7）。交換の相手が交換関係の継続に利害関心をもっていること、それを基盤として相手の行為を「信頼」することができること、これこそがあたかも何らかの規範を相互に承認しているかのようにふるまえる根拠をなすものである。

したがって、「純粋に目的合理的なケース」においては、「関係者たちのそれぞれは、相手方が、結んだ約束は『守ら』なければならないという内容の規範を、あたかも自分について『義務づけられた』ものとして承認した『かのように』ふるまうであろうことを計算しており、また通常は蓋然性をもって計算しうる」（WuG, 192＝47）。このような事態が可能であれば、交換参加者は相手側の行為をそれなりの確実性をもって予想しつつ、それに応じてみずからの行為を組み立てていくことができる。市場は目的合理的に協定あるいは授与された秩序によって統括された場ではない。しかし、あたかもそうした秩序が存在する「かのように」行為が繰り返されることにより、結果的に拘束力ある制定秩序が存在しているのと同様に事態が進行するのである。

「孤立的」ではない行為者

さらに、「諸秩序」に後続する『経済と社会』旧稿に含まれる断章「市場ゲマインシャフト」においては、こうした交換行為の特徴が次のようにまとめられている。

貨幣の使用にもとづくゲマインシャフト形成は、合理的に協定あるいは授与された秩序によるあらゆるゲゼルシャフト形成とはまさに対極にある。現実的および潜在的な市場利害関係者・支払い利害関係者の実在的な利害関係にもとづくゲマインシャフト形成の作用によって、完全に発展した場合にはいわゆる貨幣経済が、あたかもそういう結果の招来を企図した秩序があらかじめつくられていたかのように、営まれるのである。市場ゲマインシャフトの内部において交換行為が、とりわけ貨幣交換行為が、孤立的に交換相手の行為に準拠して孤立的におこなわれるのではなく、交換行為が合理的に考量されればされるほど、それだけますますすべての潜在的な交換利害関係者の行為に準拠しておこなわれるようになることの、これがまさに帰結なのである。（GS, 194）

市場における交換行為は、現象としては個人行為者間の相互行為としてとりおこなわれる。だがヴェーバーは、こうした行為をけっして「孤立的」なものとは考えていない。当事者だけでなく第三者＝「すべての潜在的な交換利害関係者」のふるまいを想定し、「信頼」することによって個々の交換行為も安定的に継続してゆけるのである。このような交換行為が縦横に継続されていく中で、あたかも「拘束力がある」と認められている「かのような」秩序＝諒解が形成される。同時にそれぞれの行為者もまた、交換について「合理的に考量」すればするほど、「孤立」した存在ではなく諒解関係において互いに結びついた存在として立ち現われるのである。

（４）合理的な行為者と合理的な秩序

みてきたように「諒解」概念は、明示的な支配者からの授与も行為者間の合意も経由しないで成立する秩序、相互的な予想と行為の繰り返しの中で事実上現われてくる秩序を意味していた。この概念を用いてヴェーバーが明らかにしようとしていたことは、まず第一に、制定あるいは授与された法秩序や合意された協定といった合理的な秩序が「妥当」し、通用するのは諒解の働きによる、ということである。諒解はゲゼルシャフト関係の前段階でも「対極」にあるものでもなく、ゲゼルシャフトの存立を可能にしているもの、とする位置づけが示されていた。

諒解にもとづいて秩序が妥当する経路は二つある。一つは、習俗・慣習律が広がっていく過程であり、それによって法秩序は経験的に妥当する。一定の行為が繰り返されて身体化・慣習化することにより、やがて「義務的・拘束的」な性格をもつようになるのである。もう一つは、他者の利害関心を手がかりとしてその行為を予測することにより、目的合理的行為を連鎖させていく過程である。この場合、関与者が「義務づけられた」秩序に準拠している「かのように」互いに予測し行為しあうことにもとづいて、結果的に制定秩序が存在しているのと同様の事態が現実化する。

この二つの経路は、一見するとまったく別個の事態にみえる。だが、ヴェーバーによれば「法と慣習律とは、人間の共同的、並立的あるいは対立的な行為の中に、原因および結果として編みこまれている」(WuG, 192＝「諸秩序」45-6)。目的合理的な行為者が、互いに一定の規則的な行為を規範である「かのように」扱うことによって、やがて規範としての拘束性が生じ、それが行為者にフィードバックしてくる。その際、既存の法や慣習律を手がかりとして相手の行為を予想する場合もあるし、規範である「かのように」繰り返し扱うことにもとづいて、新たな慣習律と法が成立し妥当する場合もあるだろう。目的合理的行為と慣習化された行為は、相互に原因となり結果となって諒解にもとづいた秩序の領域を形成している。

このことは、前章でみた「主観的に思われた意味」と「客観的に妥当する意味」という二つの水準の「意味」とかかわっている。この両者は別個の水準に措定されており、互いに密接に関連するとともにつねにズレる可能性を含んでいた。行為者どうしの完全な合意にもとづく秩序でも、支配者あるいは法によって完全に統制された秩序でもないこの「諒解」の領域において、行為の繰り返しの中で「客観的に妥当する意味」が成立するとともに、それが「主観的に思われた意味」に影響をあたえる。そこでは、合理的な行為者の利害や契約のみにもとづいて秩序が形成されるわけではないし、確立した秩序による強制がストレートに行為者に受容されるわけではない。

こうしてみると諒解概念は、合理的な行為者と合理的な秩序が同時に成立する〈場〉を指し示しているといえる。それゆえ一方で、行為者は孤立的な存在ではなく諒解関係によって互いに結びついた存在として、他方で秩序は、たんなる強制装置や自動機械ではなく諒解にもとづく意味的行為の繰り返しの中で成立し再生産されるものとしてつかまれていたのである。ヴェーバーの社会理論を、諒解にもとづく秩序形成の理論としてとらえることによって、目的合理的な単独行為者を前提とした理論構成とみる見方や、出口のない「鉄の檻」に帰結する秩序論とみる見方をともに退けることができるといえる。

第三節　ゲマインシャフトの重層性と「諒解」

前節ではヴェーバーのいう「諒解」を、行為の繰り返し、接続の中で規範と秩序が形成されるメカニズムをとらえたものとして、さしあたり抽象的な水準で理解してきた。だが、いうまでもなく現実の諒解の領域は、種々の利害対立や権力闘争の渦巻く場である。したがってこうした具体的な場と力関係の中で秩序が成り立つメカニズムを考えるためには、家や近隣関係から始まり種族、宗教、政治に至る種々のゲマインシャフトの問題や支配の問題を射程に入れる必要がある。(2)

（1）重層的なゲマインシャフト形成への視点

合理的な社会秩序はいかにして「妥当」するのか

ここまでみてきた諒解にもとづく秩序の特徴は、目的や意義が曖昧なまま相互に行為が接続している中で、〈結果的に〉秩序が成り立つという点にあった。規則は規則であるというそれだけで遵守されるのではなく、相互行為が繰り返される経験を通じて義務性・拘束性を帯びることにより遵守されるのである。この見方は、「主観的に思われた意味」と「客観的に妥当する意味」を厳密に区別した上で関係づけるというヴェーバーの視点にもとづいている（WL, 427＝「カテゴリー」7）。

一方でヴェーバーは、秩序の「客観的に妥当する意味」を前提なり出発点とするわけではない（この点でデュルケム的な「社会的事実」やパーソンズ的な「価値の内面化」とは異なる）。また他方で、行為者の「主観的に思われた意味」を前提・出発点とするわけでもない（したがって自律的に判断し合理的に選好をおこなう目的合理的な行為者像とは異なる）。これら二つの水準の「意味」のズレを含んだダイナミックな関係、両者の〈あいだ〉にあるものに、諒解概念にこめたヴェーバーのねらいがあると思われる。すなわち、「客観的に妥当する意味」は「主観的に思われた意味」を経由してどのように存立するのか、ということである。

以下では、〈合理的な社会秩序はいかにして「妥当」するのか〉という問いに対して、ヴェーバーが「諒解」という視角を用いてアプローチしていることを論じてゆく。その際とくに、『経済と社会』の冒頭部諸章で展開されている〈ゲマインシャフトの重層性〉という把握に着目する。(3) 以下でみていくように、合理的なゲゼルシャフトは諒解ゲマインシャフトに支えられて妥当している。〈重層性〉というのはこの点を指しているのだが、たんに層をなしていることを示すだけでなく、ゲゼルシャフトを妥当させる仕組みや内実についても検討してゆきたい。こうした作業を通じて、既存の合理的社会秩序（「鉄の檻」）の〈自然的性格〉の否定と動態化を視野に入れたヴェーバー社会理論の読解に道を開くことができると考えるからである。

ゲゼルシャフト関係の目的を超えた諒解の形成

諒解とゲゼルシャフト関係は、理念型的にはまったく異なった性格をもつものとして、鋭く対照的に構成されていた。だが前述のとおり、ヴェーバーの行論の中では、互いに有機的に結びつきつつ現実の秩序を動態的に形成していく点が強調される。みてきたように「理解社会学のカテゴリー」では、合理的なゲゼルシャフト関係は、同時に諒解関係を生みだし、諒解関係に支えられて存立しているという認識が示されていた。(4)

「経済と社会的諸秩序」に後続すると考えられる「ゲマインシャフトの経済的関係一般」の章では、こうした諒解とゲゼルシャフト関係との結びつきについての議論を直接ふまえるかたちで、次のような記述がみられる。「すでに前段で一般的に確定したとおり、純然たる自発的加入にもとづく目的団体は、ほとんどすべて、そのゲゼルシャフト形成行為によってめざされた第一次的成果を超えて、事情によってはまったく異質な成果をめざすゲマインシャフト行為の基礎ともなる諸関係を、関与者のあいだにつくりだすのがつねである。すなわちゲゼルシャフト関係には、通例〔その目的の〕『範囲を超える übergreifend』ゲマインシャフト関係がともなう」(GS, 91＝「一般」539)。

ここでいう『範囲を超える』ゲマインシャフト関係」とは、ゲゼルシャフト関係の目的を超えるものであり、前述のような諒解に準拠したゲマインシャフト関係を指すとみることができる。(5)ヴェーバーによれば、「人格的・人間的特性」や「共同関与者の了承や意志」を顧慮しない株主資格、および「個々人の人格性の吟味を断念」しているようなゲゼルシャフト関係は、こうした「『範囲を超える』ゲマインシャフト関係」をともなわない。しかし、団体参加者の「人格性」が何らかのかたちで問われる場合には、このタイプのゲマインシャフト関係が立ち現われる。

> ゲゼルシャフト関係には、一方では、明示的ないし黙示的に、ある特定の資格を参加の前提として認め、他方では、それに関連して通例、かの〔目的の〕範囲を超えるゲマインシャフト関係をともなうものがきわめて多い。このような形態のゲゼルシャフト関係がとくに顕著にみられるのは、いうまでもなく、新たな参加者の承認が、その人格の受けいれに関するゲマインシャフト成員の吟味と同意とに結びつけられている場合である。その場合個々の参加者は、少なくとも通常は、たんにその職能や団体の明示的目的にとって本質的な給付能力によって吟味されるばかりでなく、その「存在」によっても、すなわちゲマインシャフト成員がおこなうその全人格性 Gesamtpersönlichkeit の価値評価によっても吟味されているわけである。（GS, 91–2＝540）

こうして当該団体の明示的な目的や成文化された規約等とは直接関係をもたない、したがってある特定の資質や能力にはかぎられない（その意味で曖昧な）「人格性」が、成員選択の基準をなす。「全人格性の価値評価」は、目的団体の「目的」から直接に導き出されるものではないし、明確な規定にもとづくものでもない。団体成員（とりわけ参加資格の審査者）それぞれの利害関心や価値評価が曖昧なかたちで相互行為の中に入りこみ、予想にもとづいて行為が接続し繰り返される中で、「諒解」として妥当していく。明示的な規則にもとづくゲゼルシャフト関係の秩序が、同時に諒解によって包括され、むしろこちらの方が集団編制の基準となる。

このように「人格」におよぶ審査を経ていることによって、ゲゼルシャフト関係への参加者は外部に対して信用を得るとともに、「特殊な団体目的の範囲をはるかに超えて自己に有利に働く諸関係(「コネクション」)」を手に入れることができる。団体に所属することによって得られる信用やコネクションの効用価値と社会的威信を増大させるために、参加者は団体の範囲(参加者の範囲)をできるだけ小さく排他的なものにとどめようとする(GS, 92＝540–1)。

もっとも目的合理的で典型的なゲゼルシャフト関係の性格をもつ目的団体でさえ、諒解にもとづくゲマインシャフト関係をともなうことによって目に見えにくいかたちで対外的に閉鎖され、その内部では特権の独占的享受がはかられる。ここでは目的団体という合理化された集団を例にあげてこの機制が検討されているが、「人格性」(あるいは「存在」)といった必ずしも明示的でない要因が集団形成の重要な部分を担うという認識、あるいはゲゼルシャフト関係の「目的」を超えた諒解関係がつくりだされ、機能するという認識は、『経済と社会』旧稿の随所にみることができる。次に「ゲマインシャフトの経済的関係についての一般的考察」に後続する「家ゲマインシャフト」からのヴェーバーの議論をたどり、重層的なゲマインシャフト形成への視点を明らかにしたい。

(2)「原生的」なゲマインシャフト

家・近隣・氏族

『経済と社会』旧稿における具体的なゲマインシャフトの分析は、「家ゲマインシャフト」から始まっている。それは家ゲマインシャフトが、人間が形成するもろもろのゲマインシャフトのうちで（少なくとも相対的には）「原生的 urwüchsig」な位置をしめていることにもとづいている。(6) 以下ではこの「原生的」なゲマインシャフトが合理化過程の出発点をなすばかりでなく、より高次の段階のゲマインシャフトに繰りこまれ、利用されるという側面、すなわち〈ゲマインシャフトの重層性〉を構成する点に注目してみたい。

ヴェーバーによれば、「家ゲマインシャフトは恭順 Pietät と権威との原生的な基礎であり、家の外部のあまたの人間ゲマインシャフトの基礎である。……恭順は、祖先に対する恭順としては宗教的な諸関係に入りこんでいくし、家産制的官吏・従士・封臣の恭順としては、これらのもともと家的性格をもった諸関係に入っていく」(GS, 118＝「家」558)。家ゲマインシャフトの基礎にある心情である「恭順」は、本来の「家」を超えてその外部にまで浸透し、家産制や家産国家の統合において強力な役割を果たす。たとえば、それなりの制定規則にもとづいて合理化された「家産国家」において、家ゲマインシャフトの諸関係を構成してきた権威と恭順が被支配者の中に喚起され、統合の契機をなすのである。(7) ここでも「諒解」という用語こそ使われていないが、ゲゼルシャフト形成をとげた家産国家が諒解にもとづくゲマインシャフトをともなう、という先にみた機制の具体例が示されている。

家ゲマインシャフトが窮乏や危機に陥った場合、とりわけ「農業的自足経済」という条件のもとでは、個々の家ゲマインシャフトを超えた「近隣性」によって援助され補完される必要がある。それゆえ近隣ゲマインシャフトの「原生的」形態は、「農村集落の近隣性とそれによって生み出された利害状況の慢性的あるいは一時的共通性」を意味する。ヴェーバーのいう近隣ゲマインシャフトは、ここを出発点として、一般的に空間的な近接性によってつくりだされた近隣性と利害状況の共通性にもとづくものである。したがって近隣者とは「典型的な窮境援助者」を意味し、近隣性は「経済倫理的な意味における『同胞性 Brüderlichkeit』」を担うものとされる。そこにおける「民俗倫理の原生的な基本原則」は、「汝が我になすごとく、我も汝にする」ということであり、この原則にもとづいて相互扶助というかたちをとる援助給付がなされるのである（GS, 121–3＝561–2）。

ところが経済的分化の進行とともに、近隣性は経済的有力者に対する無償労働に現われるようになる。それと引き換えに有力者に対しては、「他の有力者の脅威に対抗して共通の利害を代表すること」や土地の貸し付け、飢饉の際の食糧給付などが期待される。やがて「名望家に対する純粋に慣習律にもとづいた無償労働」は法的義務に転化し、それが「家産制的支配関係の源泉となりうる」（GS, 123–4＝563）。一時的な必要に応じた援助が、継続的な義務へと姿を変えるのである。上記の移行過程において、「原生的」な基本原則は上位の（包摂する）ゲマインシャフト関係に組みこまれ、そこにおける〈支配の論理〉に転化する。そこでは、近隣ゲマインシャフトの「同胞性」が支配の観点から再構成され、制度化される。

家、近隣に続いて「氏族 Sippe」が取りあげられる。氏族それ自体は「家ゲマインシャフトや近隣団体がそうであるようには『原生的』なゲマインシャフトではない」。氏族という集団および認識が成立するのは、より上位の団体に包摂され、そこで他の氏族との違いを意識することによるからである。したがって氏族は、そもそも自然発生的というより人為的な性格をもつ。とはいえヴェーバーによれば、「氏族団体は、あらゆる『誠実』の原生的な担い手である」（GS, 129＝569）。氏族の成員間には兄弟関係が擬制され、それにもとづく「血讐義務」によって第三者に対する成員間の連帯性がつくりだされる。場合によってはそこに、家権威に対する恭順義務よりも強固な恭順義務が形成される。

ここでは、氏族が血統の擬制にもとづいて誠実や恭順の関係を生み出すことが指摘されている。氏族は「本来異質な社会組織」に組みこまれ、そこで「原生的」な形式が利用され、機能する。組織化された氏族は、けっして「古い形態」ではなく、氏族の擬制を組みこみつつ人為的にゲゼルシャフト形成をとげたものである（GS, 130＝571–2)。

「原生的」の二つの意味

ヴェーバーが「原生的な」性格をもつゲマインシャフトとみていた家、近隣、（そしてその〈原生性〉はやや劣るが）氏族については、それらがいずれもより上位のゲマインシャフトに包摂され、そこにおいて〈意味づけ〉られる機制への言及がみられた。したがってこの「原生的」という語には、互いに重なりあう二つの意味が付与されているといえる。一つは、文字どおり合理化過程の出発点に位置する「原初的」で「普遍的」なゲマインシャフトであり（折原 1997 : 79)、人びとの「共属感覚」の源泉をなすと考えられるものである。もう一つは、より上位のゲマインシャフトに繰りこまれ、（多くは支配の論理にもとづいて）後から原生的なものとして（原生的なものであるかのように）再構成されたり、必要に応じて利用されたりするものである。後者の場合でも、まったくのフィクションとして創造されているというよりは、人びとの抱く「共属感覚」に訴え、引き出すという把握がなされている。この場合、「原生的」ゲマインシャフトに「自然必然性」が想定もしくは仮構されればされるほど、より高次のゲマインシャフトへ人びとを結集する力は強くなるだろう。

ここでヴェーバーは、〈秩序はいかにして妥当するか〉という問いに対して、「恭順」「同胞性」「誠実」といった人びとの心情や価値意識を組みこんだ人格的関係のパターンへの着目により答えようとしている。「原生的」なゲマインシャフトを母胎とするこうした関係の様式は、行為が繰り返されることによって義務性・拘束性を帯びる。しかし心情を基盤としているがゆえに明確に規定されることは難しい。これらは、明確な制定律が欠けている状況で行為の予想を成り立たせる「諒解」を構成するといえる。「原生的」なゲマインシャフトを擬制することによって、合理的なものを含む上位のゲマインシャフトはその妥当性を得る。この意味でヴェーバーは、ゲマインシャフトの〈重層的〉な構成に着目していたといえる。(8)

(3)「共属意識」の喚起

人種と種族

「家」、「近隣」などの「原生的」な位置づけをもつゲマインシャフトを取りあげたのちに、ヴェーバーはそれらとはやや異なる性格をもつ「種族的 ethnisch ゲマインシャフト」を検討している。家や近隣は、より上位のゲマインシャフトに包摂された後はその特徴が人為的に再構成されるにしても、出発点においてはゲマインシャフト行為の繰り返しという「自然的」な性格をもつものとされていた。しかし「人種」「種族」「国民」といった概念は、そもそもそうした「原生的」な実体をもたないものとみなされている。

まず「人種 Rasse」概念が検討される。ヴェーバーによれば、「人種」がゲマインシャフト形成につながるのは、自分たちの人種的共属性が「主観的に」獲得されることによる。こうした主観的な人種所属の観念は、とりわけ外見やふるまい方が異なる他の集団との対立によって強められる。こうした対立に影響をあたえる通婚関係の阻害要因としては、「社会的制約」すなわち「政治的または身分的その他のゲマインシャフトが独占的閉鎖に向かう傾向や婚姻機会を独占しようとする傾向」、および「身分」・「教養」の違いが「強力に作用する」(GS, 168–71＝「種族」66–8)。

そもそも広義の「社会的交通ゲマインシャフト」が容易に形成されないのは、生活習慣の違い、とくに「あい隔たる『習俗』の主観的な『意味』が、それを解く鍵のないために見通しえない」という事情による。すなわち「『諒解』関係の欠如」である。生活習慣や習俗が異なった外集団との出会いによって、外部に対する反発が形成されると同時に、習俗を共にする者どうしに「共属意識」と「名誉」・「品位」の感情が生み出される (GS, 171–3＝69–70)。こうした主観的な意味づけや身分・教養を指標とした機会独占への利害関心を経由しながら行為は接続していく。こうした経験にもとづいて、そもそもは「原生的」な結びつきをもたない人びとのあいだに「諒解」にもとづいたゲマインシャフトが形成され、妥当していくのである。

このようなメカニズムのもとで形成される集団を、ヴェーバーは「種族的」集団と呼ぶ。すなわち、外見的容姿や習俗、あるいは過去の「思い出」にもとづいて、「われわれは血統を同じくする、という一つの主観的な信念」を共有する集団のことである。この場合「血の共同性」が客観的に存在するかどうかは問題ではない。「種族的共属」は、実際のゲマインシャフト行為にもとづいたゲマインシャフトをなす「氏族」とは異なって、ただ「(信じられた) 共同性」を意味するにすぎない。こうした種族的共属は、とりわけ政治ゲマインシャフト形成を促進するとともに、政治ゲマインシャフトが「種族的共属の信念をかきたてる」のである (GS, 174-5=71)。

種族と国民の人為性

「種族的」集団について以上のような性格づけをおこなったのちに、ヴェーバーは「カテゴリー」および『経済と社会』旧稿において繰り返し言及している「図式」を用いて (WL, 461=「カテゴリー」97; GS, 91=「一般」539)、その特徴をまとめている。

種族的共属の信念が、このように「人為的」に成立するということは、合理的なゲゼルシャフト関係が人格的なゲマインシャフト関係に置き換えて解釈されるという既知の図式に完全に照応している。合理的に物象化されたゲゼルシャフト行為があまり普及していない諸条件のもとでは、純粋に合理的につくりだされたものまで含むほとんどすべてのゲゼルシャフト関係が「種族的」共属の信念を基礎とする人格的兄弟盟約のかたちで、〔その目的の〕範囲を超えたゲマインシャフト意識を引き寄せるのである。(GS, 175=71)

とくに政治ゲマインシャフトは、それが合理的なゲゼルシャフト関係の形態をとっている場合でも、その目的の「範囲を超えたゲマインシャフト意識」としての「種族的共属の信念」を人為的につくりだす。容姿・習俗の類似や記憶の共有は、必ずしも〈客観的事態〉であるわけではない。それ自体が権力関係や利害状況によって構成される〈政治的なもの〉でもある。さらにその上に立って、政治ゲマインシャフトは「苦もなく『血縁ゲマインシャフト』の観念を生みおとす」ことができる（GS, 182＝76）。

合理的なゲゼルシャフト関係は、「人格的兄弟盟約」という形態をとって「血縁ゲマインシャフト」という「原生的」なゲマインシャフトを繰り入れる。それはたしかに「（信じられた）共同性」にすぎないものであるが、そうした主観的なものに裏づけられた相互行為の接続は、繰り返される経験を通じて義務性・拘束性を帯びる。すなわち、ゲゼルシャフト関係の目的の範囲を超えた「諒解」として立ち現われ、制定規則にもとづくゲゼルシャフト秩序の「妥当」を可能にするのである。

より一般的に用いられる「国民 Nation」概念にも、同じことがいえる。「国民的」という集合名称によって指示されるものは一義的、客観的な対象ではなく、「じつに多くの源泉から養分を吸いとって」形成される「共属感情」である。この共属感情の源泉としては、社会的・経済的な編制の違いや「習俗」に影響をあたえる内部的支配構造の違い、共通の政治上の思い出、信仰や言語の共通性、人種的に制約された容姿、などがあげられる。これらの要素を手がかりとして繰り返される相互行為によって、客観的には規定しえないけれども行為の予測を可能にする「諒解」を基礎づけるような共属感情が生みだされる。したがって「国民」は、何らかの客観的な指標によって根拠づけられるようなものではなく、「政治的な権力組織体の想念と結びつけられるようなパトス」なのである（GS, 189–90

=81)。

以上のように人種・種族・国民は、そもそもゲマインシャフト行為にもとづいたゲマインシャフトではなく、「信じられた共同性」を意味するにすぎない(9)。ヴェーバーはこのことを強調するとともに、それではなぜこうした「信じられた共同性」にすぎないものが「妥当」するのか、という問いも念頭においていたといえる(10)。この問いに対してヴェーバーは、「理解社会学のカテゴリー」から積み上げてきた「諒解」の論理を用いて解答を試みていたのである。

第四節　むすび——合理的秩序の存立

明文化されたルールがあろうがなかろうが、多くの場合人びとはルールがある「かのように」他者の行為をあてにしてふるまうことができる。諒解という問題設定はこの点とかかわっている。一つには習俗を共有する人びとのあいだに共属意識が芽ばえ、そこから拘束力をもつ慣習律が形成されることが条件になる。ゲマインシャフト行為の繰り返しの中で、いわば〈下から〉自然発生的に諒解が形成され、それを基盤として秩序が生み出される、というルートである。他方でヴェーバーは、諒解が〈上から〉人為的につくりだされるという側面に着目している。とはいえこの場合、上から「授与」されたものがそのまま諒解を形づくるわけではない。血統や近隣性などを擬制として動員しつつ成員の共属感覚を引き出し、それが現実の相互行為を可能にする場合にのみ秩序は諒解として妥当する。

「原生的」な性格をもつゲマインシャフトであっても、それがより高次のゲマインシャフトに組みこまれ、諒解が形成される側面に光があてられている。そこには、合理的秩序の基盤となりそれを妥当させているものは何か、という問題意識をうかがうことができる。すなわち、合理化された段階の社会秩序のありようからさかのぼって、そこに組みこまれた「原生的」なゲマインシャフト、あるいはゲマインシャフトの実体をもたない〈観念〉の形成が追跡される。ヴェーバーによる「合理化」の社会理論は、時間的な継起・発展の面からだけでなく、重層化してゆく側面、いいかえると現在の時点から過去を再構成し、組みこんでいく側面からも捉えられなければならないだろう。

諒解関係が合理化の結果、ゲゼルシャフト関係に解消されるわけではないし、またゲゼルシャフト関係が「没意味化」して諒解関係に戻るわけでもない。ゲゼルシャフト関係の存立の鍵を握っているのが諒解関係であり、目的結社のレベルでも国家アンシュタルトのレベルでも人びとのあいだに諒解関係がたえず創出されることが必要となる。

こうして重層化したゲマインシャフトにおいて、人びとは、創出される諒解の空間で互いに結びつくことにより、他者の行為をあてにしてそこにみずからの行為を接続していくことができる。ここにみられる行為者像は、けっしてそれぞれが合理的選択をおこなう孤立した個人ではなく、諒解という社会的なつながりを基盤として互いにコミュニケートしあう存在として描き出されている。こうした相互行為の経験にもとづいて、妥当する秩序が立ち上がるのである。したがって〈ゲマインシャフトの重層性〉というのは、たんにゲマインシャフトが合理的なゲゼルシャフト関係と諒解ゲマインシャフトの二層からなることを言い表わしているのではない。ゲゼルシャフト関係の秩序は人格的な諒解ゲマインシャフトとして人びとに受けとめられ、相互行為によって確証されることを通して「妥当」するのである。

以上のように『経済と社会』旧稿の冒頭部諸章においては、合理的秩序を可能にしている諒解の領域へのまなざしを読みとることができた。この点に着目することは、ヴェーバーの社会理論を読解する際にどのような意味をもつのだろうか。

国家に代表されるような合理的なゲゼルシャフト関係（アンシュタルト）は、諒解を組みこんで重層的に存立している。外見的・表面的には似かよった形式的で合理的な制定秩序をもつゲゼルシャフト関係も、その実際の「妥当」は諒解関係によって規定されており、この意味で近代的システムは〈二重底〉をなしている。すなわち、形式合理的な法や制度、組織は物象化した自動機械ではないし、かといって純粋に〈個人の合理的な意図〉にもとづいて存立しているわけでもない。実際のゲゼルシャフト関係は、蓄積・動員された諒解の領域における具体的な行為接続にもとづいて作動しているのである。

したがって、形式合理的な外観をもつ近代的システムは、現実の作動においてはそこに組みこまれた諒解のあり方にしたがって多様なものとなる。国家アンシュタルトなどの基盤にあって、再構成されつつゲゼルシャフト関係を支える諒解は、その内実からみると特殊で多様なものでありうる。したがって、形式的には近代化され合理化された編制をもつアンシュタルトも、その基盤にさかのぼってみればけっして一様ではない(11)。このように重層的に構成されたゲマインシャフトをめぐるアプローチの中核にあって、〈合理的なもの〉を成り立たせ妥当させる基盤として位置づけられていたのが、「諒解」だったわけである。

［注］

（1）「ほかならぬ『合理的』秩序の経験的『妥当』は、それ自体また主として、習慣となったもの、慣れ親しんだもの、教えこまれたもの、いつも繰り返されるものには服するという諒解の上に成立している」（WL, 473＝「カテゴリー」124）。

（2）ヴェーバーの諒解概念は、アダム・スミス的な「同感 sympathy」の意味を必ずしも含んでいない。同感している「かのように」行為することが互いに予測できればいいわけで、本当に同感している必要はないのである。ヴェーバーの場合、むしろ同感の難しさや利害対立を前提とした社会理論の構成となっており、だからこそ「支配社会学」が不可欠となると考えられる。

（3）先にみたように「カテゴリー」で定式化され、『経済と社会』旧稿で用いられている「ゲマインシャフト」概念は、共同意思や共属感情にもとづく共同社会という限定された意味（したがって「ゲゼルシャフト」と対立する意味）ではない。ゲマインシャフトの特殊に合理化されたケースがゲゼルシャフトである。

（4）こうした見方は、エミール・デュルケムの〈契約関係の成立は非契約的関係に基礎づけられている〉という認識と部分的に重なり合っている（デュルケム 1971：202–23）。またタルコット・パーソンズも、ヴェーバーのいう秩序の正当性とデュルケムの「契約の非契約的基礎」との「平行関係」に言及している（Parsons 1968：660–1＝35–6）。とはいえヴェーバーの場合は、外在的・拘束的に働く秩序、あるいは共有された（されるべき）価値や規範を前提とするのではなく、相互行為の繰り返しの中で秩序や規範が立ち上がり「妥当」するメカニズムに重点を置いている点で、デュルケムとは異なる。

（5）この部分では「諒解」の語そのものは用いられていないが、「すでに前段で一般的に確定したとおり」という記述や「範囲を超える übergreifend」という語の用法などからこのように判断した。後出の「種族的ゲマインシャフト」における引用についても同様である。なお、こうした照応関係については折原浩の指摘に学んでいる（シュルフター・折原 2000 : 133-9）。

（6）この「原生的」というヴェーバーの用語について、折原浩は次のように述べている。「urwüchsig には、たんに事実としてそうであるばかりか、そうであるいわば『自然必然性』があり、したがって、当の形態が、時間的には〈原初的〉に、空間的には〈普遍的〉に見いだされる、という意味合いが含まれている。原著者は、この意味で原生的なゲマインシャフトにいったん遡行し、それが、人為的に、さまざまな領域でさまざまな方向をめざす〈合理化〉によって乗り越えられ、変形されていくさまを、類型的発展として見通し、その分岐点と階梯を見定め、そのつど概念的に確定していく」（折原 1997 : 79）。以下ではこの指摘をふまえつつも、「原生的なゲマインシャフト」が「〈合理化〉によって乗り越えられ、変形されていく」ばかりでなく、より高次の段階の合理化されたゲマインシャフトに〈繰りこまれ〉、重層化してゆくという側面を取りあげる。「自然必然性」があるというよりも、「自然必然性」を偽装するという点に注目したい。

（7）「支配社会学」には次のような記述がみられる。「家父長制的家産制は、自分自身に対して、また臣民に対して、みずからを臣民の『福祉』の保育者として正当化せざるをえない。『福祉国家』こそ家産制の神話であり、それは誓約された誠実という自由な戦友関係に発したものではなく、父と子のあいだの権威主義的関係にもとづいている。『国父』というのが、家産制国家の理想なのである」（WuG, 652=「支配II」391-2）。なお、菅野正による次の指摘も参照。「国家構造の基礎にゲマインシャフト関係をおき、それを人間的自然としての擬制的家原理によって統合することは、後述する家産制的イデオロギーの作用も加わって、君主と臣民の心情的結合を強め、権力の安定化にとってきわめて有効な方法なのである」（菅野 1993 : 152）。

（8）ヴェーバーの支配論をふまえた、明治期日本の国家体制に関する菅野正の指摘は、本書でいう「ゲマインシャフトの重層性」の具体的なイメージを示していると考えられる。「明治国家は近代的集権国家の形成を求める反面で、天皇を核とする家産国家の整備を、一体不可分のものとして求めざるをえない基本性格をもっていた。その家産国家的性質を内部から支えるものとしての家父長制的家族の制度化は、まさに明治国家にとってもっとも根底的な作業であったに違いない。臣民は『赤子』として神聖ではあるが親愛する天皇の子となったのである。それに天皇を中心とする皇国と家長を中心とする家父長制家族を結びつける中間の環としての地主的名望家を中心とする共同体的村落もまた、家産国家の形成にとっては重要な役割を果たしたと見るべきである」（菅野 2004 : 175–6）。

（9）ヴェーバーは、人種・種族・国民といった集合概念の実体化を鋭く批判し、それが「信じられた共同性」にすぎないことを強調する。こうした議論は、第一回ドイツ社会学会大会（一九一〇年）におけるヴェーバーの討論と結びついている（SS, 456–62＝「学会」250–9）。この場でヴェーバーは、ドイツ優生学の確立者とされるアルフレート・プレーツの人種概念、そこに見られる人種主義的偏見を徹底的に批判していた。この点については、米本（1989）、Peukert（1989＝1994）、佐野（1993）および三苫（2000）に詳しい。ヴェーバーにとっては、集合概念を議論の前提・出発点とすることは誤りであり、いかにそれが〈構成〉されているかを問うことが重要だったのである。

（10）種族や国民に関するヴェーバーの見方は、ベネディクト・アンダーソンの『想像の共同体』における議論と大幅に重なりあっている（Anderson 1983＝1987）。ヴェーバーの場合は、近年のエスニシティをめぐる論点を先取りしているというだけでなく、その理解社会学的な方法によって、「信じられた共同性」にすぎないものが、なぜ人びとの行為を現実に方向づけ、秩序を存立させる力をもつのかを探求している点に特徴があるといえる。こうしたヴェーバーのエスニシティ論の性格づけについては、佐久間孝正の指摘から学んでいる（佐久間 2000）。本書ではとくに、諒解にもとづく秩序形成という視角から、家ゲマインシャフトに始まり種族・国民に至るヴェーバーバーのゲマインシャフト論を一貫して解読することを試みている。

(11) こうした視角の背景には、当時の〈後進国〉ドイツの現実に対するヴェーバーの批判的認識が存在していたといえる。二〇世紀初頭のドイツでは、官僚制にみられるような形式的な合理化が高度に進展する一方で、こうした人種や国民等の〈フィクション〉への注目、さらには「予言者」への期待や〈伝統回帰〉といった、形式合理性では割り切れないような感情と行動が渦巻いていた。やがて結果的にファシズムへ向かうことになる不確実で不安定な社会をいかにコントロールして〈人間の自由〉を守るか、という点にヴェーバーの関心の中心があったと考えられる。〈合理的なもの〉の成り立ちを問うことは、合理的人間像や合理的システムの問題性とその非合理的な基盤を明らかにすること、そのうえで人間の自由の条件になりうるような〈合理的〉システムを構想することにつながるだろう。合理化と諒解をめぐるヴェーバーの社会理論は、この点できわめてアクチュアルな意義をもつのではないか。

第三章　「理解」の方法と宗教社会学

第一節　「プロテスタント的近代」の問題

「近代」へのまなざし

マックス・ヴェーバーは、いわゆる「プロテスタント的近代」について肯定的に評価していたのか、それとも否定的に評価していたのか。日本の社会科学においても、「プロテスタンティズムの倫理と資本主義の精神」に代表される彼の宗教社会学研究を主な素材として、これまで多くの議論が積み重ねられてきた。一方では日本社会の「前近代性」を乗り越えるためのモデルが、ヴェーバーの「近代化」論の中に、とりわけ禁欲的プロテスタンティズムの中に求められてきた。しかし近年においては、それとは逆に、官僚制の「鉄の檻」に至る起源は禁欲的プロテスタンティズムにあり、その意味でヴェーバーは根底的な近代批判者であるとする理解が提出されている(1)（山之内 1993 ほか）。

たしかにヴェーバーは、プロテスタント的近代に対して批判的なまなざしを注いでいたといえる。だが合理化の歴史を、プロテスタンティズムを起点として「鉄の檻」に至る過程として描き切ってしまうと、出口の見えない閉塞した理論構成に陥ってしまうのではないか。そうすると、たとえば

「ニーチェに由来する騎士的貴族層の精神的エートス」（山之内 1993：40）といった近代の〈外部〉に期待を寄せざるをえなくなるだろう。

だがヴェーバーの宗教社会学研究は、多面的な合理化過程の中にプロテスタンティズムを位置づけることによって、もっと重層的な性格をもつものとしてプロテスタント的近代を描き出しているのではないか。ヴェーバーは「理解」の方法を用いて、プロテスタント的近代の歴史的・構造的な成り立ちを吟味する。この視点から彼の宗教社会学を検討することによって、近代の外部ではなくその内部においても、動態的で重層的な社会像を読みとることができるように思えるのである。

同様のことは、ヴェーバーの社会科学方法論に対する理解や評価についてもいえる。これまで彼の方法論は、目的合理的行為を範型として構成される方法論的個人主義にもとづくものとして理解されてきた。しかしここまでみてきたように、むしろヴェーバーは目的合理的行為を可能にする特殊な条件の探求を試みていたのではないか。プロテスタント的近代とも結びついた合理的個人は、議論の動かしがたい前提なのではなく、出発点として〈仮設〉されつつ、同時にそれ自体が歴史的・論理的な探求の対象となっているようにみえる。

近代社会の存立を担う諸個人は、つねに冷静で合理的な計算と判断にもとづいて行為しているわけではないし、かといって「鉄の檻」の歯車にすぎないわけでもない。合理的な社会秩序は、諸個人の（非合理的な想定をも含んだ）〈意味づけ〉をくぐり抜けて存立している。このような社会の存立機制と〈意味づけ〉の成り立ちを解明することが、ヴェーバーの重要な課題をなしていたように思われる。

本章の課題

本章では、『経済と社会』旧稿に含まれる「宗教的ゲマインシャフト」章を検討することによって、ヴェーバーの探求が、こうした合理的近代の重層的な存立構造に照準していることを明らかにしたい。「宗教的ゲマインシャフト」は、これまでは「プロテスタンティズムの倫理と資本主義の精神」や『宗教社会学論集』の陰に隠れてあまり注目されてこなかったし、取りあげられる場合でも宗教社会学の文脈で、『論集』との関連で言及されることがほとんどだった(2)。

以下では、『経済と社会』旧稿の文脈、論理構成の中に位置づけながら「宗教的ゲマインシャフト」を検討する。そのためにまず、旧稿の冒頭におかれるべき「理解社会学のカテゴリー」で提示されたいくつかの視点を取りだして確認した上で、それを用いて「宗教的ゲマインシャフト」の読解に進みたい。

第二節　理解社会学の基礎視角

ルサンチマン論の検討

第一章でみてきたように、「理解社会学のカテゴリー」においてヴェーバーは、「主観的に思われた意味」と「客観的に妥当する意味」を厳密に区別することの重要性を指摘していた（WL, 427＝「カテゴリー」7)。「カテゴリー」論文では、こうした二つの水準の「意味」をふまえた理解社会学の方法を明確にするために、具体的な事例が取りあげられて検討されている。ここでは、「宗教的ゲマインシャフト」の内容に引き継がれていく論点を、二つほど提示しておきたい。

第一に、ヴェーバーは理解社会学の対象、なかでも「主観的に思われた意味」の範囲を明確にするために、心理学的な考察で説明がつく領域との対照をおこなっている（WL, 434＝25）。「今日の理解心理学研究」の例として、「経済的唯物論」（いわゆる「反映論」）とともにあげられているのが、ニーチェの「ルサンチマン論」である。支配層・特権層に対して神の復讐が下るとするユダヤの宗教倫理は、抑圧された人びとが無意識に抱いている（そして認めたくない）復讐感情にもとづいている、というのである。

ヴェーバーによれば、こうしたルサンチマン論は、利害状況の連関から理解可能なかたちで行為を取りだしたものであり、階級関係によって宗教倫理が全面的に制約されているとする見方である。したがってそれは、行為者の意味づけをくぐり抜けずに行為を把握しようとする構造的決定論の一種として位置づけられ、みずからの方法論とは対照的なものということになる。とはいえ、行為者の個人的な意味づけのみに依拠するのであれば、今度は「客観的に妥当する意味」の水準を別個に設定する必要がなくなる。

「宗教的ゲマインシャフト」では、宗教にかかわる当事者たちの役割や社会層に応じて、この意味づけの内容が異なる様子が描き出される。それをふまえた上で、ニーチェのルサンチマン論も再検討され、自説が対置される。次節以降では二つの水準の「意味」という視角をふまえて、合理的な宗教倫理とそれを担う社会層との関連について、ヴェーバーの議論をたどることにする。

合理化の意味

第二に、「カテゴリー」論文の末尾の部分で、ヴェーバーは「ゲマインシャフトの秩序の合理化は実際には何を意味するのか」という問題を取りあげている。結論として、社会の分化と合理化の進展が意味するものは、人びとが技術や秩序の合理的基礎から引き離されることである。その上で、日常生活の諸条件が合理的なものであるという「信仰」と、そうした諸条件をもとに合理的に行為しうるのだという「確信」が（そしてそれのみが）、「文明人」が「合理的」だといえる根拠を構成している（WL, 473-4＝125-6）。合理化なり合理的秩序というものが、合理性への信仰にもとづいており、しかもそれが一種の「義務」として人びとの行為接続を成り立たせている。ここでは、客観的に妥当している「意味」が、人びとの主観的意味づけを経由して合理的秩序を可能にする、という認識が示されている。

「宗教的ゲマインシャフト」は、合理的秩序を成り立たせている合理性への信仰と、その核心をなすある種の想定について、宗教史的な起源をたどったものとみることもできよう。「カテゴリー」論文にみられるこの視角を導きの糸として、西欧的合理化にかかわる因果の系列とその存立の仕方を検討してみたい。

上記の例からもうかがえるように、ヴェーバーの方法は、構造的な決定論と主観的な観念論の〈あいだ〉の領域を念頭において構成されている。ヴェーバーのねらいは、「客観的に妥当する意味」と「主観的に思われた意味」との相互関係に着目して、合理的近代に至る経緯と存立の仕方を解明することにあったといえるだろう。この点を「宗教的ゲマインシャフト」の論述にそくして明らかにすることが、本章の課題である。

第三節　宗教倫理とその担い手

「宗教的ゲマインシャフト」の論述の基本線は、普遍的一神教への合理化と合理的生活態度の形成がどのような経緯で可能となったのか、という点にある。倫理的な宗教性が成立し、それが人びとの内面に根を下ろして、生活態度の形成に深く影響する筋道をたどり、その条件と担い手を探ることが課題となっている。

とはいえヴェーバーは、宗教倫理の合理化が伝統主義の突破に結びつき、近代社会の形成をうながすという西欧に典型的にみられる展開を、宗教一般の発展として無条件で前提としているわけではない。複雑な道筋をたどる歴史的な現実において、多くの偶然を含むさまざまな経済的・社会的諸条件が働いてはじめて、特定の地域において西欧的な意味での宗教の合理化が可能になったのである。ヴェーバーは「宗教」章で、時間的・空間的に広範な宗教現象を視野に収めつつ、比較の方法を駆使して、こうした展開を分析・理解するのに有用な類型概念を構成している。

（1）祭司・預言者・平信徒の対抗と協働

祭司と倫理的神性

ヴェーバーは、宗教倫理の体系化と合理化を担ったのは、祭司、預言者、平信徒の三者であるとみていた。呪術とは性格を異にする宗教の担い手として、まず指示されるのは祭司である。祭司とは、一定の集団と結びついて定期的な祭祀経営をおこなう選別された人びとを指す（RG, 159＝「宗教」42）。

この祭司の利害関心が、宗教の発展を引き起こす経緯から考察が開始される。祭祀経営を担う祭司がその権威を保ち続けるためには、神がその力を発揮する必要がある。だが、現実に神が期待された役割を果たせなかった場合、祭司の地位が損なわれないためには「不成功の責任は神にあるのではなく信者の側のふるまいにあると思いこませる」ことが必要となる（RG, 162＝45）。そのためには、「倫理的な神性」が登場しなければならない。

ヴェーバーは、特定の神に倫理性が付与されるための条件として、政治権力による合法的な秩序の確立、世界事象の合理的把握、慣習律による規制、言葉に対する信頼性、をあげる。すなわち、「個々人が『義務』の宇宙に倫理的に拘束され、こうした義務によってそのふるまいが予測可能になることの意義が増大する」という場合に、神々への倫理的要求が高まるのである（RG, 165＝49）。

社会が複雑になるにつれて、他者の行為を予測しそれに自分の行為を接続していくことが、簡単ではなくなる。そこで、こうした予測や接続を可能にするものとして「義務」の観念が必要とされる。倫理的な神々の登場は、こうした現実的な行為接続や秩序形成への要求と結びつけて把握されている。他者の行動を予測可能なものにするために「義務」の観念が要請され、それが倫理的宗教性の基盤となるという認識が示されているわけである。(3) 倫理的な神性の登場は、祭司の利害関心に端を発しながら、一般の信徒たちによる秩序への要求がその条件・基盤をなす。

こうした条件のもとで成立する倫理的な神々は、したがってそもそもは法的な秩序を創造し、それを侵犯から守るという役割を担う。そのうち、神の手になる秩序や規範を侵害することは「罪」であり、そうした者には神の怒りが向けられるという観念が生じる。神の意志に反する行為は、『良心』を苦しめる倫理的な『罪』であり、「個々人に降りかかる災いは、神が欲する試練であるとともに罪の報いでもある」。罪を免れるためには神意にかなう「敬虔」を示し、それによって「救済」を求めることが必要となる。こうして人びとの内面に根を下ろした「罪」の意識を媒介として、「宗教倫理」が成立する(RG, 175＝60)。

やがてこうした倫理的観念は、体系化の道を歩み始める。それは、神意にかなう行為により自分個人の外的な安楽を確保しようという願望から始まって、「敬虔が特定の生活態度にとっての恒常的な動機として作用する基盤となる」という段階にまで至る過程である(RG, 175＝61)。

祭司制が合理的な形而上学と宗教倫理の発展をうながすためには、祭司以外の力を必要とする。すなわち「一方では、形而上学的ないしは宗教的‐倫理的な『啓示』の担い手である預言者の干渉を、他方では祭司以外の祭儀の信奉者、つまり『平信徒』の協力を前提とする」(RG, 160＝43)。

預言者による啓示

預言者は、使命により宗教的教説ないし神の命令を告知する者であり、個人的カリスマの所有者である（RG, 177＝64）。なかでもヴェーバーは、神の道具としてその意志を告知し、服従を倫理的義務として要求する「倫理預言」に着目する。このタイプの預言は、超越的で人格的な倫理的神の観念が成立した西南アジアに見られる。こうした神観の背景には、大規模な人工的灌漑により収穫を可能にする、強大な権力をもった国王の存在があることが指摘されている（RG, 190＝78）。預言者のタイプや預言の内容は、自然条件や現世的な権力の性格、そしておそらくはそれと対応する信徒たちの思考習慣によって条件づけられているのである。

ヴェーバーによれば、こうした預言者による啓示は、「統一的な生への視点が、意識的に統一された意味づけられた生への態度を通して獲得される」ということを意味している。預言者にとって、生と世界、社会的事象と宇宙的事象は「体系的に統一された『意味』」をもつ。人びとの行動は、この「意味」とのかかわりで体系化され、「一つの生活態度へ統括」されなければならない（RG, 193＝81）。

しかしこうした預言による要請と平信徒の生きる経験的現実のあいだには、内的な生活態度および世界との外的な関係の両面において「きびしい緊張」が生じざるをえない。この点にヴェーバーは、「宗教発展のきわめて重要な構成要素」をみている。それゆえ次に、平信徒層がより能動的な役割を果たして、預言者、祭司、平信徒の三者が「協働し、また対抗しながら作用」する場である「教団」について検討される（RG, 177＝62–3）。

教団的宗教性

教団的宗教性は、平信徒が、①ある持続的なゲマインシャフト行為にゲゼルシャフト形成され、②そのゲマインシャフト行為の経過に何らかの仕方で能動的に関与している場合、に存立する（RG, 199＝88）。教団形成の起点となるものは、一方では預言とその日常化であり、他方では祭司によるゲゼルシャフト形成である。いずれにせよ教団的宗教性においては、祭司と平信徒との関係が決定的意義をもつ。

教団において祭司層が対決しなければならない勢力は、まず第一に、預言である。預言者は通例平信徒の出身であり、平信徒の信奉者がその勢力の支えとなる。預言者のもたらす新しい啓示の神聖性が、祭司による伝統の神聖性と対抗する。祭司は、支配権を確立するために教説を体系的に確定し、平信徒の信仰に刻みつけることを課題とする。その際、体系化の方向が両者のあいだで大きく異なっている。預言者が「世界に対する人間の関係を究極の価値観点から統一化」しようとするのに対して、祭司は、祭司階級や信徒たちの「思考習慣と生活習慣に適合させる」ために預言や宗教的伝承の内容を決疑論的、合理的に編制する（RG, 207＝95）。

このように両者は、平信徒の支持をめぐって競合しあう関係にある。だが預言者の啓示がなければ、祭司による教説の編纂はひたすら平信徒の思考習慣に適合をはかるのみで、求心力を失い拡散しやすい。他方で祭司がいなければ、預言者の啓示は平信徒によって受けいれられがたいだろう。この意味で、預言者と祭司は「対抗的‐相補関係」（折原 1999：128）にあるといえる。

祭司層が対決しなければならない勢力の第二のものは、平信徒の「伝統主義」である。祭司は、預言に対抗して正典文書と教義の編纂をはかり、平信徒の支持の獲得をめざす。そればかりでなく教団的宗教性においては、平信徒の生活態度に祭司が影響をあたえる手段として説教および司牧が重視された（RG, 214＝101）。祭司層は、とりわけ個々の信徒の日常生活に助言をあたえ宗教的育成をはかる司牧に取り組み、こうした活動を通じてさらに教説の決疑論的体系化を進める（RG, 216-8＝103-6）。

だが祭司層が、平信徒に対する影響力を保とうとすればするほど、平信徒のもつ習慣や慣習律、彼らの具体的な必要を考慮しなければならず、その意味で「信徒たちのもつ伝統的な観念圏に迎合」せざるをえなくなる。それによって、預言が宗教倫理にもたらした「内的統一性」は失われ、宗教のもつ「信条倫理的性格」は薄れてゆく。こうして祭司層は、一方ではみずからを脅かす「預言者的カリスマの力」と、他方では倫理的宗教性の実質を脅かす「大衆の根強い慣習の力」と対抗しつつ、教説の体系化をはからなければならない。

以上のようにヴェーバーは、祭司層の利害関心を基準としながら、預言者と平信徒を加えた三者の対抗と協働のせめぎあいの中で、倫理的宗教性が確立してゆく様子を描き出している。宗教倫理が信徒たちの生活態度をつかんでいく過程は、それぞれの層の利害関心や身についた慣習、志向性がぶつかりあい妥協しあう過程とみることができる。それぞれの社会的位置に深く影響された人びとの（「主観的に思われた意味」にもとづいた）思考と行動のダイナミックな相互関係が、いわば「客観的に妥当する意味」（に相当する意味の空間）を立ち上げ、結果的に宗教の倫理的合理化を可能にするのである。(4)

（2）平信徒の合理主義

合理主義が欠如した諸階層

ヴェーバーは、預言と伝統主義に続いて、祭司が対決しなければならない第三の勢力として「平信徒の合理主義」をあげる。祭司あるいは預言者による宗教倫理の体系化に対して、平信徒の各社会層がもつ合理主義（あるいはその欠如）が、どのように影響するのかが順次検討されていく（RG, 218–37＝107–22)。

最初に取りあげられるのは農民層である。ヴェーバーによれば、農民の生活は非常に強く自然と結びついているために、経済的な面でも合理的体系化には縁遠い。それゆえ奴隷化やプロレタリア化の危機が迫る時以外は、宗教に参与することはないという。戦士貴族や封建的勢力もまた、合理的な宗教倫理の担い手にはならない。というのも、罪や救済といった観念を受けいれたり預言者や祭司に身を屈することは、彼らの「品位感情」を傷つけるからである。

ついで、支配層である官僚層について検討される。官僚制は、冷静な合理主義と規律ある秩序という理想の担い手である。それゆえ彼らは、その合理主義からしてすべての非合理的な宗教性を軽蔑するが、規律ある秩序維持のために「馴致手段」として利用する「狡智」をもつ。さらには「市民的」諸階層のうち大商人層・資本家層も、倫理的・救済宗教性の担い手とはならない。彼らの場合は、懐疑と無関心が宗教に対する典型的態度だった。

ここまで取りあげられた諸階層は、いずれも倫理的宗教性に呼応するような「合理主義」をもたない。それぞれ、自然に条件づけられた生活のありかた（農民層）、身分に規定された品位感情（騎士階層）、現世的な勢力関心にもとづく合理主義（官僚層）、現世的な諸特権（大商人）などの点において、倫理的宗教性とはなじまない。

小市民層の合理主義

それに対してとくに西洋においては、非特権層に属する小市民層の宗教性が、合理的・倫理的宗教と親和性をもつに至る。都市内部の血縁集団が退潮して、職業集団や自由に形成された宗教的ゲマインシャフトが代替物となったことが、その「自然的根拠」をなす（RG, 240＝127）。そればかりでなく、西洋の都市には、中国やインドのように教団的宗教性への発展を阻止する宗教的契機（祖先崇拝やカースト・タブー）もみられなかった。

そのようにしてある特定の諸条件があたえられれば、小市民層は彼らの「経済的な生活態度」にもとづく理由から、倫理的宗教性に向かう傾向を示す。理由としてあげられているのは、以下の通りである。経済生活が農民と比べて自然の拘束を受けず呪術に依存しない、経済生活が合理的な本質的特性を備える、誠実さが自分の利益に通じ義務としての労働は報酬に値すると思考する、手労働のあいだ沈思黙考の機会に恵まれる、職業的な専門化からも統一ある生活態度の担い手となる、という理由である（RG, 241-3＝127-9）。

都市部の手工業者と小商人に代表される小市民層は、それゆえ合理的・倫理的宗教性を受けいれやすい。もちろん、小市民層の経済生活がもつ一般的条件によって「彼らの宗教性が一義的に規定されるわけではない」。つまり彼らの経済生活それ自体から倫理的宗教性が生み出されるわけではない。むしろ、倫理的な教団的宗教性がまず成立し、それが小市民層の技術や職人倫理に含まれる合理主義に影響をおよぼす。それによってはじめて、小市民層のあいだに容易に信奉者を見いだすことができるようになり、彼らの生活態度に対しても持続的な影響をあたえることができたのである（RG, 243＝129–30)。

預言ないしは祭司経営は、こうした小市民層の「経済的な生活態度」に内在する合理主義に訴えかけることによって、彼らの信仰を引き出すことができる。この意味で、祭司ないしは預言者のつくりだす教説と小市民層の合理主義が協働し、相互に影響しあうことによって、倫理的宗教性が強い力を保ちえたのである。

ヴェーバーは以上のように、平信徒の各社会層の社会的・構造的位置を検討し、そこから倫理的宗教性に適合的な合理主義の存在（あるいは欠如）を引き出している。そこには主観的な意味理解や対面的相互作用の枠を超えた〈構造〉へのまなざしを読みとることができる。とはいえ、社会層の構造的な位置づけによって、自動的に宗教性の内容が規定されるわけではない。宗教性が各社会層を位置づけ直すこともあれば、同様の構造的位置にありながらまったく異なった宗教性が選びとられることもある。したがって信徒の主観的で内面的な〈意味づけ〉をどのように経過するか、ということが重要性をもつ。次にこの点を、ユダヤの宗教性に関するヴェーバーの分析を素材として考察しよう。

（3）ルサンチマンと品位感情

パーリア的宗教性とルサンチマン

ヴェーバーにとってユダヤ教は、「倫理的に合理的な生活形態の発展」という点で、禁欲的プロテスタンティズムとならんで「歴史上途方もなく強烈な力となった」ものである（RG, 347＝239）。「宗教的ゲマインシャフト」においても、この観点からユダヤ教に関する多くの論述がみられる。とりわけヴェーバーは、ニーチェの「ルサンチマン論」にたびたび言及しながらユダヤ教の特徴を論じている。

議論の前提として、ヴェーバーはまずユダヤ教徒がおかれた「パーリア民」という地位に言及する。(5)パーリア民とは、食卓および通婚にかかわるゲマインシャフト形成において外部との交流が制限され、みずからの自治的な政治団体をもたずに政治的・社会的な権利を剝奪された集団を指す（RG, 255＝142）。

ユダヤ民族の場合、こうしたパーリア民という位置づけとその救済願望のあり方は結びついている。自分たちのおかれた境遇が苦しいほど、したがってそこからの救済願望が強いほど、彼らはパーリア民の地位により強く拘束される。というのは、パーリア民に定められた宗教的義務を遂行することが、救済を可能にする唯一の手段とみなされたからである。こうした義務を怠らなければ、いずれは現実の社会的序列が転換して、ユダヤ民族が全体として全世界の支配者となるようなメシヤの国が実現すると信じられた。彼らは、そうした「権威ある地位に召命されるべく神によって選ばれた民」とされたのである。

ヴェーバーによれば、こうした「パーリア的宗教性」をもつユダヤ教において、ニーチェのいうルサンチマンは独特の意義をもつ（RG, 257＝144）。ルサンチマンとは、前述のように、現世における運命の不公平は特権者たちの罪と不正にもとづき、それゆえそこに必ずや神の復讐が加えられることを期待する、というものである。パーリア民の地位に由来する「復讐欲」は、道徳主義によって正当化される。すなわち非道徳的なふるまいに終始する特権者と、ひたすら神に命じられた徳行を遵守するユダヤ教徒という対比の中で、怒れる神による復讐がもたらされるのである。ユダヤ教徒にとっては、苦難に耐え、その中で道徳的に律法を守り続けることが宗教的価値をもつ。特権者とのあいだで道徳性と幸福のアンバランスが頂点に達したとき、「応報」として正当な神の鉄槌が下されることになる。

ニーチェはこのように、パーリア民の地位がルサンチマンを生みだすとみた。その内実は非特権層の復讐欲であり、それが表向きは道徳主義の形態をとりながら、救済のイメージや神義論を規定していくとみたわけである。非特権層の宗教性を、彼らが多くは無意識のうちに内向させた復讐への欲求から説明を試みている。それは、客観的な経済的・社会的地位から宗教性の成り立ちを説明するという特徴をもつ。

ルサンチマン論の限界

しかしヴェーバーからみれば、『ルサンチマン』の意義づけにも限界があり、『抑圧』－図式のあまりにも普遍的な適用も危険であることは、ニーチェが犯した誤謬の中にもっとも明白に現われている」（RG, 264＝151）。このことはまず、ヒンドゥー教や古キリスト教といった他の宗教性との対比により明らかにされる。

ヒンドゥー教の下層カーストは、苦境にあればあるほど自縄自縛的にパーリア民の地位に拘束されるというパーリア宗教性をユダヤ教と共有している（RG, 255＝143）。とはいえ救済の内容についてみれば、両者は大きく異なっている。前述したように、ユダヤ教では特権層が神の裁きをうけて没落し、ユダヤ人総体が世界の支配者の地位につくということが救済の内容をなしていた。それに対してヒンドゥー教では、カースト秩序の永続を前提として、それぞれの信者個人が宗教的義務の履行を通じて上層のカーストに生まれ変わる、ということが信じられていた。彼らにとってカースト秩序は不変かつ公正なものである。現在の苦難や低いカーストにある状態は、前世における個人的な罪の報いと考えられているのだから、個人が甘受すべきものである。したがってそこには、いかなる葛藤もルサンチマンも生じない（RG, 261＝148）。

他方で古キリスト教もまた、特権をもたない人びとを主な担い手としていたが、ルサンチマン論をあてはめることはできない（RG, 263＝150）。そこでは終末論的な期待と現世への無関心が支配していたため、ルサンチマンが入りこむ余地はなかった。むしろイエスの預言は、ユダヤの儀礼的律法主義の価値を剝奪し、その宗教性を閉鎖的なパーリア民の地位との結びつきから解放したのだった。

パーリア民の地位にあれば必然的にルサンチマンが生じるわけではない。苦難の宗教性がルサンチマンに至るのは限られた諸前提が存在する場合だけであり、それは救済へ向けた「約束」の内容によっても左右される。したがって救済要求や神義論、教団的宗教性一般を、非特権層のルサンチマンから生まれるとみたニーチェの考えは、誤りと言わねばならない（RG, 263＝150）。ヴェーバーはこのように、非特権層の宗教性を検討することによって、ルサンチマン論の妥当範囲を限定したのである。

「品位感情」の重視

特権を剥奪された人びとが無意識のうちに抱くルサンチマンから、一般的に宗教性の成り立ちを説明することはできない。身分や階級と宗教性との結びつきにかかわるヴェーバーの議論は、人びとがみずからのおかれた地位や状況に対してどのような意味づけ、理由づけをおこなうかということに焦点を合わせていく。その際とりわけ、人びとが抱く「品位感情 Würdegefühl」が重視される。

まず現世的な特権に恵まれた階層（とくに貴族階級）の品位感情は、彼らが「ゆるぎなく満ち足りて『ある』という事実」にもとづいて、その「生活態度が『完成』されたものである」という意識に根ざす（RG, 252＝139）。したがって、こうした社会的・経済的な特権層は、通例はみずから救済欲求を感じることはない。むしろ彼らが宗教に求める役割は、彼らの生活のありようを「正当化する」ことである。すなわち、幸福である自分たちはその幸福に十分に「値する」のであり、より不幸な人びとは不幸に「値する」。だから個々人の幸不幸は、宗教上は自業自得のものとみなされる。特権層は、こうした内面的な意味での「正当化」を宗教に求めるのであり、それによって彼らの品位感情も支えられる（RG, 253＝140）。

それに対して非特権層の品位感情は、彼らにあたえられた「約束」に根ざすという。非特権層は、特権層のように現在の自分たちがおかれている状況の中で品位感情を満たすことはできない。それゆえ彼らは、此岸あるいは彼岸において将来「こうなる」という約束への期待にもとづいて、はじめてその品位感情を満足させることができる。こうした品位への渇望が、神の摂理や「現世とは異なった価値順位をもつ神の法廷」といった合理主義的な理念を生み出す（RG, 252＝139)。

宗教的約束の内容によって、苦難からの救済あるいは公正な応報への希求はさまざまなかたちをとる。前述したような、パーリア宗教性を共有するヒンドゥー教の下層カーストとユダヤ教の救済内容の違いは、結局のところ両者の宗教的約束の違いに根ざしている。ヒンドゥー教の場合、来世において上層カーストに生まれ変わるという約束が、品位感情を保ちつつカースト義務を励行するという生き方を支えたのである。

他方でユダヤ教徒の場合は、社会的序列が崩壊して民族が総体として高揚することが約束の内容をなしていた。ニーチェはこうした応報思想の基盤にルサンチマンをみており、ヴェーバーも（他の宗教はともかく）ユダヤ教に関しては、この議論がそれなりに妥当するとみていた。だがそのユダヤ教においても、品位感情が強調されることによって、ルサンチマンの役割は相対化されている。

ユダヤ教徒の品位感情

「パーリア民」の状態におかれたユダヤ教徒の場合も、将来において支配者の地位を得るという約束は、彼らの品位感情を保つものであった。だがメシアの来臨はいっこうに実現されず、約束は長期にわたって果たされないままに過ぎる。それゆえユダヤ教徒たちは、神の約束によってつくりだされる社会的要求と現実に蔑まれている状況との葛藤に身をおき続けることになり、現世に対するのびのびとした態度を失っていった。彼らはひたすら、異教徒に対する宗教批判と自分自身の律法遵守をかたくなに追求する態度をとるようになる。「このような態度が、もはや他人の尊敬を得るためではなくて、彼らの自尊心と品位感情のために、ユダヤ人たちを絶望的な格闘に陥らせていたのであった」(RG, 261-2＝148-9)。

神の約束は、ユダヤ教徒の品位感情を満たす一方で、現実との葛藤を深め、閉鎖的・排他的に自分たちの内側に閉じこもる態度をもたらす。こうした態度によって彼らは、より内向したかたちで、自尊心と品位感情を確保するために格闘しなければならない。ここでは、ルサンチマンよりもむしろ、約束の内容とユダヤ教徒たちが欲する品位感情との関係、そこで生じる葛藤の役割が強調されている。

ユダヤ教徒のおかれた「パーリア民」という客観的な諸条件からは、現世を拒否して完全に離脱する、あるいは改宗や妥協により周囲へのとけこみをはかるといったそれなりに合理的な選択肢が考えられる。だが彼らはそうせずに、倫理的な生活態度をより先鋭化させることによって自尊心と品位感情を確保した。このようにヴェーバーはみているわけである。

こうした把握の背景にあるのは、「支配社会学」で述べられている「あらゆる力、あらゆる生活チャンス一般が、自己義認 Selbstrechtfertigung の要求をもつ」という認識であろう (WuG, 549＝「支配I」28)。だからユダヤ教においても、社会的・経済的諸条件のストレートな反映である「ルサンチマン」ではなくて、自分のあり方を正当化し「誇り」をもちつづけるといった内面作用 (＝品位感情) にウエイトをおいた把握がなされていたのである。(6)

第四節　「全人格性」としての合理的近代人

前節までみてきたように、「宗教的ゲマインシャフト」におけるヴェーバーの論述は、合理的な宗教倫理がいかにして信徒の生活態度を掌握するか、という筋道に焦点づけられていた。預言者や祭司の手になる宗教倫理それ自体の性格と、平信徒たちの構造的位置、および彼らによる〈意味づけ〉が互いに作用しあう中で、倫理的宗教性がある特定の社会層の生活に刻印をあたえる。ヴェーバーはさらに、信徒の生活態度と社会的・経済的諸関係の合理化が進行するか否かには、宗教的教説が信徒に指し示す救済目標や救済方法が大きくかかわっているとみていた。

（1）西欧的な合理化の条件と性格

自力救済（一）――儀礼と社会的所業

合理的な生活態度を可能にした宗教的要因は何か。各社会層に分けた検討を経て、ヴェーバーは、「救済目標」のあり方に焦点を合わせて西欧的な合理化へ向かう道筋を浮き彫りにしていく。宗教が信徒の生活態度におよぼす影響は、救済方法と救済財の心的性質に応じて多様である。救済方法は、まず大きくは、信徒がみずから救済を追求する「自力救済」と救い主により救済があたえられる「他力救済」の二つに分類できる。前者の自力救済は、さらに儀礼、社会的所業、自己完成のそれぞれによる救済に下位分類され、順次検討される。

まず「儀礼」、つまり純粋に儀礼的な礼拝行為や儀式による救済であるが、その生活態度への影響は呪術なみか呪術より劣るという（RG, 305–6＝194）。次の「社会的所業」による救済は、名誉の戦死から隣人愛実践までさまざまなあり方をもつ。この社会的所業は、預言の機能により二つの方向に体系化されうる。一つは、個々の所業の功罪が評価され、生涯でのトータルな差し引きにより救済が左右される場合である。この場合は罪をそのつど償えてしまうので、「生活態度は倫理的に一貫性のない個々の行為の契機にとどまる」（RG, 310＝200）。

もう一つは、個々の所業を、「倫理的全人格性 Gesamtpersönlichkeit の徴表ないし表現」としてあつかう場合である。この場合はしたがって、「人格の全体的態度」・「人格の全体水準」が問題にされ、それが救済に値するかどうかの評価対象になる。それゆえ個々の所業のいかんではなく、合理的で統一的な方法にもとづいて生活態度の全体を方向づけることが必要となる。そのためには自分の「人格」を宗教的に研鑽していかなければならない（RG, 310–1＝200–1）。ここでは、「評価」の対象としての人格性、「全体的態度」として統合された（されるべき）人格性という観念が強調されている。

自力救済（二）――自己完成

そこで次に「自己完成」の手段としての救済技法が問題にされる。社会的所業から、完成されるべき自己ないし人格に焦点が移ってくるのである。この場合、救済の確証を得るためには、生活態度の持続的・統一的基盤を意識的に所有することが必要となる。たとえば修道士にみられる救済技法は、「衝動を抑制して、身体的・心的な事象を意志にしたがって完全に醒めて制御すること、宗教的な目的のために生活を体系的に規制すること」を意味する（RG, 317＝208）。すなわち救済技法の合理化は、自己の心身に対するコントロールへ向かうのである。

ところで救済の確証を得るための方法は、宗教的至福を保証する「救済財」の性質に応じて異なる。まず、救済財が神の道具としての能動的・倫理的行為の賜物である場合は、宗教的に「禁欲的」な立場と呼ばれる。禁欲的プロテスタンティズムに代表されるこの立場において、まず目標とされるのは「自己の生活に対する『醒めた』方法的統御」である（RG, 323＝214）。それが「現世内的禁欲」として追求されると、合理的行為の高揚、外的生活態度の方法的体系化、地上の諸秩序の合理的な物象化 Versachlichung とゲゼルシャフト形成という意味での実践的合理主義を促進する（RG, 332＝224-5）。

それに対してもう一つの救済財は、積極的な行為ではなく、神秘主義的開悟や観照といった一種独特な「状態性」として現われる（RG, 323＝215）。この場合、現世への無関心や絶対的な現世逃避が特徴となり、所与の社会秩序が甘受されることになる。

西洋の救済宗教性

ヴェーバーは、東洋と西洋の救済宗教性の違いは、前者が観照に後者が禁欲に導かれた点にあるとみる。こうした両者の根本的な相違が生じた要因として、次の五点が指摘される（RG, 334-41＝226-32）。

第一に、西南アジアや西洋では、無から世界を創造した超越的全能神という神観をもつ。そこでは救済の確証は、神の道具としての能動的行為によってのみ得られる。第二に、アジアの救済宗教では世界の「意味」を主知主義的に探求して神秘的開悟に至ったのに対して、西洋では完全な神による不完全な世界の創造という世界観にもとづいて主知的「意味」の探求を断念した。第三に、西洋ではローマ法を継受し、そのカテゴリーを神と人との関係に適用した。それにより救済も、一種の訴訟手続きの形式で規定された。第四に、西洋ではローマの官職貴族の醒めた合理主義やユダヤ教徒の醒めた律法遵守のスタイルを引き継ぐことにより、救済方法論の忘我的・非合理的性格が払拭された。こうした合理主義が、信仰の教義的・倫理的体系化に際して決定的な役割を果たしたのである。そして第五に、西洋では官僚制的に組織された合理的組織としての教会が確立した。以上が指摘されている。

こうして、西南アジアに端を発する神観、不完全な現世という世界観、ローマとユダヤの合理主義、カトリックの教会組織と修道院、といった諸要因が、西洋的な宗教性をつくりあげてきた。やがて禁欲的プロテスタンティズムが、修道院における現世外的禁欲を現世内に移し替える役割を果たす。それにより職業倫理と宗教的な救済確実性が原理的に結びつき、合理的に醒めた生活態度、その規律化と方法化、社会的諸関係の物象化とゲゼルシャフト形成が実現されていく。[7]

(2)「全人格性」という想定

他力救済――恩寵分与・信仰・予定恩寵

ヴェーバーは、救済方法の二つ目のカテゴリーとして、救い主により救済があたえられる「他力救済」について取りあげる。こちらは、カリスマ的ないしアンシュタルト的な恩寵分与、信仰、予定恩寵に下位分類される。

第一のものは、みずからカリスマを所有したり教会等の官職によって正当化された人物が、救い主と信徒を仲介して恩寵を分けあたえる場合である。この恩寵授与は、罪の償いを可能にするため、救済追求者に内的な「免責」をあたえて倫理的合理化への要求を弱める方向に働き、さらには外的権威に対する恭順と従属の態度を育てる。

それに対して、ユダヤ教と禁欲的プロテスタンティズムがいかなる恩寵授与も知らなかったことが、倫理的・合理的生活態度の形成にとっては、非常に強烈な力となった。恩寵授与に際しては「具体的な個々の行為こそが評価される」のに対して、禁欲的プロテスタンティズムにおいては「たえず目覚めた自己統御や確証などを通じて、つねに新たに確立される人格性の全体的態度」が評価される(RG, 346＝237-8)。ここでは、「評価」の対象としての人格性、「全体的態度」として統合された(されるべき)人格性という観念が強調されている。

ついで、「信仰」による救済が取りあげられる。日常的な宗教性の内部では、信仰によりあたえられる救済は、生活態度の合理化に結びつかない。それは、ルター派に代表されるように、社会的・政治的な革命、あるいは合理的な改革へのいっさいの起動力を欠いており、忍耐強い「順応」をもたらす(RG, 359＝250)。

最後の予定恩寵は、人間から超絶した神の自由で根拠のない恩恵として授与される。救済の確証は、持続的・方法的に存在する「神の道具」としての能力、いいかえると「人格性の中心をなす恒常的な性質」によってあたえられる（RG, 363＝254）。このことが、神意にかなった行為へのこの上ない強力な動機を形成する。

「全人格性」

ここで問題にされている「人格」のあり方にかかわって、ヴェーバーは次のように述べている。(8)

> 「神の選び」によって永遠なる価値の力点がおかれるものは、何らかの個別的行為ではなくて、今日われわれがいうところの「全人格性」である。こうした宗教的な信仰評価の、無宗教的で現世内在的な決定論に立つ対応物は、かの一種独特な「羞恥心」と、いわば神なき罪の意識である。そしてこれらの感情は、――近代人もまた、いかなる形而上学的な基礎づけからにせよ、その倫理を信条倫理へと体系化するゆえに――まさに近代人に固有なものである。近代人にとっては、彼がこれを現になしたということではなくて、彼の変えようのない性質そのままでこれをなしえた者「である」ということが、彼の抱くひそかな苦悩なのである。……ここにもまた罪の「赦し」や「悔い」や「償い」の意義深い可能性は存在しないのであるから、これもまた宗教的予定信仰とまったく同じように――もっとも予定信仰においては何らかのひそかな神の理性が考えられたのであったが――およそ人間性に縁遠い menschlichkeitsfremd ものなのである。(RG, 367＝258)

個別的行為ではなく人格性の恒常的性質・「全人格性」が問題にされてしまうと、人間は罪や失敗を回復することができない。それは禁欲的プロテスタンティズムにとどまらず、近代人の人格観にも引き継がれている。こうした人格観に対してヴェーバーは、「およそ人間性に縁遠い」と評価しており、統合された人格という観念には距離をおいている。

こうした「全人格性」という想定も、先にみた「自己義認の要求」とかかわるものといえるだろう。ヴェーバーによれば、論理的にいうと予定信仰からは「宿命論」や「倫理的アノミー」が導き出されても不思議はなかった（WL, 436＝「カテゴリー」29）。ところが現実には、信徒たちはけっして自暴自棄に陥らずにひたすら自己コントロールに励んだのである。その理由としては、信者たちの行動が、つねに救済の確証を得たい、その意味での正当な（救済されるべき）自己を感じていたいという欲求に根ざしていたことが考えられるだろう。「救われない」状態におかれつづけることに人は耐えられないのであり、その意味で、品位感情や自己正当化のロジックをくぐり抜けることによって予定説の歴史的機能が導き出されたといえる。

近代的合理性の基盤

以上たどってきた「全人格性」としての合理的近代人に至る系譜は、どのように位置づけることができるのだろう。禁欲的プロテスタンティズムによって追求された、つねに冷静に自分の身体や感情をコントロールする生活態度は、救済のための評価対象としての統一的な首尾一貫した「全人格性」という想定によって裏づけられていた。合理的な生活態度も社会関係の物象化とゲゼルシャフト形成も、こうした意味での「全人格性」にもとづいて可能となっている。この想定は問題を含み、「人間性に縁遠い」ものではあるけれども、このフィクションを共有することによって近代的な社会秩序が成り立っていることは間違いない。ヴェーバーの探索はこの点に焦点づけられている。

ヴェーバーは、近代的な合理性が不可避的にこうした〈曖昧な（その意味で合理的ならざる）部分〉を必要とするとみていたようだ。こうした把握は、『経済と社会』旧稿に繰り返し現われてくる。(9)「宗教的ゲマインシャフト」の論述は、近代的な合理性や合理化過程の基盤となって、その現実における作動を可能にするような〈実質性の領域〉の宗教史的起源を探求したものとみることもできるだろう。

第五節　むすび——プロテスタント的近代の存立構造

本章は、プロテスタント的近代の存立構造という問いを念頭におきながら、「宗教的ゲマインシャフト」で展開されている生活態度の合理化をめぐる筋道をたどってきた。ヴェーバーは西欧近代に至る合理化過程を、人間の秩序形成への要求や宗教一般に根をもつより普遍的な流れと、禁欲的プロテスタンティズムに代表されるようなより特殊な経路という二重のプロセスとして描き出している。後者は、そこに至るまでの合理化過程において形成されてきた諸要素を引き継いだものであり、信徒の「思考習慣」に支えられたものである。ヴェーバーはこの意味で、西欧的な合理化過程の多面的・重層的なありように着目していた。

こうした把握を基礎づけているのが、「カテゴリー」論文で示された二つの水準の「意味」という視角である。人びとの行為は利害状況や社会構造によって決定されるわけでもないし、かといって純粋に「主観的に思われた意味」を出発点としているわけもない。ヴェーバーの探求は、「客観的に妥当する意味」と「主観的に思われた意味」とがズレを含みながら、相互に支えあい、秩序を存立させている点に向けられていた。

西欧的合理化に至る過程をたどると、一般的には教団における地位や社会層、特権の有無などにもとづいた諸集団の中から宗教性が生み出され、信徒の生活態度をつかんでゆく。そこにおいて実現されるある特定の宗教性や生活態度は、その担い手の社会的・経済的な位置によってストレートに決定されているわけではない。それぞれのおかれた条件や利害関心に規定されながら、諸集団の対抗的あるいは協働的な相互関係にもとづいて、宗教性が展開してゆく。その際には預言や宗教的約束の内容が、信徒による〈意味づけ〉と呼応しあうことが必要となる。たとえばユダヤの宗教性については、客観的な位置に規定されて抱く無意識の「ルサンチマン」よりも、教徒の「品位感情」という意味づけを経由することが強調されていた。

プロテスタント的な合理化もまた、「全人格性」という新たな思考習慣（信念体系）に基礎づけられながら進行していた。「自己義認の要求」と品位感情に裏づけられた、救済されるべき正当な「自己」が、この場合は「全人格性」という特殊な想定をかたちづくっているのである。統合され、一貫した主体といういわば〈強迫観念〉的な想定が、合理的な近代社会の成立と再生産には必要とされていた。このようにして想定され、共有された人格性の観念は、ある種の〈歪み〉を刻印されながらも近代的な社会秩序を可能にするものでもあった。物象化や「鉄の檻」そのものが問題というよりも、形式合理性がそれ自体では作動せず、曖昧な実質性の領域、人びとの意味づけの領域が、合理的な秩序の存立を不可避的に支えていることが問題だったのではないか。[10]「宗教的ゲマインシャフト」の論述は、人格性や品位感情、正当性といった実質性の内容をかたちづくる領域の宗教史的起源を探索する試みだったといえよう。

このように、ヴェーバーの描き出すプロテスタント的近代の合理的な社会秩序は、形式合理的なシステムが作動する（かにみえる）領域と、曖昧な実質性にもとづいて意味づけや行為接続がなされる領域からなる重層的な構成として理解することができる。それは、現にある西欧近代がけっして一様なものではなく、また自然的・必然的なものでもないという見方を開くだろう。ヴェーバーの現代的意義は、その社会理論の重層的な構成を解きほぐすことによって、合理化を抑圧と同時に解放の条件をも潜在させた両義性をもつ過程として理解するときに、もっとも実り豊かに引き出すことができるのではないだろうか。

［注］

（1）ヴェーバーの「合理化」をめぐっては、これまで多くの解釈が積み重ねられてきた。古典的なものとしては、ヴェーバーのいう合理主義を「西ヨーロッパ世界の支配的な価値志向」とみるラインハルト・ベンディクス

(Bendix 1977：279＝326)、あるいは合理化をより普遍的な過程として一般化して捉えるタルコット・パーソンズの理解（Parsons 1968：752＝168–9）などがある。

こうした「一方向的」な合理化理解に対して、矢野善郎は、合理化・合理主義の「多方向的・遍在的」な理解を対置する（矢野 2003：53–5）。この理解では段階説や法則性は想定せず、価値判断もともなわない。それは、あくまでも諸文化圏の比較対照のための尺度として用いられる「方法論的合理主義」である。矢野によれば、ヴェーバーの合理化・合理主義のこうした「方法論的」性格と「価値自由」な特徴が十分に捉えられなかったために、「ペシミスティックで宿命的な社会学」という解釈が一般化した。「そうした解釈は、彼の方法的な前提としておいた『局所的〈合理化〉の遍在性』という命題を、『普遍的合理化の進行』という歴史説明モデルと誤認したことに由来する。しかもそれが現実の社会に展開し、われわれの生活を閉塞させていると勝手に実体視しているのである」（矢野 2003：192）。

方法論を「実体視」する解釈に対する矢野の批判は妥当であろう。だが他方で、合理化の展開は〈幻想〉ではない。矢野は合理化・合理主義を「主観的」な概念として理解しているために、本書でいう〈合理性諒解〉が社会を成り立たせているという側面は、必ずしも十分に捉えられていない。なお、ヴェーバーの合理化・合理主義概念に関する研究史を整理したものとしては、矢野の他に、嘉目（2001）、Sprondel und Seyfarth（1981）などがある。

（2）ヴォルフガング・シュルフターは、旧稿に含まれる「宗教的ゲマインシャフト」と『宗教社会学論集』との関係について次のように述べている。「『経済と社会』における宗教社会学の章の最初の草稿と『世界宗教の経済倫理』に関する比較宗教社会学的な内容の最初の草稿は、同一の研究に基づき、二つの方向をめざす研究上の処理から生み出されたものである。ひとつの方向では、まず何よりも歴史的資料は社会学的概念の形成に役立つということ、今ひとつの方向では、概念形成が歴史的資料を社会学的に洞察するのに役立つということ、これである」（Schluchter 1988：573＝135）。こうした二つの作品の相互関係の探求については、今後の課題としたい。

（3）この点は、「カテゴリー」論文以下、『経済と社会』旧稿で追究されてきた「秩序の妥当」をめぐる議論と呼応する論述であり、この視点から宗教の成り立ちを把握している点に注意しておきたい。概念としては用いられていないけれども、ここでは制定規則でなく慣習律にもとづく「諒解」の領域が指し示されていると考えられる。これについては、本書第二章を参照。

（4）ピエール・ブルデューは、この「宗教的ゲマインシャフト」を検討する中で、ヴェーバーが「単独行為者」の意味理解を超えた「相互作用論的視点」を事実上導入しているとみる。とはいえそれは「対面的相互作用」にとどまり、担い手が占める位置のあいだの客観的な関係構造への接近を妨げる「認識論上の障害」になっているとする（Bourdieu 1987 : 121）。しかし、たとえば預言者と祭司がみずからの存立や優位な地位を賭けて平信徒の支持を奪いあうという事態は、「対面的相互作用」というよりも、両者の構造的な位置関係がもたらすものとして捉えられているのではないだろうか。本文中で取りあげたような預言者と祭司の対抗と協働の関係には、相互作用というよりも原理的な位置、志向性の違いが現われていると考えられる。

（5）ヴェーバーの「パーリア」論の背景、位置づけについては、上山安敏による整理を参照（上山 2000）。本書ではこの議論を、『経済と社会』旧稿における「ルサンチマン論」の扱い方という限られた視点からのみ取りあげている。

（6）したがって、たとえば牧野雅彦のように、「宗教」章において「ヴェーバーが、少なくともユダヤ教に関してはニーチェの評価をほぼ全面的に受け入れている」とは言いきれないだろう（牧野 2000 : 209）。

ところで、『経済と社会』旧稿に含まれる『「階級」、『身分』、および『党派』』においては、ルサンチマンと品位感情の位置づけがいっそう明確に述べられている。「いうまでもなく非特権層の品位感情は、此岸であれ彼岸であれ、もっぱら現世の彼方にある将来に関係づけられる。いいかえるとそれは、摂理による『使命』への信仰と神の前での『選民』という特定の名誉に対する信仰、したがって来世では『後なるものが先になる』という待望か、あるいはこの世に救い主が現われて世間に蔑まれたパーリア民（ユダヤ人）ないしパーリア身分の、この世では隠された名誉を明るみに出してくれるであろう、という期待によって培われざるをえない。パーリア身分によって培われる宗教性の特質の源泉は、こうした単純な事態――その意義については、別の関連で論及されるべきであるが――にあり、高い評判を得たニーチェの理論構成（『道徳の系譜学』）において非常に強く力説されたルサンチマンにあるのではない」（GS, 263-4＝「階級」231）。

　ヴェーバーは、特権層のみでなく非特権層の宗教性を問題にする際にも、品位感情や自尊心、名誉といった内面の動きに注目する。ニーチェのいうような社会的・経済的状況に直接規定された心理状況の機械的な作用（ルサンチマン）にではなく、「意味づけ」の役割に注意が払われている。ニーチェは虐げられた人間が無意識のうちに抱く復讐心に重きをおくのに対して、ヴェーバーはいかなる立場であれ人間の「誇り」を重視する。ここには両者の人間観の違いが現われているともいえる。自分たちのおかれた地位や状況を意味づけ、場合によっては被抑圧的状況を納得して受けいれる際に、その鍵を握るのが品位感情だったわけである。

（7）これらの要因にもとづいて、西洋は「合理化」の道をたどってきた。プロテスタンティズムは、たしかに合理化を加速した（あるいは歪めた）かもしれないが、いずれにせよそれは、西洋の合理化過程全般の延長線上にあるものだろう。それゆえ、プロテスタンティズムにのみ官僚制化・物象化の原因をみる見方（山之内 1982：32-5）には、疑問を感じざるをえない。ゆがんだかたちで現実化した側面はあるにせよ、たとえばルター派的ドイツとの対比において、西洋的な合理化過程がつくりだしてきた合理的な法や組織、生活態度それ自体がもつ積極的な意義を、ヴェーバーは同時に捉えていたはずである。

　同様に、物象化・ゲゼルシャフト形成と宗教的同胞愛・同胞関係を鋭く対照させ、同胞性の立場から物象化を批判する見方をヴェーバーに読みこむ理解や、この立場からのヴェーバー批判にも疑問を感じる。たとえば、姜尚中や佐藤慶幸による次のような記述を参照。「『同胞愛』を中心に見たとき、『人間すべてにとって到達可能な目標たりうる』救い（愛の普遍主義）を放棄した『反同胞的』なカルヴィニズムの禁欲と、それを『基礎的な範疇』として転回する私的＝ゲゼルシャフト結合（近代社会）の原理が、どのような『反人間性』（そして『反自然性』をともなわざるをえないのか、この対照を浮き彫りにすることこそ、ウェーバーのライト・モティーフであった」（姜 2003 : 77–8）。「ウェーバーは禁欲的プロテスタンティズムのなかから目的合理的行為類型を剔出し、その行為類型が近代資本主義社会の嚮導原理となることによって、われわれの行動のいっさいを決定してしまう『鉄鋼のような官僚制組織』をつくりあげることを、あまりにもペシミスティックに描いた。そのために、ウェーバーが『中間考察』で論じた愛の普遍主義にもとづく同胞関係を、かれの行為論のうちにすくい上げて行為類型として概念化しえなかったのである」（佐藤 1986 : 100–1）。

　ヴェーバーがおそらく同胞性を積極的に位置づける枠組みをもたなかったのは、同胞倫理がもはや成り立たない社会のなかで、どのようにして秩序は成り立ちうるのかを問題にしたからではないか。合理化・分化した社会でむりやり同胞性を成り立たせようとすると、むしろ大変なことになる。過度の個人化に対しても、過度の同胞的な結びつきの強調に対してもヴェーバーは否定的だったのではないだろうか。この点は、「諒解」が合意や一致、あるいは「同胞関係」とは異なるということにかかわる。この概念は、透明な関係性や普遍的な合意がもはや成り立たない（あるいは成り立つことが必ずしも望ましくない）世界において、社会秩序が成り立つ仕組みの考察に向けられていた。

（8）雀部幸隆は、この箇所についてニーチェの「永遠回帰」説と関連づけた解釈を提示する（雀部 1993 : 304–16）。そしてヴェーバーが、結局のところ「永遠回帰」説に距離をおいていることを説得的に論証している。本書はこの箇所を、「全人格性」という想定が合理化された社会において果たす機能という限られた視点からのみ取りあげている。ヴェーバーの経験科学者としての側面を重視したいという考えによる。

（9）こうした「全人格性の価値評価」という論点は、本書の第二章第三節でみたように、『経済と社会』旧稿に含まれる「ゲマインシャフトの経済的関係一般」の中にも現われていた（GS, 91–2＝540）。この部分でヴェーバーは、合理的な目的団体においても、人格性や存在といった明示的でない要素が集団形成の重要な部分を担うことを強調する。「ゲゼルシャフトの目的を超えた諒解関係」が合理的なゲゼルシャフト関係を下支えし、その存立を可能にするのである。

（10）この点は荒川敏彦のいう「魔術化と脱魔術化の表裏一体性」とかかわるだろう（荒川 2002：57）。ヴェーバーにおける合理的近代は、「脱魔術化」の単線的な過程ではなく、見方を変えれば「魔術化」を内側に繰りこんだかたちで存立するものでもある。荒川も指摘するように「脱魔術化過程」に注目した「進化論的」なヴェーバー解釈も目立つが（Tenbruck 1975＝1997）、こうした一面化・単純化を超えたところに、ヴェーバー社会理論のダイナミクスが存在しているのではないか。ヴェーバーのいう合理化・近代化は、発展や転換の相のみでなく、やはり「重層性」において理解すべきであろう。なお「進化論的」なヴェーバー解釈への批判としては、Hennis（1987：203-4＝249-51）、Peukert（1989：45-7＝84-8）、前川（1992：39-57）などがある。

第四章　法の合理化と重層化

第一節　ヴェーバーの近代認識と「法社会学」

「近代主義者」ヴェーバーとその転換

『経済と社会』旧稿中の一章を構成する「法社会学」の位置づけや評価は、ヴェーバーの近代認識に対する解釈ともかかわって、時期や論者により大きな振幅がみられる。

第二次世界大戦後まもない時期には、民主主義や自由主義の「守護者」としてのヴェーバー解釈が盛んに提出された。いわゆる「近代主義者」としてのヴェーバー像である。ドイツにおいては、『経済と社会』の編集者でもあったヨハネス・ヴィンケルマンに、こうした方向の例をみることができる。ヴィンケルマンは、形式的・機能主義的にみえるヴェーバーの「合法性」論が、じつは自然法的な人権思想によって裏打ちされていることを論証しようとした（Winckelmann 1952 : 41）。それによって、たとえばカール・シュミットによる誤読と利用からヴェーバーを救出し、ワイマール共和国の成立期における「民主主義の父祖」としてヴェーバーを位置づけようとする。(1)

このような近代的な民主主義、自由主義の擁護者としてのヴェーバー像の転換をはかったのが、ヴォルフガング・モムゼンの著作『マックス・ヴェーバーとドイツ政治』だった。モムゼンによれば、ヴェーバーは、現代社会において国家権力と法秩序の正当性を根拠づける自然法がその意義を失っているとみなし、「内容的な神聖さをいっさい欠く、技術的な装置」にすぎない形式合理的な法秩序がより大きな通用力をもつ、とみていた（Mommsen 1974：419＝701）。ヴェーバーは、相対的に正当化能力の弱い形式的な合法性にかえて、カリスマ的な指導者による「人民投票的指導者民主制」に民主主義のあらたな理念的基礎づけを求めた。そこでは、「民主主義思想はその実質的な価値内容が失われていき、民主制の純粋な機能主義的解釈をとる方向へと進んでいった」という（Mommsen 1974：422＝706）。

こうしてモムゼンは、ニーチェの影響を色濃く受けた「ニヒリスト」、「帝国主義者」としてのヴェーバー像を提示する。結局のところヴェーバーは、自然法の理念を疑い、カリスマに過度の期待を寄せることによって、後のナチズムの台頭に（意図せざる結果としてではあろうが）一定の責任を有しているとみなされたのである。[2]

「鉄の檻」としての近代

その後のヴェーバー研究では、モムゼンのテーゼにも影響を受けながら、近代法や近代合理主義のポジティヴな側面よりも、そのネガティヴな側面により光があてられるようになってくる。「近代」の行きづまり、閉塞感を背景として、西欧的な合理化・官僚制化が「鉄の檻」に帰着するというヴェーバーの認識が強調される。モムゼンは、近代の価値に対する懐疑者というヴェーバーの政治的立場の危うさを指摘していたが、根底的な近代批判者という側面がむしろ積極的に評価されるに至るのである。

その際、ヴェーバーとニーチェとの関係をどのように把握するかという問題が、評価の転換を導く一つの契機をなしている。モムゼンのヴェーバー論においては、ニーチェとヴェーバーの連続性がナチズムとの関連で批判されていた。しかしその後の研究の展開の中では、むしろニーチェの継承者としての側面に積極的な意義を見いだす議論が現われてくる。そこでは、ニーチェの影響のもとで西欧近代がもつ「根底的に非合理的なもの」に正面から取り組んだ存在として、ヴェーバーがクローズアップされるのである（山之内 1982 ; 1986 ; 1993）。

「法社会学」の読解にかかわる側面でも、「法の合理化のパラドクシカルな運命についての、ペシミスティックなビジョン」に焦点があてられるようになってくる（中野 1993 : 9）。すなわち「鉄の檻」のメタファーで語られるような「強大な権力として屹立する法のシステム」と、こうしたシステムに隷属せざるをえない「素人の大衆」の対置というイメージである。法の形式的合理化の進展は、たとえば大衆個々人の幸福といった実質性と不可避的に対立する、という枠組みが示される。

近年の研究の多くは、ヴェーバーが「鉄の檻」、「出口のない近代」という認識に至りついたことを前提としている。そのうえで「近代」の外側から、あるいはヴェーバーの外側から、こうした行きづまりを越えていくことがめざされているようだ。だが、はたしてヴェーバーの立論は、こうした「出口なし」の状況に必然的に行き着くような構成となっているのだろうか。この問題を考える指針を得るために、いくつかの研究を取りあげて、そこにみられる「出口のない近代」を越える仕方について検討してみることにしよう。

第二節　「鉄の檻」の越え方

ヴェーバーの「法社会学」について主題的に検討した研究はそれほど多くはなく、とくに社会学の分野でのまとまった論究は少ない。ここではその中から、ヴェーバーの到達点を明らかにしつつ、その限界の乗り越えをはかったいくつかの主要な研究を取りあげることにする。

（1）合法性の根拠づけ

法と倫理の架橋

ヴォルフガング・シュルフターの著作『近代合理主義の展開』は、西欧近代合理主義に対する批判者としてのヴェーバーに注目している。シュルフターによれば、ヴェーバーの合理化過程の把握は、その「物象化テーゼ」と関係づけて理解することができる（Schluchter 1979 : 79–80＝80–1）。近代法に関しても、倫理や道徳とは切り離された「純粋にザッハリッヒな法形式主義の神聖性」（WuG, 512＝「法」532）への信仰に至る過程が追跡されている。シュルフターは、ヴェーバー自身がこの過程を「不可避の運命」とみていることを認めた上で、「責任倫理」の概念を用いた「再構成」を試みている（Schluchter 1979 : 86＝86）。

そこでシュルフターは、ヴェーバーの「支配社会学」と「法社会学」を関連づけて考察する必要性を提起し、とりわけ合法的・官僚制的支配とかかわる法の類型とその妥当根拠を問題にする。すなわち「ヴェーバーは合法性のこの義認の原理つまり正当性をどのような点にみたか、また一般に彼の正当化理論を行為者の『主観的な根拠づけの表象』から行為の『客観的な根拠づけ』へと装備変更する必要がないかどうか」、ということが問題の焦点をなすのである（Schluchter 1979 : 126＝121）。

実定法の「妥当」には、その制定手続きが正しいというだけでは不十分である。合法的支配が「正当性の威信」を携えるためには、何らかの「義認の原理」を必要とする。シュルフターはこうした見地から、ヴェーバーの「法社会学」における法と倫理の関係を検討していく。

かつては一体だった法と倫理は、西欧的な合理化の中で、それぞれが固有の権利と法則性を獲得する。その結果、「法は『純粋の形式』へ合理化され、倫理は『純粋の内容』へ昇華されうる。こうしたことが首尾一貫しておこなわれる場合、形式上の合理性と実質上の合理性は互いに調停しがたい対立に陥る」。シュルフターは、ヴェーバーの議論をこのようにまとめた上で、それが「近代西洋における倫理と法の無関係性を仮定し、いぜんとして存在する両成分間の架橋原理を明確に示さないかぎり、その分析は間違っている」と批判する（Schluchter 1979 : 151–2＝146–7）。

たしかにヴェーバーは、近代的な法の自然法的基礎づけの喪失は不可逆的であり、近代法はいっさいの超経験的な尊厳が剝奪された技術的手段にすぎなくなったとみている。しかし他方で彼は、『人権』の時代からの獲得物を棄てたにしても、（もっとも保守的な人をも含めて）われわれはどうにか生きていけると信じることは、結局、はなはだしい自己欺瞞である」ともいう（PS, 333＝「議会と政府」364)。

シュルフターによれば、こうした二通りの言明が意味をもつためには、法と倫理が適切に関係づけられていなければならない。すなわち、「実定法は論理的法理のほかに、文化圏に拘束された自然法に由来する人倫的法理にも関係づけられている。……この種の法理は責任倫理と実定法を結ぶ架橋機能を担う」(Schluchter 1979 : 154-5＝149-50)。しかしヴェーバーの「法社会学」には、近代法に内在する「人倫的法理」を取りだして、実定法を倫理的に基礎づけるという論理はみられない。シュルフターはこのように結論づける。

「再構成」か内在的理解か

シュルフターは、これまでのヴェーバー解釈が「実質上の倫理的要請かそれとも形式上の実定法か」という「誤った二者択一の罠」に陥ってきたという(Schluchter 1979 : 156＝151)。そして、この罠を避けるためにもちだされたのが、「責任倫理と実定法の架橋」という議論だった。この議論はヴェーバーに内在して取りだされたものではなく、シュルフター自身も認めているように「再構成」されたものである。

「誤った二者択一の罠」から抜けだす必要があるのは、シュルフターのいうとおりだろう。ヴェーバーの理念型的構成は、理念型としては二者択一のかたちを取るとしても、実質的にはつねに関連づけられたものとして考えることができる。問題はそれを、「再構成」や「乗り越え」としてではなくもっと内在的に展開できないか、ということである。

シュルフターのように、近代法の根拠づけに責任倫理を持ち出すのはやや外在的な感があるし、それと実定法を架橋するものとして「自然法に由来する人倫的法理」に依拠するのでは、モムゼンと同様に一種の〈先祖帰り〉になってしまう。シュルフターは、ヴェーバーが「倫理と法の無関係性を仮定」したと批判しているが、じつは両者の関係は重層的なものとして捉えられていたのではないだろうか。

ヴェーバーは、形式合理的な実定法が法として機能するためには何らかの〈倫理的なもの〉と関連づけられなければならない、と見ていたと思われる。ただしそれは、「自然法」というわけではなく、もっと価値自由な意味で実定法の「倫理的な」基礎づけについて考えていたのではないか。またシュルフターは、ヴェーバーの正当化理論が「主観的な根拠づけの表象」にもとづいて構成されているとみているけれども、その方法論には「客観的な根拠づけ」も織りこまれている。したがって「装備変更」することなく、もっと内在的に近代法の根拠づけについて考察することが可能なのではないだろうか。これらの点を考えてみたい。

（2）「物象化」という視角

「物象化」された近代法

佐久間孝正は、ヴェーバーの近代批判者としての側面を強調するシュルフターらの研究に触発されつつ、「ヴェーバー理論の核心が、近代社会の物象化の解明にあったことを明らかにしようとする」

という課題を立てる（佐久間 1986：175）。この視角から『経済と社会』を検討する一環として、「法社会学」の読解が試みられている。

佐久間によれば「法社会学」の一つの大きな筋道は、法が「現在に近づけば近づくほど、人格的なものから物象的なものにおきかえられている」という点に見いだされる（佐久間 1986：177）。習俗や慣習律が形式合理的な法にまで発展する根拠は、次の通りである。すなわち、①利害関係の多様化、②習俗の計算可能性の低さ、③習俗・慣習律を担ってきた諸団体の機能解体、④近代社会の国家による総括、⑤経済の形式化・合理化、の五点である（佐久間 1986：182–5）。こうした諸条件に対応して、近代法は人や身分のいかんに左右されないように、非人格化された法にまで物象化されなければならない。

ここでいう物象化とは、佐久間によれば、形式化・合理化、超歴史性、実質的内容の空洞化・形骸化・没主観化、物神崇拝、広範な文化領域の現象、普遍性、価値判断からの自由、といった特徴をもつものである。こうした物象化の過程は、狭い人格的関係の解体や普遍的交流関係の形成、形式合理的な法・制度・団体をもたらしたが、他方で、社会関係が物象的になり、倫理的にも制御しえなくなった。したがって、この「反人間的な機構になったものをどのように民主化することができるのか」ということが課題となる（佐久間 1986：206–8）。

「物象化」された近代法は、一方で法の前の平等を実現し、相手の行為の合理的予測とその対応にもとづいた「自由な行為」を可能にする。しかし他方でヴェーバーは、この「自由」、とりわけ「契約の自由」が、あくまで形式的なものにすぎない点を強調している。たとえば、雇用関係において労働者は、形式的には自由に契約する権利を有しているが、実質的には雇用条件や業務命令に関して選択の余地はあまりない。そこには「自由という名の強制」が隠されている(佐久間 1986 : 191-2)。こうした物象化された関係のもとでは、合理的な機械のようにふるまうことが要求されるために、倫理的あるいは人格的に規制することが困難なのである。

政治による「近代」の超克

以上のように佐久間は、「物象化」概念を中核におくことを通じて、ヴェーバーの近代社会把握、合理化のパラドクスの問題に関して新たな知見を提示している。このことの意義をふまえながらも、本章ではやや違った角度からヴェーバーの「法社会学」を検討してみたい。というのは「物象化」論的側面の強調は、ともすればヴェーバーの全般的官僚制化、「鉄の檻」の形成の議論を、やや固定的なものとして前提にしてしまう傾向をもつからである。法や行政、経済のシステムを物象化の相でとらえきってしまうと、結局のところ、「ヴェーバーにとって物象化・管理化された近代社会においてこれに風穴をあけることのできるものは、国民と人格的に結ばれたカリスマ的な政治家以外にはもはややいない」という理解に到達することになる(佐久間 1986 : 340)。

こうした、物象化された社会のカリスマ的な突破という筋道は、ヴェーバーの社会理論・政治理論を貫く基本的な視角であるといえる。モムゼンも指摘しているように、ある時期のヴェーバーはカリスマ的な「人民投票的指導者民主制」に対して期待を表明していた。とはいえ、少なくとも本書が検討している『経済と社会』旧稿の時期のヴェーバー社会理論には、こうした「政治による『近代』の超克」に解消しきれないような要素も潜在しているのではないか。すなわち、「近代」それ自体のもっと重層的なありようを動態的に理解する可能性である。

ヴェーバーのいう合理化過程は、たしかに佐久間の用いる意味での物象化という性格をもっている。しかしその内実を探ってみると、必ずしも人格性・倫理性といった側面と「対立」するばかりではないだろう。「人格的なものから物象的なものへのおきかえ」というよりも、両者の〈あいだ〉にあるものへの着目、あるいは「人格性」の〈織りこみ〉が見いだせるのではないか。たとえば「自由という名の強制」への言及についても、物象的な機構に巻きこまれているというだけではなく、労働者の意思や意味づけを（したがってある種の人格性を）媒介としている点に注目してみたいのである。形式的平等と実質的な不平等の対置というよりも、「自由という名の強制」それ自体がもつ〈両義性〉を捉えられないか、ということである。物象性と人格性、形式性と実質性の〈あいだ〉にある領域、あるいは両者の重層的関係に目を向けることによって、物象化された制度とカリスマによる政治の対抗という枠組みとは、異なった視角を提示してみたい。

（3）行為の規律化と法秩序の物象化

物象化プロセスの両義性

中野敏男の『近代法システムと批判』は、ヴェーバーの「法社会学」を主な対象とした数少ない本格的な研究の一つである。本書で中野は、「根拠なき時代」としての現代において、「近代の主権国家とその実定法システムの意義と可能性を吟味し、そこで〈法 - 規範の批判〉を可能にする理論的・実践的な基盤はいかに求めうるのかを探る」という課題を掲げている。そしてこの課題を、ヴェーバーの「行為論的概念戦略」およびニクラス・ルーマンの「システム論的概念戦略」の検討と批判を通じて遂行しようとする（中野 1993 : 11）。

中野によれば、ヴェーバーの「法社会学」の出発点には、正当な自然法的秩序をもつ世界という想定が難しくなっているという事実が据えられている（中野 1993 : 19–20）。そしてこの想定は、「ウェーバーと共有するわれわれの時代の不可避な要請なのだと考えねばならない」。こうした時代認識をヴェーバーはニーチェと共有しているのだが、ここから出発して「独自な歴史的 - 経験的研究」に進んでいったところに、ヴェーバーの独自性がある。したがって「根拠なき時代」の法 - 規範理論を求めるためには、この研究の中身が問われなければならない。

こうして中野は、ヴェーバーによる近代的法秩序の「文化意義」への問いに着目しながら、法秩序の「物象化」と「分立化」に至るプロセスとして「法社会学」の理路をたどる。その結果、導き出されたポイントは以下の通りである（中野 1993 : 108–9）。①近代の実定的な法秩序は、文化諸領域の「連動する分立化」を基礎にして成立していること、②この法秩序には法の創造・変更を可能にする規則が定められており、にもかかわらず現在変更されていないとすれば、それが正当化されていると考えられること、③多様化・複雑化した社会を前提にすると、法秩序の物象化は不可避の展開であったこと。

中野によると、こうした物象化のプロセスは両義性をもつ。すなわちこのプロセスは、一方で「法の内容的な妥当性を特殊な生活形態との癒着と特権化から解放し、さらには、それが決定の実効性まで直接に請け負わねばならないということからも解放」する。しかし他方で、このプロセスは「同時に、決定内容と民衆の日常経験との緊張関係をも後退させ、法の専門知識の物象化と自立に伴って、法秩序そのものを専門法学的な合理化と体系化の支配に委ねる基盤を形成」するものでもある。中野はこの両義性を認識することによって、「現に実現している事態とは別の可能性への探索に道を開く」ことができるとみるが、ヴェーバーはとりわけこの後者の行く末をペシミスティックにみていた（中野 1993 : 109)。

行為論的視角の限界

ヴェーバーはなぜ、「専門法学的な合理化と体系化の支配」という隘路に陥り、それを突破する可能性を見いだすことができなかったのだろうか。中野によれば、ヴェーバーがペシミスティックな展望を抱くに至った理由は、近代的法秩序という対象の中にあるのではなく、ヴェーバー自身の思考の制約、その考察枠組みの根幹にもとづく。すなわち彼の限界の核心は、秩序を「行為の規律化」として把握するという視座そのものにある、という。行為の規律化とは、「合理的秩序の妥当」が、諸個人の目的合理的行為にではなく、彼らの「教えこまれ」「習慣となった」態度に依拠して成立するという事態を意味する。こうしたヴェーバーの概念構成は、「秩序を形成する意識的な営み（行為）がかえって行為の意味を見失わせる帰結を生む（行為の没意味化）というパラドクシカルな事態を捉える枠組み」となっている（中野 1993 : 116)。

この点に注目すると、「『行為』を方向づけている『秩序』の合理性は、それが展開・深化すればするほど、『行為』の合理的遂行を簒奪してしまうのだから、その内側からは当の秩序を超える新しい行為など生まれようもない」という帰結に至る（中野 1993：118）。こうしたヴェーバーの限界は、「行為論的」枠組みそのものの限界といえる。したがって、法秩序の根拠づけに関するよりダイナミックな問いを展開するためには、システム論的な枠組みへと歩を進める必要がある。中野はこのように結論づけて、ルーマンによるシステム論的な法理論の検討へと進んでいく。

本章では、中野がヴェーバーの限界とみた地点にもう少しとどまって、その可能性を探ってみたいと考えている。中野のいう「秩序を形成する意識的な営み（行為）」がかえって行為の意味を見失わせる帰結を生む（行為の没意味化）という点を取りあげてみたい。ヴェーバーの社会理論は、このような「意識的な営み」にはたして焦点づけられているのだろうか。少なくとも、この「意識的」の中身には注意が必要だろう。中野の立論には、個人主義的で明晰な意識性が前提とされており、だから「没意味化」がとりわけ問題となっているように思われる。しかしヴェーバーの「意識的」はもっと集合的で非自覚的、曖昧なものを含みこんで成り立っているのではないか。そのような意味での「意識的」行為の（多分に偶然の）組み合わせが社会秩序を成り立たせているのではないか。

そうしてみると、ヴェーバーにとって「合理的秩序の妥当」が「教えこまれ」「習慣となった」態度に依拠して成立するのは、「没意味化」ではなくむしろ常態といえるだろう。[3] 秩序の合理性は、この意味で行為の合理性とは違った水準に設定されている。そうでない社会というのは、むしろ想定しがたいのではないか。中野の理解には、本来の「合理的秩序」は「諸個人の目的合理的行為」にもとづいて妥当すべき、という予断が含まれてはいないだろうか。

したがって、中野がヴェーバーの中にみた〈合理化のパラドックス〉は、ヴェーバー自身にとっては取り立ててパラドックスではない可能性もある。ヴェーバー自身は、合理的秩序そのものの構成を、もっと重層的・動態的に捉えていたと考えられる。後にみるように、ヴェーバーの立論は狭い意味での「行為論的」枠組みを超えており、そこには〈構造〉の契機が含まれている。ルーマン的システム論にジャンプしなくても、いま少しヴェーバー内在的に議論を進めていくことができるのではないか。(4)

ヴェーバーの「意識性」は構造的な影響や非自覚的な曖昧さを含む微妙な設定になっている。目的合理的で個人的、明晰な意識性が必ずしも前提となっているわけではない。そこでは、ゲゼルシャフト関係の基盤をなす「協定」も「究極的にはこの『合法性』諒解によって『妥当』している」というヴェーバーの視角が重要になる（WL, 457＝「カテゴリー」89）。法命題は、それが〈拘束力をもつと他の人びとがみなしている〉という予想、拘束力をもつ「かのように」行為するであろうという予想にもとづいて人びとが行為することにより拘束力をもつのである。こうした「諒解」のメカニズムが、この文脈においてもポイントをなすのではないか。

（4）本章の課題

以上みてきたように、近代批判的・物象化論的視角からの検討は、ヴェーバー「法社会学」のもつ意義を多くの側面で引き出しており、学ぶ点が多い。しかしいずれも、ヴェーバーは限界やアポリアに陥ったとみなし、その「乗り越え」をはかる構成になっている。シュルフターは「法と倫理の無関係性」を「実定法と責任倫理の架橋」によって乗り越えようとし、佐久間は、全般的官僚制化（物象化）とカリスマ的な政治（人格化）という図式に、マルクス的意味での人格化・物象化の概念を対抗させることによって、両者の関係を再構成する方向を示唆している。また中野は、「行為の没意味化」という難点を克服するためには、ルーマンによる「システム論的概念戦略」を取り入れる必要があるという。

本章では、これらの研究をふまえながら、そこで限界やアポリアとみなされている地点を再検討する。それにより、「法社会学」の別様の読み方を示し、その潜在的可能性を引き出す努力を続けてみたい。その際に鍵となるのは、「理解社会学のカテゴリー」で示されたヴェーバーの理解社会学的な方法論と「法社会学」で展開される実質的分析との関係づけである。

本章では、前章までみてきたような二つの水準の「意味」と「諒解」の議論を手がかりとして、「法社会学」を検討することにしたい。「客観的に妥当する意味」と「主観的に思われた意味」がループを描くようにして、一方における合理的な秩序と他方における合理的な行為者を同時に現実化する。この場合、相互行為の中で〈事実上〉成り立つ約束ごと（＝諒解）が両者をつなぐ役割を果たす。

現実にこうした諒解が成立し、妥当する際には、とりわけ特権的な社会層の利害関心や立場が影響力をもちうるだろう。しかしその場合でも、特定の意思がストレートに貫徹するわけではない。諒解は、それぞれの行為者や社会層の思惑や利害が複雑に絡みあう中で、偶然の契機をはらみながら存立する。したがってそこで成立する秩序は、目的合理的主体の行為にも、構造の形式論理の展開にも還元されるものではない。そのどちらでもなく、両者の〈あいだ〉にあって、秩序を成り立たせるダイナミズムが問題となる。ヴェーバーはこうした論理を用いて、行為と構造の媒介を試みていたのではないだろうか。

この点を「法社会学」のテキストにそって考察することは、もっぱら目的合理的行為者像を前提にしたものと考えられてきたヴェーバーの方法論と、その実質的分析を関係づけることにもつながるだろう。とりわけ、法の形式的合理化の進展と実質性との対立、という枠組みには解消されない内容に着目していきたい(3)。すなわち、形式化的合理化が一定の実質性を組みこみ重層化していく側面、対立ではなく連関の側面に焦点を合わせ、形式性の外観をまとうことによって見えにくくなるものを明らかにする、ということである。

一見すると自動的に進行しているかにみえる法の合理化過程に潜む利害の衝突、妥当や正当化をめぐるダイナミズムを探求し、そこにいわば形式性と実質性の〈同時進行〉を見いだしていく。それにより、形式的・抽象的な法が普遍妥当性を獲得する理由、妥当性を成立させている特殊な想定を明らかにしたい。とりわけ、形式合理的な法と人格性や〈倫理的なもの〉との関係に着目する。「人のいかんを問わない」形式的な法は、それによってどのような利害とかかわっているのか、またどのような意味や価値、実質性を含みこんで存立しているのか、ということである。これらを通じて近代批判的・物象化論的視角とは異なった角度からの見方を提示し、ヴェーバー「法社会学」の潜勢力について考えてみたい。

第三節　法の形式的合理化への道筋

上記の課題を果たすための準備作業として、以下ではまず「法社会学」の基本的な論理構成、枠組み、流れについて確認する。それをふまえて、法の形式的合理化を実現してきた諸契機のうち、政治団体の構造様式と法技術的契機、および政治的契機を取りあげることにする。

（1）「法社会学」の基本的構成

法規範の形成と「諒解」

本書の第二章で取りあげた「経済と社会的諸秩序」では、秩序はいかにして「妥当」するのかという問題を、とくに「諒解」概念とのかかわりで考察していた。「法社会学」では、「諸秩序」における概念規定と基礎視角の提示をふまえて、論述が展開されていく。法規範の観念の始源的な形成については、「諸秩序」での議論が次のように要約される。「最初は行態の純事実的な慣行であったものが、それに対する心理的な『志向』が生ずることによって、1『義務づけられた』と感じられるようになり、さらに、この慣行が個人を超えて広まっていることを知ることによって、2『諒解』として、他人も意味的に対応的な行為をするであろうという半ば意識的なまたは完全に意識的な halb oder ganz bewußte『予想』に高められ、ついに、3『慣習律』に対して法規範を特徴づけるところの強制装置による保証があたえられることになる、というように考えることができる」(WuG, 442＝「法」272)。理念型的・発展段階論的にいうと、このように整理することができる。しかし「カテゴリー」から「諸秩序」に至る議論をふまえれば、前述したように、慣行・慣習律(諒解)・法規範の三者はもっと〈重層的な〉関係にあることはいうまでもない。

ここでは「諒解」についての説明に注意しておきたい。諒解は、自分の行為に対して他者も意味的に対応的な行為をするだろうという「半ば意識的なまたは完全に意識的な『予想』」が成り立つことを意味している。実際に行為者が抱く、自他の行為が接続していくという「予想」は、「完全に意識的」であるよりも「半ば意識的」である方がおそらく一般的だろう。この〈半ば意識的な予想〉というのは、身体化されてはいるが、かといって完全に無意識ではない状態を示していると考えられる。「諸秩序」において諒解は、明示的な支配者からの授与も行為者間の合意も経由しないで成立する秩序、相互行為の繰り返しの中で立ち上がってくる秩序を意味していた(WuG, 192＝「諸秩序」46)。「半ば意識的」であるという特徴づけは、諒解が行為と秩序を結びつける際のポイントとなるのではないか。[6] 本章では、この点に方法論的な焦点の一つをおいて考察したい。その前にまず、「法の合理化」を可能にしてきた諸契機という側面から「法社会学」の論述を整理しておこう。

法の合理化の諸契機

ヴェーバーは「法社会学」の中で、西洋における法の合理化を可能にしてきた諸契機について、何箇所かで取りまとめ的な記述をおこなっている。まず、章全体の予備的な考察にあたる部分では、

「法領域についての基礎的諸概念が分化してきた仕方」という意味での合理化について、その契機と条件が示されている。法の合理化がもっとも強く依存しているのは「法技術的な諸契機」であり、ついで「部分的には政治団体の構造様式」に依存している。これら以外の経済的諸条件による制約は、「わずかに間接的にのみ」働くという。それは、「市場ゲマインシャフト関係と自由な契約とを基礎として経済が合理化され、かくして、法創造と法発見とによって調整されるべき利害の衝突がますますその複雑さを加えていき、これらのことが――のちにもわれわれがたえず繰り返しみるであろうように――法の専門的合理化そのものの発展と、政治団体のアンシュタルト的性格の発展とを、きわめて強く促進したというかぎりにおいてである」(WuG, 395=「法」101)。

ここでは、法技術的契機や政治団体の構造様式と比較して、経済的契機の果たす役割が相対化されている。しかし本論部分の論述においては、市場ゲマインシャフト関係や契約の自由といった経済的契機の部分に多くの紙幅が割かれ、これらの要因を重視する姿勢が読みとれる。直接的には法の合理化が経済的契機に依存しているわけではないが、間接的には「きわめて強く促進」することがありうる、ということである。

ついで「主観的権利の設定の諸形式」の節では、個々人や種々の団体がもつ身分的諸特権としての「特別法」に対して「国家的アンシュタルトの法概念」が対立してくる、という局面が取りあげられている。近代においては、諸個人はいっそう形式的な「法的平等」にもとづいたアンシュタルトに編入されることになるが、それは以下のような「二つの偉大な合理化的な力」によって成し遂げられた。すなわち「一つには市場の拡大と、一つには諒解ゲマインシャフトの機関行為の官僚制化」である

(WuG, 419＝190)。

その際、身分的諸特権にもとづいた特別法の形式を変化させた「決定的な推進力」は、「政治的には、強化しつつある政治的国家アンシュタルトの支配者や官僚たちの勢力欲であり、経済的には、──たしかに唯一排他的な推進力であったというわけではないが、しかしもっとも強い推進力となったのは──市場勢力利害関係者たちの利害関心」だった（WuG, 419＝191）。後者は、市場において特権的な地位にある人びと（有産階級）であり、実際には彼らだけが市場における「自由」と「自律」を享受することができる。法の形式的合理化を推進したのは、こうした市場利害関係者と政治的支配者・官僚の利害関心であり、特別法の排除は、権力闘争の結果実現した特権のおきかえ・移動にほかならないことが示されている（形式性の実質的意味）。

さらに最後の節では、各節の論述を受けて次のようにまとめられている。

西洋だけが、完全な発展をとげたディングゲノッセンシャフト的裁判と、家産制の身分制的ステロ化とを知っていた。西洋だけが、また、合理的な経済の発展を知っており、この経済の担い手たちは、最初は身分制的な諸権力を倒すために君主の力と同盟したが、その後は、君主権力に対して革命的に対立するに至った。したがってまた、西洋のみが「自然法」を知っていた。西洋のみが、法の属人性と、「自発的合意がラント法を破る」という命題との完全な除去を知っている。西洋のみが、ローマ法という個性的な形成物を成立させ、ローマ法の継受というごとき事件を経験した。これらのことは、ほとんどすべて、具体的・政治的な原因に由来する現象であり、西洋以外の全世界においては、これらの諸現象とのきわめて遠い類似現象があるにすぎない。したがって、法学的な専門教育にもとづく法の段階も、これが完全に到達されたのは、すでにみたように西洋においてだけである。(WuG, 505＝510)

ヴェーバーは、西洋において法の合理化を可能にした諸条件・諸契機をこのようにまとめている。以下では、経済的契機の位置づけや法の形式的合理化の実質的意味の重視に配慮しながら、これらの諸項目について順次検討していくことにしたい。まず、政治団体の構造様式として「家産制の身分制的ステロ化」と「ディングゲノッセンシャフト的裁判」について、ついで法技術的契機として「ローマ法の継受」について取りあげる。さらに政治的契機として、市民と君主の同盟あるいは革命的対立など諸社会層の対立と葛藤、妥協などの局面を検討する。市場と契約自由を中心とした経済的契機に関しては、節を改めて取りあげることにしよう。

(2) 政治団体の構造様式と法技術的契機

身分制的家産制とディングゲノッセンシャフト的法発見

西洋中世における法の発展に影響をあたえたものとして、第一に指摘されているのは家産制が「身分制的な性格をもち、家父長制的な性格をもたなかった」という点である(WuG, 438＝236)。家産制が家父長制的性格をもつ場合には、ヘル(首長)の恣意による支配が大幅に認められる。それに対して身分制的性格の場合は、ヘルの恣意は制限され、その分ヘル以外の権力保有者の権利が安定的に認められている。この場合、権力保有者相互間の「協定」が、関係と行為を秩序づけている。

こうした家産制の身分制的性格は、西洋中世に特有の裁判の形式とも結びついている。すなわち「ディングゲノッセンシャフト的法発見」の伝統である。ディングとは、有資格の法仲間全員が集まる裁判集会を意味しており、こうした法仲間全員による、判決提案に対する承認あるいは異議申し立てを経て判決が確定する方式が「ディングゲノッセンシャフト的法発見」である。「判決人によって発見された判決は、〔立会人の〕賛同によって承認されなければならず、この承認が不可欠のものとみなされていたし、また、原理的には各法仲間が判決非難の権利をもっていたのである」(WuG, 452＝309–10)。

したがって、法の確定にあたっては「個々の法圏の利害関係者たちが共働したのであり、荘園従属民・隷属民・家人は、彼らの経済的および人格的な従属関係から生ずる権利・義務について、封臣や都市市民は、彼らの契約的または政治的な従属関係から生ずる権利・義務について、法の発見に共働した」(WuG, 438＝237)。従属的な地位にある諸階層が、法発見に関与する権利を保証されていたのである。

こうした法発見の形式は、基本的に政治的・行政技術的な事情の結果だった。すなわち、ヘルが軍事的に多忙であったこと、また合理的な行政装置が欠如していたために従属民たちの好意に依存せざるをえなかったこと、したがって従属民の反対請求権を尊重せざるをえなかったこと、に由来している。それにより「従属的諸階層の権利が仲間権としてステロ化され、専有されていった」のである

（WuG, 438＝237-8）。

家産制の身分制的構造にしろディングゲノッセンシャフト的法発見にしろ、いずれも「（相対的）分権」を基礎としている。権力の一元化ではなく、諸力の葛藤と対立、その妥協が、相対的ではあれ合理的で形式的な法発見を基礎づけたわけである。西洋の合理的・形式的な法発展の背景として、ヴェーバーは繰り返しこれらの伝統に注意をうながしている。近代的な法は、最終的にはこうした分権的な構造を克服しなければ成り立ちえなかったのだが、逆にこれらの構造なしには成り立ちえなかったのである。

ローマ法の継受――法技術的契機

身分制的家産制とディングゲノッセンシャフト的法発見の伝統は、西洋的な法の発展を条件づけたが、そこで発見される法それ自体はけっして形式化されたものではなかった。形式的・合理的な法の成立には「訓練された法通暁者」の存在が不可欠なのである（WuG, 455＝321）。この点でヴェーバーは、ローマ法の成立と継受の意義を強調している。

まず、古代ローマにおける「名望家行政」の影響が指摘される（WuG, 462-3＝352）。一方で訴訟指揮への官吏の介入を極小化し、他方では法の形式的合理性を無視する「カーディー裁判」が排除された。そこに、顧問法律家としての法名望家たちが活躍する余地が生まれた。彼らが法実務と法技術の発展を担い、ローマ法の分析的性格を支えたのである。

帝政期に裁判が専門的な仕事となると、顧問法律家は「法経営」からは距離をおき、弁護士や裁判官によって準備された事実の「鑑定」をおこなうようになる。それが「厳格に抽象的な法学的概念構成を仕上げる最良のチャンス」となった。こうした法律家たちの鑑定・解答活動から、ギリシアの哲学者学校を模範とする法律家学校の教育課程が成立してくる。そこからローマ法の技術と学問的純化が発展してきた（WuG, 465＝358）。こうした法教育の整備が、ローマ法の形式的な諸性質の発展にとってきわめて重要な意味をもったのである。

ヴェーバーによれば、法思考や現行の実体法の変革にとって、ローマ法の継受は大きな意義をもった。ただし後に引き継がれたものは、ローマ法の実質的な諸規定ではなく、その「一般的な形式的諸性質」だった。それは次のような事情による。「法運営上のザッハリッヒな必要性が、とりわけ、錯雑した事実を加工して法的に一義的な問題提起に整理する――専門訓練によって取得された――能力と、ごく一般的にいえば訴訟手続きを合理化する必要性とが、専門法律家の進出をもたらしたものであることは明らかである。このかぎりでは、法実務家の経営的利害関係と、私的な法利害関係者――とりわけ市民、しかし貴族をも含む――の利害関係とは、一致していたわけである」（WuG, 491＝464-5）。

ローマ法の継受は、専門的な法学教育を受け「ドクトル資格免状」を取得した法学者階層が担った。彼らの利害関心と特殊な法思考が「法とは、それ自体の中に論理的な矛盾や欠陥を含まない一つの完結的な『規範』複合体であり、この規範を『適用』しさえすればよい」という「今日支配的な法の見方」をつくりだすことになる（WuG, 492-3＝468）。

（3）法の形式的合理化の政治的契機

法の形式性と実質性の対立

西洋における合理的経済発展の担い手たちは、安定した財貨取引のために、君主の恣意に代えて法の形式的な合理化を必要とした。しかしこの過程は直線的に進行したわけではなく、既存の諸権力との対立と妥協の中から徐々に実現されていくことになる。

教権制的支配者なり家産君主なりの既存の支配権力は、実質的な権力行使が阻害されるような法の形式化に対して、基本的に促進的ではない。これらの支配者にとって必要だったのは、「形式的＝法学的にもっとも厳密な、チャンスの計算可能性と法や訴訟の合理的な体系化にとって最善の」法ではなく、「諸権威の実用的＝功利的な、また倫理的な諸要求にもっとも適合的な」法だったからである（WuG, 468＝377）。法の形式化に促進的に働いたのは、官僚制的利害関心によるか、あるいは市民階級との同盟のケースのみである。歴史的には稀な、こうした組み合わせが生じたことが、法の形式化の動因となり西洋的な法の合理化につながったわけである。

ヴェーバーはここに、法の形式性と実質性の本質的な対立をみてとる。教権制的支配者や専制君主は、いかなる形式的な制限にも拘束されることを欲しない。というのも、形式的な法は「技術的に合理的な一つの機械」のように機能することによって、「個々の法利害関係者に対して、彼の行動の自由のために、とりわけ彼の目的行為の法的な効果やチャンスの合理的な計算のために、相対的には最大限の活動の余地をあたえることになるからである」（WuG, 469＝379）。いうまでもなく個々の法利害関係者の「最大限の活動の余地」は、支配者の恣意的な権力行使の制限を意味する。

形式的な裁判はこのようにして、利害関係者たちに彼らの合法的な利益を擁護するための最大の自由をあたえる。だがヴェーバーは、形式的な裁判によって「経済的な力の配分の不平等性」が「合法化」される点に注意をうながしている。それにより、「宗教的倫理やあるいはまた政治的理性の実質的要請が破られたと思われるような結果」が、繰り返し生み出されるのである。この結果は、権威の恩寵や力に対する個々人の依存性を弱めることにつながり、それゆえ権威的な諸権力には「不快の念」を起こさせる（WuG, 470＝381）。

こうした事情からも明らかなように、法の形式性と実質性の対立は、それぞれの背後にある利害対立を映しだしたものでもある。一方で、形式的な法と裁判に決定的な長所を認めるのは、経済的な強者とともに「権威による拘束や非合理的な大衆本能を破砕して、個人的なチャンスや能力の自由な展開を招来しようとする運動のあらゆるイデオロギー的な担い手」である。いいかえるとそこには、経済的および政治的な利害関係者・永続的経営の担い手が含まれる。他方で、「実質的な正義にイデオロギー的に関心をもっているあらゆる力」、たとえば神政政治的または家父長制的力、場合によっては民主制的な力も、このような形式的裁判によって保証されるような自由を排斥せざるをえない（WuG, 470＝382）。

こうした対立の中で「市民的諸階層」、たとえばイギリスのピューリタンや一九世紀ドイツの市民層は、体系的で目的合理的に創造された形式的な法に対してつねに強い関心を示し、このような法を要求してきた。とはいえ、彼らの要求の実現には「なお長い道程が歩まれなければならなかった」のである（WuG, 471＝384）。

家産君主と市民の〈同盟〉

先にみたように、君主と官吏、法名望家、軍事団体の三者のあいだで「権力分割」が成立した場合に、ディングゲノッセンシャフト的法発見の形式主義的性格が維持された。しかし、「法の官権的な守護者としての祭司」あるいは「君主や彼の官吏のインペリウム〔家内的でない諸権力〕」が法名望家や軍事団体の裁判への参加を排除する場合には、前者においては法形成は「神政政治的」性格をとることになり、後者においては「家産制的」な性格をとることになる（WuG, 454＝318）。

家産君主による法創造は、それがディングゲノッセンシャフト的裁判を排除することに成功すると、次の二通りの形式をとりうる（WuG, 485＝442-3）。一つは、君主は何びとに対しても君主の裁判を拘束するような請求権をあたえず、自由な裁量による命令のみをあたえるという形式、すなわち家産君主的裁判の「家父長制的」形態である。もう一つは、君主がみずからの政治権力の一部を特権として他の人びとに授与し、それが君主の裁判所によって尊重されるという形式、すなわち家産君主的裁判の「身分制的」形態である。

前者の「家父長制的」形態は、いうまでもなく反形式主義的で実質的な性格をもつ。君主が信条宗教の利益に奉仕する場合は、この性格が頂点に達する。この場合は、「神政政治のあらゆる反形式主義的な諸傾向が……、もっぱら正しい内的態度の育成のみをめざす、家父長制的な福祉行政の無形式性と結びついてくる。そしてこうなると、家父長制的な福祉行政は、『司牧』の性格に近づいてゆく。法と倫理、法強制と父としての訓戒、立法理由や立法目的と法技術的な手段、これらのあいだのあらゆる柵は取り払われる」[7]（WuG, 487＝446）。

それに対して、後者の「身分制的」家産制が「もっとも重要な、完全な発展をとげた唯一の例は、西洋中世の政治団体」だったし、「西洋においては裁判の『身分制的』形態が優勢」だった。家産君主からみれば、こうした身分制的な諸特権は、その自由な支配にとっての桎梏となる。したがって君主の側に、「身分的諸特権の支配と裁判や行政の身分制的性格」を除去したいという利害関心が現われる。西洋近世においては、こうした家産君主の行政自体の内面的要求が、「形式主義的＝合理的な諸要素の進出」に結びついた。形式的な法的平等性という意味での合理性の強化を求める関心と、特権者に対抗しようとする君主の関心が提携して、「特権」に代えて「行政規則」をおくという事態が生じるのである。

とはいえ明確な規則がおかれることと、「裁判に対する被支配者の確立した請求権」が認められることは同じではない。君主は、身分制的諸特権を廃して家父長制的な恣意を自由に貫徹させるためにこそ、行政規則の制定を試みる。それに対して「確立した請求権」や形式的な法的平等を求める被支配者は、身分制的諸特権の排除のみでなく、この家父長制的恣意の制限も要求するのである。こうした要求を掲げた「経済的な利害関係者グループ」に対して、「君主は、それが君主の財政的および政治的勢力関心に役立つために、場合によっては彼らを優遇し、自分の陣営に引き留めておこうとする」（WuG, 487＝447-8）。すなわち両者のあいだに「提携」が成立する。

「一義的で明確な法」とそれによって保障される「主観的権利」が成立する基盤・動因としては、家産君主の行政の利害関心（身分制的諸特権の除去）、市民的利害関係者（一義的で明確な法）、官吏行政（功利的合理主義）、および君主の財政的利害関心があげられている（WuG, 487-8＝448）。それぞれのアクターの利害関心が複雑に絡みあう中で、本来は異なった（場合によっては対立する）利害をもつ社会層のあいだで妥協が成立し、結果的に形式合理的な法が整備されるに至るのである。

第四節　「諒解」としての契約自由——経済的契機

本節では、行為と主観的権利の側面から近代法をみた場合に、その中核をなす「契約自由」の問題を「諒解」概念と関係づけながら取りあげる。市場における契約自由の問題は、法の形式化・合理化の経済的契機を構成する。同時にこの契約自由がもつ実質的な意味、物象化との関係、自然法およびそれ以降の展開に言及しながら議論を進めていくことにしたい。

（1）市場と契約自由

「契約自由」の位置づけ

ヴェーバーによれば「契約自由」とは、当事者同士が、法秩序の範囲内で自由に相互関係の創設や変更、廃止をおこなう権利を保障されている、という事態を表わしている（WuG, 398–9＝110–1）。

　この契約の自由の大きさは、「市場の拡大の関数」である。市場の欠如した、自給自足的経済が支配しているゲマインシャフトでは、人びとの権利は「直接的に法の命令的および禁止的な諸命題にもとづいている」。それに対して市場での交換において権利は、人びとが取り結ぶ「法律行為」、すなわち「法的請求権の取得、譲渡、放棄、履行」といった行為にもとづいており、市場の拡大につれてこれらの行為は増加し、多様化する。近代法体系の中核をなす契約の自由について、まずはこのように原理的におさえられている。

　近代的な法生活において契約の意義はいちじるしく高まっており、私法の領域については「契約社会」と呼ぶことさえできる。しかし今日、法的意味において「正当な」権利と義務の状態は、こうした契約によって規定されるとともに、「相続法に由来する権利取得」によっても規定される。近代法はこのように二重性をもっており、後者はかつて支配していた正当的権利の残滓である。相続法の領域で重要なのは、個々人の法的行動ではなく、「出生」にもとづいて彼がどのような「人的サークル」に所属しているかということである。それは個人に付着している社会的な「資質」であり、個人の行為とは無関係に「諒解によってまたは指令された秩序によって」もともと「もっている」とみなされたものである（WuG, 399＝112–3）。

　今日「契約」の意義は高まっているが、他方でそれとは原理を異にする「相続」もかつての「残滓」として法的権利を構成している。近代法は、自由な行為（契約）と出生にもとづく個人の「資質」（相続）という二重性、重層的性格をもつ。ここでヴェーバーは、後者を特徴づけているものとして「諒解」を指示しているが、前者の「契約」に関してもその内実を掘り下げていくとじつは「諒解」との関連が見えてくる。

身分契約と目的契約

ヴェーバーは、自由な合意という意味での「契約」の歴史をさかのぼり、興味深い事実を指摘している。家族法や相続法の領域では、今や自由な合意の意義が消滅あるいは減少しているが、かつては契約が重要な意義を有していた。その一方で、今日では契約が基本的に重要な意味をもつ経済的な財貨獲得の領域では、かつては契約は問題にならなかった。とはいえ、前者の契約と後者の契約とでは、その「内的本質」が異なっている。そこで、家族法や相続法の領域に対応する前者の「原生的な」契約類型は「身分」契約と名づけられ、市場ゲマインシャフトに特有の後者の類型は「目的」契約と呼ばれる（WuG, 401＝121-2）。

前者の「身分」契約は、「人びとの法的な全資格を、すなわち彼らの相対的な地位と社会的な行動様式 Habitus とを変更すること」を、その内容としていた。また「兄弟契約やその他の身分契約は、つねに、人の社会的身分の包括的な諸資格を、すなわち全人格を包摂するごとき団体への編入をめざしており、特殊な心情的諸資格を設定するごとき包括的な諸権利義務をともなうものであった」（WuG, 403＝125-6）。身分契約は、その包括性、全人格性を特徴としていた。

それに対して「目的」契約は、「交換」のような経済的な給付や効果を主な目的とした合意を意味する。それは、関係当事者たちの「身分」にはふれず、当事者たちのあいだに新たな「仲間」資格を成立させることもない。「経済的交換はつねに、自己の家の仲間でないものとの交換であるというだけではなく、重点的にいえば、外部に対する交換、無縁者との交換、氏族関係も兄弟関係もないものとの交換、したがって非仲間一般との交換である」(WuG, 402＝123-4)。

ヴェーバーによれば、「仲間」としての人格的な関係形成をともなう「原生的な」身分契約から、非仲間間の非人格的な関係を前提とした目的契約へと、契約の本質的内容が転換している。身分契約は、「連鎖状に閉じた円環をなして非仲間をその外に排除する機制を備えている」(中野 1993：60)。他方で目的契約は、「人のいかんを問わない」形式的な法的平等にもとづいている。

この両者の関係は、むろん理念型的には転換あるいは発展として理解できるものである。しかしヴェーバーが「原生的」という言葉を用いるとき、原生的なものが消失して段階的に発展していくというだけでなく、質的に変容しながら次の段階に重層的に組みこまれる、という意味がこめられている場合がある。(8) ここでも、身分契約と目的契約の関係は、単純な継起関係というのみではないだろう。身分契約で重要な役割を果たしている人格性および非仲間の排除といった要素は、目的契約においても一定の役割を果たしているのではないか。この点を以下でみていくことにしよう。

特別法と契約自由

身分契約、とりわけ兄弟契約によって成立した集団は、出生や政治的・人格的・宗教的所属などにもとづく集団とともに、やがてその集団に独自の法秩序をもつに至る。それは伝統によって、あるいは「『身分的な』諒解ゲマインシャフトやゲゼルシャフト形成をとげた『アイヌング』〔宣誓共同体〕

や の合意による定立によって創造され」、一定の地域内または一定の人的範囲内で通用していた「特別法」である。特別法はこの意味で、「自発的」で「自律的」な性格をもつ。「特別法に服するということは、最初は厳格に人格的な資格であり、簒奪や授与によって獲得された『特権』であり、したがってまた参与者たちの独占権であった。参与者たちは、特別法の適用を求める権利をもち、これによって『法仲間』になったのである」(WuG, 416-7＝184-6)。特別法の妥当を基礎づけているのは、工場や農地、あるいは弁護士や薬剤師といった経済的・技術的な性質ではない。それは、貴族や騎士といった身分的な性質やレーエン(封土)などの物的な社会関係によって基礎づけられるのである。

ヴェーバーによれば、このように一人の人に備わった「特権」においては、主観的権利と客観的規範の一致がみられたという。というのも「特権を有する個々人は、彼に関する客観的な規定によって処遇されることを、自分の主観的権利として要求することができた」からである(WuG, 419＝189)。こうした場合、身に備わった特権の客観的な表現が特別法であり、この特別法は特権を守るという働きのみをもつ。特別法は一般的に妥当する規範ではなく、あくまでも特権なのである。

こうした特権としての特別法に対して、国家的「アンシュタルト」の法概念が対立してくる。とりわけ近代国家は、団体の自律にもとづく特別法を駆逐しようとする。しかし他方で、近代法もまた多くの新たな特別法をつくりだす。近代法が特別法の消滅ではなく変容を意味している点に注意しておきたい。この場合「特別法に支配される諸関係に形式的には誰でも参加することができる」(WuG, 418＝188)のであり、「身分」により参加が決定されていた前近代の特別法とは異なる。とはいえ特別法は、表面的には変容しているが、実質的には「特権の保持」という機能を残している。特別法に見えない特別法というところに、近代の特別法の性格があるといえる。

特別法が妥当するような自律的な集団は、やがて形式的な「法的平等」を掲げた国家アンシュタルトに編入される（WuG, 419=190）。ヴェーバーによれば、それを成し遂げたのは「二つの偉大な合理化的な力」、すなわち「市場の拡大と諒解ゲマインシャフトの機関行為の官僚制化」である。この二つの力は、①「社団」の自律を法規則により限定し、形式的には誰もが利用可能とすることによって、また、②一定種類の私的な行為により自発的な法を創造する授権を万人のためにつくりだすことによって、自律的集団の「特権」を排除していったのである。

法の合理化・形式化の推進力となったのは、一方で国家アンシュタルトの支配者と官僚の勢力欲であり、他方で市場利害関係者（有産者）の利害関心である（WuG, 419=190-1）。これらの勢力と既存の自律的団体との権力闘争が合理化の推進力となり、その結果もたらされた権力の移動が形式的な近代法の形成に結びついている。このことが、形式的な法の性格に実質的な刻印をあたえているのである。それは、「家族世襲財産の設定」という法内容にも表現されている。ヴェーバーはこの点で、合理的・形式的な近代法が特権の解消ではなく特権の移動を意味していることに注目している。

ただ、ここで形成される有産階級の「自律」は、たんに比喩的な意味で用いられているにすぎない。ヴェーバーによれば、明確に限定された自律概念のメルクマールになっているのは、①範囲を限界づけることのできる人的サークルの存在、②この人的サークルがみずから自立的に変更できるような特別法に服していること、という二点である。

このように「一定範囲の人たちが諒解または制定秩序によって行使している自律」は、有産階級の

（無定型な）「自律」を支える契約の自由とは質的に異なっている。両者の境界線は、次のところにある。すなわち「諒解または参加者の合理的な合意にもとづいて妥当している秩序が、もはや一つの人的サークルに課せられた客観的に通用している規則とはみなされないで、相互的な主観的請求権を基礎づけるものとして、たとえば二人の共同経営者間の分業・利益分配・対内的および対外的な法的地位についての協定のごときものとして、把握されるようになるところ」が境界である（WuG, 420＝192）。

契約自由との境目で、特別法においては一致していた「主観的権利」と「客観的法」が流動的なものとして現われてくる。特別法という意味での客観的な法は、「特権」として特定の人びととの主観的権利とイコールである。このことは当事者にとって自明であり、行動や関係の様式はパターンが定まっているといえる。それに対して「契約の自由」における秩序は、一つの人的サークルのメンバーが担う特権ではない。この秩序は、諒解にしろ合理的な合意にしろ、「相互的な主観的請求権を基礎づけるもの」として把握される。それは客観的に存立しているものではなく、相互的な請求、承認、合意などの行為によって構成され、再構成されるものである。客観的な法は、この場合主観的権利の基盤や枠組みをなすのみで、秩序の実体はこうした相互行為の結果として立ち現われるのである。

ここにこそ、二つの水準の「意味」を手がかりとして解くべき法と権利の関係、主観的意味と客観的意味の関係の問題が存在する。主観的には行為者は、契約当事者として承認・合意して（あるいは承認・合意した「かのように」）関係や行為を受けいれる。しかし客観的には、次にみるように、（潜在的）特権を有する政治的権力者や有産者の示す条件を受けいれているにすぎない場合があるのである。主観的な意味づけと、その結果客観的に存立する「意味」あるいは秩序とのあいだに、無視できぬギャップが生じている。

「強制されたが欲したのだ」

近代法は、上記のような特徴をもつ「契約の自由」へ、つまり「授権による自律」へと発展をとげた。ヴェーバーは、このことが現実にもつ意味を、自由と強制の複雑にいりくんだ関係として検討していく。

まず形式的にみれば、契約の自由は、拘束の減少と「個人主義的自由」の増大を意味する。他者との契約関係に入るか入らないか、またその契約関係の内容をどうするかということは、当事者によりまったく個別的に合意される事柄となる。加えて、法が提供する関係形成のための範型が増加し、この範型を自由に利用する可能性も高まる。

とはいえこうした法的諸形式の発展は、「実際上の結果」において、必ずしも個人の自由の増大をもたらすわけではない。ここでヴェーバーは、形式的な自由が拡大する一方で「生活様式の強制的な図式化」が増大する可能性を示唆している。しかもこの「強制的な図式化」は、自由の増大に「かかわらず」起こるというだけでなく、自由の増大と「関連して」増大するというのである（WuG, 439=264）。したがってこの「関連」のあり方が、次に問題となろう。

契約の自由に含まれる形式的な可能性は、現実には誰もが利用できるものではない。なぜなら「事実上の財産分配の不等性が法によって保障」されるという側面があるからである。たとえば労働希望者は、任意の企業者と任意の内容の労働契約を結ぶ形式的な権利をもっている。しかし実際には、労働希望者が労働条件を自由につくっていく余地はきわめて小さい。通常は企業者が労働条件を決定し、労働希望者に「指令」することができる。

したがって契約の自由から生じることは、市場において勢力をもつ人びとにとって、財貨を勢力獲得のための手段として利用するチャンスが開かれる、ということである。ここでは、有産者のみが利用でき、彼らの自律と勢力的地位を支える「有効な合意の諸範型」である「授権法命題」がつくりだされる。この場合、自由な「合意 Vereinbarung」は指令との境目を失っている。いいかえると、実際上は指令とその受諾にすぎないことが、合意の外観をまとうことになる。

この点に関して、ヴェーバーは以下のような重要な注記をおこなっている（WuG, 440＝265-8）。たしかに「自律の近代的な形式」においては、利害関係者たちは範型にしたがった法創造をなしうる（法創造の分散化）。しかしこれが、たとえば「社会主義的」なゲマインシャフトと比較して、強制の程度が減少していると考えることは「誤謬」である。その理由として、ヴェーバーは再度次の点を強調する。「命令規範や禁止規範によって加えられていた強制が、『契約の自由』の意義、とりわけいっさいを『自由な』合意に委ねる授権命題の意義がしだいに高まることによって、排除されてきたということは、形式的にみればたしかに強制の縮減である。しかし強制の縮減であるといえるのは、明らかに、これらの授権を利用しうるような経済的地位にある人びとについてのみである」。逆にいえば契約の自由は、ある人びとにとっては強制の縮減ではなく、むしろ強化を意味しうる。ここで〈「自由な」合意〉と、自由に括弧がついているのは、形式的な自由が実質的には強制という正反対の内実を含むことに注意をうながしているからであろう。

ヴェーバーによれば、こうした契約の自由に含まれる強制は、次のような性格をもつ。「私経済的な秩序においては、強制の大部分は、生産手段や営利手段の私的所有者によって、法が彼に保障している財産にもとづいて、また市場闘争における力の展開というかたちで、行使される。この種の強制は、それがあらゆる権威的な諸形式を捨てているがゆえに、『強制されたが欲したのだ』という命題をとくに徹底して重要視する。財産を法的に保障されているがゆえに経済的強者の立場にある者、このような者の示す条件に服従することも、労働市場利害関係者の『自由』な判断に委ねられているわけである」。

前述のように労働希望者は、実質的には有産者の指令に服従するほかはない。しかし契約の自由という制度のもとでは、それは労働者の「自由な」判断にもとづいた服従という形式をとる。「強制されたが欲したのだ」という論理をまさに〈強制〉されつつ、強制は労働者の側でのある意味での〈自発性〉をともない受容されるのである。いいかえると、客観的には〈強制〉としかいいようのない関係が成立していても、労働者はそれを〈みずから欲した〉と意味づけることによって、かろうじて〈自尊感情〉を保持しているとみることもできる。あるいは、こうした自尊感情を媒介として、この意味での〈人格〉であることを通じて、〈強制〉が貫徹（客観的に妥当）しているのである。(9)

たしかに「社会主義的なゲマインシャフト」では、統制機関による直接的な禁止や命令が、市場経済の場合よりもはるかに強く現われる。この命令に対する反抗が起こった場合には、何らかの種類の「強制」により命令が遵守させられる。しかしだからといって、どちらの側により多くの強制があり、どちらの側により多くの「人格的自由の領域」があるかということは、形式的にそれぞれの法を分析しても答えは出ない。結局のところ、「強制の質的特性」とその配分のあり方の相違として把握していくしかないわけである。

強制の権威的性格

ところでヴェーバーは、市場経済における強制が「あらゆる権威的な諸形式を捨てている」と述べていたが、実際のところ事態はそれほど単純ではない。やや長くなるが、契約の自由にもとづく強制と経済的秩序の物象化、および強制の権威的性格の問題にかかわるヴェーバーの論述を引用しておこう。

市場ゲマインシャフトも、これまた同様に、人格的権威にもとづく直接的な強制を、形式的には知っていない。市場ゲマインシャフトは、このような直接的強制の代わりに、みずからの内部から、一つの強制状況を、――しかも労働者に対しても企業者に対しても、生産者に対しても消費者に対しても原理的には無差別に――生み出してくる。そして、この強制状況は、市場闘争の純経済的な「諸法則」にしたがうことが不可避であるという、完全に非人格的なかたちをとって現われ、それに従わないときには、経済的な力を（少なくとも相対的に）喪失し、事情によっては経済的な生存可能性一般を喪失するという制裁が科せられるということになる。市場ゲマインシャフトは、資本主義的な組織を基礎として、資本主義的「企業」内部に事実上は存在している人格的・権威的な従属関係をも、「労働市場取引」の対象たらしめる。権威的な諸関係から通常の感情的な内容がすべて除去されているとしても、しかし、このことは、それにもかかわらず強制の権威的な性格が存続し、場合によってはむしろ強化されるということを妨げるものではない。資本主義的な営利経営は、その存立がすぐれて「規律」にもとづいている組織であるが、このような組織がますます広く拡大してゆくのにつれて、これらの組織の中で事情によっては権威的な強制がますます仮借なく行使されるようになりうるし、また、他人に対してこの種の強制を行使する力を集中的に掌握しており、またこの力を法秩序の媒介によって保障させるだけの力をもっている人びとの範囲は、ますますもって小さくなってゆく。したがって、一つの法秩序が形式的にはいかに多くの「自由権」や「授権」を保障し、提供しており、またいかに少ししか命令規範や禁止規範を含んでいないとしても、このような法秩序が、その事実上の効果においては、たんに強制一般のきわめて著しい量的・質的な強化に奉仕することがありうるというのみならず、強制権力の権威的性格の強化に奉仕することもありうるのである。　（WuG, 440＝267-8）

市場ゲマインシャフトにおいては、「市場闘争の純経済的な『諸法則』」が作用する。この「非人格的な」物象化した諸法則にしたがわないと生きてはゆけないという意味で、それは強制という性格をもつだろう（「鉄の檻」）。こうした諸法則のもとで生じる「強制状況」は、労働者であれ企業家であれ、生産者であれ消費者であれ、人のいかんを問わず形式的には平等に作用する。

しかし他方でヴェーバーは、「資本主義的『企業』内部に事実上は存在している人格的・権威的な従属関係」が市場にもちこまれ、「強制の権威的な性格が存続」するという点に注目している。「企業」が自動機械ではなく人間によって構成される以上、人格的・権威的な関係がその内部で機能し続けることは想像に難くない。形式的には平等に作用するはずの諸法則は、「人格的・権威的な従属関係」に媒介されることにより、実質的には非対称的に作用するのである。

市場にもちこまれる「人格的・権威的な従属関係」からは、たしかにピエテート（恭順）や兄弟性などといった感情的な内容は除去されているかもしれない。その代わりにここで機能しているのは「規律」である。規律は、訓練によって身体化された服従を獲得することを意味している。資本主義的な企業は、労働者に規律を植えつけることを通じて、「人格的・権威的な従属関係」を可能にしているのである。(10) 非人格的な経済法則がすべてを決定しているわけではない。近代的な法秩序が、この意味での「強制権力の権威的性格」をむしろ強化することもありうる、ということにヴェーバーは注意をうながしている。

ここでヴェーバーは、「諸法則」と権威が（あるいは非人格的なものと人格的なものが）、現実の市場ゲマインシャフトにおいては重層的に存立することを示している。物象化は、一見そう思われるほど一面的で単純な過程ではない。市場においては、非人格的な経済法則と人格的な権威が折り重なり、また一方の当事者の自尊感情に根ざした〈意味づけ〉をくぐり抜けることにもとづいて、先にみたような「強制されたが欲したのだ」という状況がつくりだされているといえる。市場での関係形成は、制定秩序や目的合理的な合意に主としてもとづくというよりも、身体化された規律に影響された相互行為の繰り返しの中で結果的に存立するものであろう。〈市場ゲマインシャフトの形成が「諒解」にもとづいている〉というヴェーバーの指摘は、以上のような動態的な側面を含むと考えられる。[11]

（2） 契約自由と自然法

近代自然法の思想

以上のような「契約の自由」は、近代自然法の構成要素として位置づけられる。したがって自然法がもつ両義的性格が、「契約の自由」を特徴づけていることになる。

フランス革命によって生み出されたフランス民法典は、法律実務の産物であるアングロ・サクソン法、理論的な法学教育の産物であるローマ法と並んで、「第三の偉大な世界法」と位置づけられる。それは、フランス民法典が「ここではじめてあらゆる歴史的な『偏見』から自由な法典が純粋に合理的につくられるのだ、という主権者意識」にもとづき、それゆえ形式的で合理的な性格をもつことによる（WuG, 496＝483）。このようなタイプの法創造を正当化し、一定の法原理に実定法を越えた力をみるタイプの法が「自然法」である。

ここで問題になっている自然法は、「革命によってつくられた諸秩序の特殊的な正当化形式」である。「『自然法』は、あらゆる実定法から独立的な、実定法に優越して妥当する諸規範の総体であり、これらの自然法的諸規範は、人為的な法定立からその権威を授けられるのではなく、逆に、人為的な法定立の拘束力が、自然法によってはじめて正当化される」（WuG, 497＝486）。近世に形成された合理主義的な自然法の構成要素としては、①合理主義的な諸ゼクテに見いだされる宗教的な諸基礎、②ルネッサンスの自然概念、③「生得の権利」というイギリスで生まれた思想、があげられる。この第三の要素は、イギリス臣民の国民的な自由権として考えられたものだが、それはやがて一七世紀から一八世紀にかけての合理主義的な啓蒙によって、「人間はすべて人間として一定の権利をもっているという観念」へ移行する。

この「人間としての権利」という観念が、やがて「契約の自由」につながっていく。本章の第二節でもふれたように、ヴェーバーはいくつかの箇所で、「普遍的人権・基本権」という思想の積極的な意義を強調している。とはいえこの文脈では、この時代の自然法が果たした役割をザッハリッヒに描き出すことに徹しているようだ。とりわけ「契約の自由」という公理が導きだされ、それがやがて資本の自由な展開を可能にする、という筋道に着目している。[12] 自然法をこの両義性において捉えることが、ヴェーバーの近代社会把握の一つのポイントをなすと思われる。

諒解としての「契約自由」

自然法の諸公理はさまざまに異なった類型に分けることができる。ここでヴェーバーが主として取りあげているのは経済と密接に関係する類型、なかでも形式的な諸条件にかかわる類型である。この類型の歴史的にみてもっとも純粋な形態は、上述の経過の中で一七、八世紀に成立した個人主義的「契約理論」の形をとった自然法である。この形態においては、「あらゆる正当的な法は制定にもとづいており、また、この制定自体は究極的にはつねに合理的な合意にもとづいている」ことが前提とされている（WuG, 498＝489）。

この「合意」にもとづくというのは、①現実的に、自由な諸個人の実在的な原始契約が結ばれて、この原始契約が制定法の成立の仕方を将来にわたって規律するという意味か、②理念的な意味で、自由な合意によって定立された理性的な秩序の概念に、その内容が背馳しないような法のみが正当的であるという意味のいずれかである。いずれにせよ現実的に取り結ばれた、あるいは理念的に想定された契約=合意の存在が、実定法の自然法的正当性を基礎づけている。

したがって、このような自然法の本質的な構成要素は、自由権とりわけ契約の自由である。ここにみられる「自由意思にもとづく合理的な契約」が、国家を含むゲゼルシャフト関係の現実的・歴史的な根拠として通用する。経済的にいえば、原始契約あるいは個々の自由な契約によって正当に取得された所有権やこの所有権に対する処分の自由が自然法を構成している。

他方でヴェーバーは、次のように述べる。「このかたちの自然法が原理的にその基礎としているのは、目的契約によって正当に取得された諸権利の体系であり、したがってまた、――経済的財貨に関するかぎり――所有権が完全な発展をとげることによってつくりだされた経済的な諒解ゲマインシャフトである」(WuG, 498＝489)。ヴェーバーは、経済的な場面において自然法を構成する自由権、とりわけ契約の自由を基礎づけるものを、「経済的な諒解ゲマインシャフト」と呼んでいる。このことは、何を意味しているのだろうか。

契約の自由は、自由な契約・合理的な合意にもとづく所有権は正当であるという、自然法の形式的な諸条件を含意している。しかしこうした形式的諸条件が成り立つためには、それが妥当する〈場〉、ある所有権の取得が自由で合理的でかつ正当であると繰り返し認められる〈場〉が必要である。この意味で、契約の自由を「原理的に」基礎づけているのは、特定の「諒解ゲマインシャフト」、とりわけ経済的財貨にかかわる「市場」なのである。自由で意識的、合理的な合意による（ようにみえる）契約は、「半ば意識的な予想」により相互行為が成立する場である諒解ゲマインシャフトにその基盤をおいている。ヴェーバーが、繰り返し諒解によって市場を特徴づけた理由の一つは、ここにあるといえるだろう。

契約自由の正当化

諒解ゲマインシャフトに基礎をおく契約の自由は、自然法により正当化され、形式的に制限を受けるのみである。人を奴隷として扱うことは、「自由権」の侵害にあたるため、契約の自由においても認められない。しかし、財産や労働力を自由に処分することを、制定法によって制限することはできない。たとえば、「法律によるあらゆる『労働者保護』、換言すれば『自由な』労働契約の一定の内容を禁止するあらゆる措置は、それゆえに、契約の自由に対する干渉なのである」（WuG, 498＝490）。

労働契約を市場における「自由」にまかせることは、資本制下においては、実質的には強者の論理にすぎない。市場における経済的な力関係の違いが、自然法の名のもとに正当化され、固定化されてしまうのである。ヴェーバーはこうした自然法がもつ現実の機能に着目する。そのうえで、自然法思想に内在する実質的な正当性基準に対する考察に進み、以下のように述べる。

> 他方で、自然法的にみて何が正当であるかを判断する実質的な基準は、「自然」と「理性」とで

ある。この両者は、また両者から導出される諸規則――事象の普遍的な諸規則〔自然〕と普遍的に妥当する諸規範〔理性〕――は、相互に一致するものとみなされる。人間「理性」による認識は、「事物の自然」――今日流にいえば「事物の論理」――と同一のものとみなされる。妥当すべきものが、いたるところに平均的に事実上存在しているものと、同じものとみなされるのである。諸概念――法的または倫理的な諸概念――の論理的な加工によってえられた「諸規範」は、「自然法則」と同じ意味で、普遍的な拘束力をもつ諸規則なのであり、これは「神自身ですら変更することができず」、また法秩序はこれに対して反抗を企てることの許されないものである。

(WuG, 498-9＝490)

ここにみられるのは、自然(の存在)と理性(による認識)の一致という、ある意味できわめて特殊な思想である。「普遍的」なるものの存在が、両者を媒介している。人間の「理性」がもつ認識能力に対する信仰ともいえる。そこには認識する主体と対象との距離はみられない。こうした社会観は、たとえば「主観的に思われた意味」と「客観的に妥当する意味」の区別を強調する「カテゴリー」論文の視座とは異質であるし、そもそも認識主体による構成を主眼とするヴェーバー自身の社会科学方法論が、この思想とはまったく異なった前提に立脚していることはいうまでもない。

こうした自然法思想が、近代化や人権思想の確立に対してポジティヴな意義をもったことは間違いないだろう。しかしヴェーバーはここで、この思想の現存秩序維持の機能――たとえば階級構造、支配構造の維持の機能――に着目しているといえる。それがきわめて強力な正当化機能をもつがゆえに、

ある意味で宗教（の現存秩序維持機能）と同様の役割を果たしうる。(13)

現存秩序の功利主義的正当化

ヴェーバーは、自然法の正当性基準であるはずの、理性の「普遍的」な性格を検討する。「現行法上の諸制度の『正当化』に奉仕することによって、自然法的『理性』は、概して容易に功利主義的な考察方法の軌道に滑りこむようになる」からである。「理性的なるもの」の概念の変遷をたどってみると、「とくにイギリスの『リーズナブル』という概念は、最初から、『実際上有益な』という意味での『合理的』という意味をも含んでいた」。この「実際上有益な」という実質的な諸前提は、「理性概念の中に、実質的には昔から潜在的な形で含まれていた」ものである（WuG, 499＝492-3）。

理性概念の意味転換により、自然法は現存秩序を功利主義的に正当化することに結びつく。自然法の形式主義は、現存秩序との妥協を経て緩和される。たとえば、「契約の自由」からは導出できないような「相続権にもとづく権利取得」を自然法的に正当化することが試みられる。この場合、正当化の基準は〈有益だから〉ということであろう。誰にとって、何が有益かということは、普遍的な原理・原則によってではなく、現実的な力関係によって決まる。理性概念が形式的・普遍的なものであろうとすればするほど、それは無内容になっていく。そこには容易に、実質的な諸前提が入りこむ。それればかりか、そもそも形式的な理性という思想を潜在的に支えていたのは、有益性という実質的内容だったことに、ヴェーバーは注意をうながしている。いいかえると、理性の「内容」はそのつどの諒解によって共有されてきた。こうした諒解が形成される場が、たとえば市場ゲマインシャフトだったわけである。

一方で「契約自由の形式的・合理的な自然法」に有益性という実質的な諸前提がもちこまれるとともに、他方では「自己の労働を通じての取得だけが正当なものであるとみる社会主義の諸理論」が現われて、「実質的自然法への決定的な転換」がうながされる(WuG, 499=493)。後者は、自己労働にもとづかないような契約によって取得された権利を、したがって契約自由を否定する。ヴェーバーは互いに対立しあうこの二つの自然法が、「強い階級関係性」をもつとみている。前者の契約自由の自然法は、「市場利害関係者——生産手段を確定的に専有することに利益を感じている人たち——の自然法」である(WuG, 500=494)。それに対して後者は、自己の労働力のみを有する労働者の利害にそくしている。それぞれは階級的な利害対立に結びついており、階級闘争のみがそれを解消する。いずれにしても、こうした対立の中で、自然法がもっていた超越的で超法規的な性格は失われている。

ヴェーバーは、「契約自由の形式的・合理的な自然法」に焦点を合わせて、その解体に至る過程をたどっていく。前述したような「契約の自由」それ自体に内在する問題性とともに、功利主義に転化した「自然法」が現実に有する機能が論じられる。それはとりわけ、市場における自由競争と関連する。たとえば自由な市場競争にもとづいていない価格は、「不自然な」価格として非難される。「この原則は、ピューリタニズムの影響を受けたアングロ・サクソン世界全体において、現在に至るまで影響を残している」。それは、「自然法的な権威をもつことによって『自由競争』の支柱」として機能したのである(WuG, 501=497)。契約の自由は、「自然法的な権威」をもつことによって、純粋に功利主義的な経済理論よりもはるかに強く「自由競争」を正当化した。それは封建的な特権・既得権益の排除に成功したけれども、結局のところ市場利害関係者の権益という新たな特権を生み出すことにつながった。ピューリタニズムに由来する自由競争の原則は、結果的に功利主義的な利益取得を権威づけ、支えてきたのである。

法実証主義の進出

自然法はその基盤に、容易に功利主義へ転化していくような要素を含んでいたが、そうした実質性を潜在させながらも、一方では形式的・普遍的な正当化の能力を保持していた。逆にいえば、形式的・普遍的な性格のゆえに、市場利害関係者の特権を首尾よく正当化しえたのである。しかしこうした自然法は、やがてその役割を果たし終え、解体に向かう。そこでは、前述した形式的自然法と実質的自然法の対立に加え、「さまざまなかたちの発展理論」が影響した。さらには「一つには法学的な合理主義そのものと、一つには近代的な主知主義一般の懐疑的精神とによって、あらゆる超法律的な諸公理一般がますます崩壊と相対化をとげていった」ことが自然法の解体を促進する（WuG, 502＝501）。

自然法が影響力を失った結果、法実証主義が進出をとげることになる。今日では法の規定の大部分が「利害の妥協の所産であり、利害の妥協の技術的手段である」ということが明白になっている。ヴェーバーは自然法という「法の超法律的基礎づけ」が消滅した過程を、次のような発展に属する現象として位置づけている。すなわちそれは、「具体的な法秩序の個々の命題の権威に対しては、たしかに懐疑の念を強めはしたが、しかし、まさにこのことによって、その時々に正当的なものとして現われてくる権威に対しては、この権威の力――これはもはやたんに功利的な観点から価値づけられるにすぎない――への事実上の服従を、全体として、極度に促進したごときイデオロギー的発展」である（WuG, 502＝502）。

　そうしてみると、自然法と法実証主義は一見正反対の性格をもつようにみえるが、じつは両者は一定の基盤を共有していたといえる。中野敏男のいうように、「自然法は、自らに内在する論理の展開の末に、自らの『反対物』に転化」したのである（中野 1993：92）。このことは、自然法が現実に機能していた場が「諒解ゲマインシャフト」だったことと結びついている。

　自然法が正当化原理として機能しなくなったことにより、既存の利害関係がいっそうあからさまに正当性を帯びることになる。そこでは、「法曹身分は、以前よりもずっと強く、『秩序』――ということは、実際には、ちょうどそのときに支配している『正当的』な権威的政治権力を意味するわけであるが――の側に荷担している」（WuG, 503＝504）。法実証主義は、既存の権威的政治権力に対する服従、荷担の度合いを強める機能をもつのである。

（3）自然法以降の展開――形式性と実質性の関係

反形式的な諸傾向

　自然法は、西洋における法の形式合理的発展の重要な契機をなした。しかし自然法がその影響力を失って以降、法発展における「反形式的な諸傾向」が目立ってくる。とりわけ「近代的な階級問題」

の生起にともない、労働者階級や法イデオローグの側から「正義」や「人間の尊厳」といった倫理的要請が現われる。こうした要求は、「形式的な合法性の代わりに実質的な正義を求めるような規範に立脚」しているのである。

他方で、法実務家層の「身分的イデオロギー」も、法の形式性に異を唱える。法実務家の仕事を、「上から事実と費用とを投げこめば、下から判決と判決理由とを吐き出すような法自動販売機」とみなすことは、彼らにとって低級で耐えがたいものと感じられる。したがって裁判官は「創造的な」法活動をおこなうべきであるという要求が生まれてくるのである（WuG, 507＝516）。

こうした法の形式性を否定する動向は、「非合理的なものへの逃避の形式として、法技術がますます合理化されてきたことの結果」であるという。さらにそれは、「宗教的なものの非合理化に照応する現象」とみなすことができる。「しかしながら、この現象は、とりわけ、――この点は看過されてはならないことであるが――ますます利益団体を結成してこれに結集してきた近代の法実務家たちの、勢力意識を高めることによって自分たちの身分的品位感情を高揚しようとする、努力の産物なのである」（WuG, 509＝521）。

近代的な法発展における反形式的な傾向は、宗教における「脱魔術化」と、それにともなう現世逃避（再魔術化）に対応している。他方で、法実務家層の「身分的品位感情」が重視されていることに注意しておきたい。これら一連の過程は、法の合理化の〈自動的な〉展開ではない。合理化された社会において、「身分」や「品位」が果たすダイナミックな役割にも光があてられている。(14)

形式的法の運命

以上のように、近代法の形式的な性格に対して、種々の実質的・反形式主義的な諸傾向が対立してくる。ヴェーバーからみれば、「この運動は、『専門人』と合理主義との支配に対する特徴的な反動の一つであり、しかも究極的には、いうまでもなく合理主義がこの運動自体の父なのである」。合理主義が反形式的な諸傾向を生み出すという逆説は、どのような論理にもとづくのだろうか。

この点を、ヴェーバーは形式的な法それ自体に内在する対立的傾向として次のように把握している。「法の形式的な諸性質の発展は、独特の対立的な諸特徴を示している。法は、営業上の取引の安定性がそれを要求するかぎりでは、厳密に形式主義的であり、感覚的な要件に縛られていながら、他方、当事者意思の論理的な意味解釈や『倫理的最小限』の意味での『善良な取引習慣』がそれを要求するかぎりでは、営業的な取引上の誠実のために、非形式的なものになる」(WuG, 512＝534)。

一方で法は、市場利害関係者からの要求にもとづき、計算可能で形式主義的なものでなければならない。しかし他方で、当事者の内面的な心情や意思、習慣や誠実といった非形式的で不定型な要素を含みこんでいる。この後者は、「諒解」の存立とかかわるものである。「法社会学」の結論部にみられるこのような論述からは、法の形式性と実質性に関するヴェーバーの捉え方がうかがえる。すなわち、形式的な法の発展が反形式的・実質的なものに取って代わられるのではなく、形式的な法それ自体がそもそも実質的な要素を内在させ、対立を内に含みこみつつ存立している、という把握である。

法を反形式的な軌道に駆り立てる諸力としては、次のものがあげられている。すなわち、①社会的階級利益とイデオロギーとによる実質的な正義の要求、②一定の独裁的および民主的な政治的支配形態に内在する傾向、③自分たちに理解可能な裁判を求める「素人たち」の要求、④法曹身分のイデオロギー的理由にもとづく勢力要求、が列挙されている。とはいえ、これらの諸勢力が力をもちうるのは、形式的な法それ自体に内在する非形式的で不定型な要素に働きかけることによってであろう。

こうした反形式主義的な諸傾向を指摘しつつも、ヴェーバーは「法の不可避的な運命」を、次のようにみている。「〔一方では〕素人裁判官制度のいろいろの試みにもかかわらず、法の技術的内容がますます増加してゆき、したがって素人の側における法の無知——すなわち法の専門性——が不可避的にますます増大してゆくこと、〔他方では〕そのときどきの現行法を、合理的な、したがっていつでも目的合理的に変更できる、内容的な神聖さをいっさいもたない、技術的な装置であるとみる評価が、ますます強化されてゆくということが、それである」(WuG, 512–3＝534–5)。

この記述は、明らかに「理解社会学のカテゴリー」の末尾に記された文章と対応している(WL, 473＝125)。「カテゴリー」では、一方で、合理化の進展によって人びとが技術や知識の合理的基礎から引き離される、という指摘がみられる。とりわけ「大衆」にとって合理的秩序の妥当は、「諒解」の上に成立する。他方で、「文明人」は、日常生活の諸条件が合理的なものであるという「信仰」をもち、それゆえそうした諸条件をもとに合理的に行為しうるのだという「確信」をもつ。すなわち、ヴェーバーは「秩序の合理化」が実際に立脚しているのは、いわば〈合理性諒解〉であるとみていた。[15]

ヴェーバーは、合理化のもつ「意味」に対するこのような見方を念頭におきながら、「法の不可避的な運命」について語っているとみてよいだろう。法の専門性や技術的装置という性格が強化されればされるほど、むしろ実質的な力関係によって「妥当」する余地は拡がるのであり、また人格性を媒介として諒解が作動する領域は拡大する。これまで繰り返しみてきたように、ゲゼルシャフト関係は諒解ゲマインシャフトによって重層化され、法は諒解にもとづいて妥当するのである。こうしたことは、法の合理性に対する「信仰」が強くなるほどあてはまるだろう。ヴェーバーの「法社会学」は、宗教社会学とともに、こうした合理化の逆説的な成り行きを示す重要な位置を占めているのである。

第五節　むすび――法の合理化と重層化

第一章でみたように、ヴェーバーは「カテゴリー」論文において、「法教義学」と対比しながら法に対する理解社会学的アプローチの特徴を説明していた（WL, 440＝39-40）。それは、法についての個々の行為者による主観的な意味づけと同時に、研究者の視点により構成される客観的な意味関係（法の意味や妥当に関する表象）にも着目するものだった。すなわち、「主観的に思われた意味」と「客観的に妥当する意味」の二本立てで法現象に迫ろうとするものだったわけである。また「カテゴリー」では、こうした二つの水準の「意味」とのかかわりで行為と秩序を現実化するメカニズムとして、「諒解」が重視されていた。

本章ではこうしたヴェーバーの視角を導きの糸として、「法社会学」の読解を試みてきた。第二節で取りあげた先行研究をふまえながら、ここまでの議論をまとめておこう。

倫理と法の関係

先にみたようにシュルフターは、ヴェーバーが「倫理と法の無関係性を仮定」したことを批判して、責任倫理と実定法を「架橋」するという対案を示していた。こうした見方に対して本章では、ヴェーバーが倫理と法の入りくんだ、重層的な関係に着目していたことを示してきた。

たとえばヴェーバーは、家産君主的裁判の家父長制的形態において、法と倫理のあいだの柵は取り払われるとみていた。この場合「家父長制的な福祉行政は、『司牧』の性格に近づいていく」のである。そこでは、服従者の「正しい内的態度の育成」がめざされる。こうした歴史的事例を参照すれば、近代法における倫理と法の分離がもつ、むしろ積極的な意義が浮かび上がってくるだろう。

しかし他方でヴェーバーは、法をこのように〈近代主義的〉にのみ見ていたわけではない。じつは、ある種の倫理的態度の育成や組みこみという問題は、近代法にも連続するものとして捉えられていた。

ヴェーバーは、近代法の「契約の自由」における「『自由な』合意」の内容を問題にする。たとえば、労働市場において労働希望者が取り結ぶ契約は彼らの「自由な」判断に委ねられているが、実質的には有産者の指令への服従という性格をもつ。そこで重視されるのは「強制されたが欲したのだ」という命題である。有産者の側では、みずからに有利な内容の契約を、労働者の自由な選択によるものとして承認させることができる。他方の労働者の側でも、強制の受容にすぎないものを〈みずから欲した〉と意味づけることによって、かろうじて〈自尊感情〉を保持できる。この場合、人権・基本権はむしろ労働者の「正しい内的態度の育成」に資するものであると見ることもできるだろう。この意味でヴェーバーは、ある種の〈倫理的なもの〉が媒介となって、近代法の「契約の自由」が通用しているとことに着目しているのではないだろうか。

たしかに、超越論的に実定法を基礎づけるという意味での自然法の機能はほぼ失われたとみてよいだろう。しかし、そこで生みだされた人権や自由といった要素は、じつは実定法に内在し、それを機能させている。この要素は上述のように、一方で強制の受容という働きをもつけれども、他方ではやはり積極的な意義をもち続けることはいうまでもない。ヴェーバーの議論は脈絡のない〈二通りの言明〉ではなく、近代自然法の遺産が同時に果たす両義的な機能に着目したものである。シュルフターは、たんなる技術的装置としての法と人倫的法理の両者を対置しようとしているが、ヴェーバーの場合、表面的には技術的装置の外観をもって機能しているものが、いかに人権や自由を含む実質的なものを組みこんで存立しているのか、という点に焦点がおかれていたと考えられる。

物象性・形式性と人格性・実質性の重層

同様の論理が、ほかの論点についてもあてはまるだろう。佐久間孝正は、ヴェーバーの「物象化」という視点を掘りおこしながら「法社会学」の読解を試みていた。本章では佐久間の指摘に学びながらも、ヴェーバーの合理化過程論は「人格的なものから物象的なものへのおきかえ」という側面だけでなく、両者の〈あいだ〉にあるもの、あるいは両者の重層にも着目しているのではないか、という提起をして議論を進めてきた。

この点に関連してヴェーバーは、たとえば市場ゲマインシャフトにおける「諸法則」の作用について論じていた。経済的な諸法則は、人のいかんを問わず形式的には平等に作用する。だが他方でヴェーバーは、資本主義的な企業内部に存在する「人格的・権威的な従属関係」が市場にもちこまれ、「強制の権威的な性格」が存続するという。ここでは、「諸法則」と権威、あるいは非人格的なものと人格的なものが、折り重なって重層的に存立することが示されている。それが先にみた「強制されたが欲したのだ」という状況にも結びついている。

またヴェーバーによれば、近代自然法における理性概念の形式性も「有益性」という実質的内容に支えられていた。この「有益性」による正当化は、実際のところは力関係によって定まっていく。形式的・普遍的な正当化能力をもつ自然法は、それゆえに市場利害関係者の特権を強力に正当化した。

自然法以降の近代法の展開においても、形式性と実質性の重層的な関係が取りあげられていた。近代法の形式的な性格に対して、実質的・反形式主義的な諸傾向が対立してくる。だがこの対立は、けっして外在的なものではなく、形式的な法それ自体に対立的な傾向が内在しているという。近代法は、もちろん形式主義的で計算可能であることを必要とするが、他方では「善良な取引慣習」といった要素がその存立を支えているのである。

ヴェーバーにおいて物象性と人格性、形式性と実質性は、理念型的には対極的な性質をもつものとして設定されている。ヴェーバーの法や社会に対するまなざしは、これらの対極的な性質をもつ現象が、現実には折り重なり、相互に結びついて存在している点に向けられている。この複雑な重層を解きほぐすための道具立てが、「カテゴリー」論文で提示された、二つの水準の「意味」や「諒解」である。

重層性を捉える視角

中野敏男は、「法社会学」におけるヴェーバーの行為論的枠組みの限界を指摘し、システム論的な視座によってそれを補完する必要性を主張していた。本章ではこうした見方に対して、ヴェーバーの方法論それ自体が、従来からいわれているような行為論的枠組みには収まらないような視角、〈構造的なもの〉あるいは〈行為と構造を媒介するもの〉へのまなざしを含んでいるのではないか、という考えを対置してきた。

ヴェーバーによれば、法規範は「諒解」にもとづいて妥当する。関係者が法命題に応じて行為することが予想され、それにもとづいて行為が繰り返され接続していくことによって、一方で客観的法の存立が支えられ、他方で主観的権利が効力をもつ。現実の秩序は、行為者同士の完全な合意にもとづいているわけではないし、支配体制によって法が一方的に強制されることによって成り立っているわけでもない。法についての「主観的に思われた意味」にもとづいた行為の繰り返しによって法の「客観的に妥当する意味」が成り立ち、この「客観的に妥当する意味」は「主観的に思われた意味」に影響をあたえる。こうした諒解のメカニズムが、法現象の基礎として押さえられている。

この諒解は、自分の行為に対して他者も意味的に対応的な行為をするだろうという「半ば意識的なまたは完全に意識的な『予想』」にもとづいていた。それは、行為の繰り返しの中で〈身体化〉され、拘束的な性格をもつようになったものである。法秩序の存立と妥当をこの水準で捉えることは、一方で秩序を行為者の主観に解消することを回避し、他方で客観的な秩序による一方的な規定という把握も回避する。ヴェーバーはこうした、行為者と構造をつなぎ、両者を同時に実現させるメカニズムに着目していたのである。

ヴェーバーは西洋における法の合理化の道筋をたどりながら、形式的・合理的な法の実現を担った諸階層の動向について言及している。そこであげられていたのは、家産君主の行政的・財政的な利害関心、一義的で明確な法を求める市民的利害関係者、および功利主義的合理主義にもとづく官吏行政である。こうした諸階層の利害が複雑に絡みあう中で、異なった利害をもつ諸階層のあいだで妥協が成立し、結果的に法の形式的合理化が進展するとみていた。

この場合、自由な経済活動を求める市民層と専制的にふるまいたい家産君主とでは、本来的には利害が対立するといえるだろう。結果的に法の形式的合理化が実現する背景には、それぞれの階層がおかれた社会的位置に影響された、人びとの予想と行動のダイナミックな相互関係が存在している。そこでは、「単独行為者」の意味理解を越えた諸階層の構造的な位置関係が前提とされているが、そこからストレートに法の合理化が説明されているわけではない。それぞれの位置をもつ行為者による「主観的に思われた意味」にもとづく行為の繰り返し、せめぎあいと妥協の中からいわば「客観的に妥当する意味」が成立し、通用していくのである。(16)

またこうした論理は、ヴェーバーが、合理的・形式的な近代法が特権の解消ではなく特権の移動を意味するにすぎないことを論じる中にもみることができる。「契約の自由」における秩序は、客観的に存立しているものではなく、相互的な請求、承認、合意などの行為によって構成され、再構成される。行為者は、主観的には契約当事者として承認・合意した「かのように」関係や行為を受けいれる。しかし客観的には、特権を有する政治的権力者や有産者の示す条件を受けいれるにすぎない場合がある。「主観的に思われた意味」と「客観的に妥当する意味」を区別することによって、両者のギャップに着目することができる。このギャップを媒介しているのが、たとえば先にみた「強制されたが欲したのだ」という論理なのである。

ヴェーバーは、形式合理的な近代法やその中核にある「契約の自由」が、現実に妥当し通用する場を「諒解ゲマインシャフト」と呼ぶ。そこでは以上みてきたように、半ば意識的に身体化された慣習律、人びとの納得や承認をつくりだすための名誉や自尊感情といった倫理的・人格的な要素、こうした実質性が機能し、近代法を支えている。このような形式性と実質性の重層、それを成り立たせる諒解のメカニズムにもとづいて、たとえば強制や授与が合意として〈現象〉するのである。[17]

一見すると物象的・非人格的で機械的に作動するかにみえる近代法や官僚制的諸制度は、倫理的・人格的なものを不可欠の要素として組みこんで存立している。合理的秩序をこうした重層性のもとで動態化して理解することが、ヴェーバーの社会理論がもつ潜勢力を引き出すことにつながっていくといえるだろう。

［注］

（1）日本においても、日本社会の「前近代的性格」を乗り越え「民主化」を実現するための一種の規準として、ヴェーバーの「法社会学」や「合法的支配」の議論が取りあげられた。たとえば「家族的人情や情緒」による権威にもとづく日本社会の構成（川島 1950）を組み替えていくためには、西欧的・形式合理的な近代法が（その精神も含めて）定着していくことが必要となる、といった論旨である。

（2）こうしたモムゼンのヴェーバー理解に対しては、雀部幸隆によって徹底した批判が加えられている（雀部 1999：38–44；2001：149–59）。筆者もまた、ヴェーバーとミヘルスの関係を取りあげる中で、モムゼン・テーゼの批判を試みたことがある（松井 1997）。

（3）ただしこの場合、「教えこまれ」たものがまったくストレートに受けいれられ、その通りにロボットのように行為する、というわけではない。ヴェーバーは、人間をそうした規律にしたがって動く自動機械とみなしているのではなく、〈意味づけ〉の契機をつねに重視しているように思われる。

（4）中野によれば、ルーマンの実定法論において「法変更の合法化」という視角が一貫している（中野 1993：142 以下）。そこから、実定法システムが「構造的再審」の可能性に開かれていることが必要、という結論が導き出される。その際中野は、ルーマンの「認知的予期」および「規範的予期」という概念に着目する。前者は、「予期がはずれたらその予期を変更して現実の方に適応してゆこうという方法」であり、後者は「予期がはずれてもその予期をなお堅持して現実に対して統制的に対応しようという方法」である。ヴェーバーによる法の位置づけは、ルーマンにおける「規範的予期」を含むものである。しかし「ヴェーバーには欠落しルーマンにおいて明示されていることは、この『規範的予期』が他方での『認知的予期』と対をなすものとして捉えられねばならず、しかも、この両者の連動こそが法領域の存立にとって決定的に重要な意義をもつという視点である」（中野 1993：144）。「認知的予期」の欠落こそがヴェーバーの限界であり、ヴェーバーからルーマンに（行為論からシステム論に）ジャンプする契機となっている。

しかしヴェーバーのいう「諒解」のメカニズムを考慮に入れると、事態はそれほど単純ではないだろう。諒解は、予期が接続することによって結果的に立ち上がる秩序をさしていた。規範はその前提ではなく結果である。「法」もこの諒解にもとづいて妥当するというヴェーバーの議論からすれば、ルーマンの「規範的予期」だけではヴェーバーの法の妥当は捉えられない。「学習」という点にはふれていないが、ヴェーバーの法概念には「認知的予期」の要素も含まれているのではないだろうか。

（5）橋本直人は、形式性と実質性の二重性において法の合理化を把握し、とくに諒解関係間の闘争という契機に注目して、〈形式的〉法の（したがって合理的な近代社会の）ダイナミクスを捉えようとしている（橋本 1997）。橋本の詳細で緻密な議論からは学ぶところが多いが、本書では、諒解の妥当の仕方、法と諒解との関係、「諒解間闘争」のダイナミクス（行為と構造の問題）などについて、さらに議論を深めたいと考えている。

（6）西原和久は、ヴェーバーの行為類型論における行為者の意味付与が必ずしも「自覚的」なものではないことに、注意をうながしている。「結論を先取りしておけば、行為者の主観的意味や動機それ自体は、『言語以前的』な自覚されざる意味層も含まざるをえないといっておくことができるように思われる。したがって本来、『主観的意味』は、ヴェーバーの研究の内実に照らして考えるとき、単なる自覚的・対自的、言語的、個人主義的、主体主義的・主観主義的なレベルを超えたものと了解すべきである」（西原 2003：61–2）。

　ヴェーバーの行為理論が、必ずしも行為者の明晰性や目的意識性を前提とした構成にはなっておらず、そこに主体主義・主観主義を乗り越える契機をみる、という西原の把握には同意できる。しかし、「ヴェーバーの『意味』は、必要に応じて、即自的で無意識的・没意識的な場合も含み、したがってヴェーバーの『行為』類型には即自的で無意識的・没意識的な情動的および伝統的な行為も含まれうる」（西原 2003：224）とまでいえるだろうか。本書では、たとえ「半ば意識的」であっても否応なく「意味づけ」をくぐりぬけるという把握に、むしろヴェーバー行為理論の特徴と意義を見ている。

（7）ヴェーバーは、「法と倫理」を区別しない場合、権力の性格が「正しい内的態度の育成」をめざす「司牧」に近づくとみていた。こうした見方からは、逆に「法と倫理」を区別する近代法の積極的な意味づけがうかがわれるのではないか。この点をふまえると、ヴェーバーが「倫理と法の無関係性を仮定」したとするシュルフターの批判は、必ずしも妥当ではない。

またこれと関連して、「支配社会学」でヴェーバーは次のように述べている。「家父長制的家産制は、自分自身に対して、また臣民に対して、みずからを臣民の『福祉』の保育者として正当化せざるをえないのである。『福祉国家』こそ家産制の神話であり、それは誓約された誠実という自由な戦友関係に発したものではなく、父と子とのあいだの権威主義的関係にもとづいている。『国父』というのが、家産制国家の理想なのである」(WuG, 652=「支配II」391-2)。

(8) この点については、本書第二章第三節を参照。

(9) こうした議論の背景には、前章でも言及した「支配社会学」の記述、「あらゆる力、あらゆる生活チャンス一般が、自己義認 Selbstrechtfertigung の要求をもつ」というヴェーバーの認識があるといえる(WuG, 549=「支配I」28)。

(10) 規律に関しては、ヴェーバーの次の指摘を参照。「軍隊の規律は、そもそも規律一般の母胎なのであるが、規律を仕込む第二の偉大な教育者は、経済上の大経営である。……経営規律は完全に合理的な基礎にもとづいており、最善の収益をあげるにはいかにすればよいかという見地から、何らかの物的生産手段と同様の個々の労働者をも、ますます、適当な測定手段を利用することによって、計測するようになっている」(WuG, 686=「支配II」521-2)。

(11) 市場における諒解については、本書第二章第二節を参照。

(12) たとえば「支配社会学」にみられる次のような指摘を参照。「もろもろのゼクテによって採用された『現世内的禁欲』……ともろもろのゼクテの教会規律の性質とが、資本主義的意識と——資本主義が必要とするところの——合理的に行動する『職業人』とを育成したように、人権・基本権は、資本の増殖欲が物財と人間とを自由に支配するための、前提条件を提供したのである」(WuG, 726=「支配II」656)。

(13) こうした点を考えると、資本制下の社会構造を維持するという自然法の機能に着目していたヴェーバーに対して、モムゼンのように〈自然法軽視〉などといった批判を加えるのは、あまりにナイーヴであろう。また雀部幸隆は、近代自然法思想が「ヴェーバーの一般的な認識論的立場である『脱魔術化論』の帰結と相容れない」ことを指摘している（雀部 1999：34）。宗教がもつ現存秩序維持機能に関しては、本書第三章第三節を参照。

なお、〈9・11〉以降の状況も念頭におきながら、ヴェーバーの「自然法」を論じた野口雅弘の論稿を参照。「抽象的で、普遍的な理念は、それが成立する条件である具体的な対立状況から離れるならば、『ファナティック』になる傾向があるという問題である。ここにおいては『人権』という理念をかかげる暴力行使に対していかなる歯止めもありえない。つまり『人権』は『極端に合理的な狂信』になりうるのである」（野口 2006：94）。自然法は「価値領域間の緊張関係」の下におかれなければ〈暴走〉しうるということである。ヴェーバーの議論の核心を「抗争的多元主義」にみる野口の考察は、次のようなデートレフ・ポイカートの論述とも関連する。「ヴェーバーのヴェーバーたるゆえんが、さまざまな二律背反に耐えることにあり、またその著作の断片的性格のうちに表出されているとしたら、どうであろう」（Peukert 1989：8＝8）。

ヴェーバーは、たとえば「人権」に関しても、〈人権主義者〉でもなければ〈アンチ人権主義者〉でもない。そうした単一の観点や価値関心によって括ることのできないところに、その社会理論の特徴がある。簡単に「超克」したり、一挙に解決を求めたりせずに、異質なものや対立物の併存を含みこむ（併存に「耐える」）ところに、ヴェーバー的な思考のエッセンスが現われていると考えられる。

（14）この点に関連して、ヴェーバーの次のような言及にも注意しておきたい。「大陸法とアングロ・サクソン法とのあいだのこのような相違が生み出された根拠が、主として、一般的な支配構造の相違とそこから帰結される社会的名誉の分配の仕方の相違とに関連する諸事情にあったことはいうまでもない」（WuG, 509＝「法」525）。法の性格の相違をつくりだす根拠として「社会的名誉」が重視されている。

（15）この点について詳しくは、本書第一章第三節を参照。

（16）ここにみられる論理は、「宗教社会学」において、祭司と預言者、平信徒の三者の対抗と協働のせめぎあいの中から、倫理的宗教性が確立してくる過程を描いた箇所とほぼ同型である。本書第三章第三節を参照。

（17）ヴォルフガング・シュルフターは、最近の著作において、「カテゴリー」論文と『経済と社会』旧稿との関係についての議論をさらに展開している（Schluchter 2005：229–38)。シュルフターは「法社会学」の改訂経過を追跡し、「旧稿」における「法社会学」の位置づけが変化していることを示す。それにもとづいて、「旧稿」に対する「カテゴリー」論文、とくに「諒解」概念の射程・適用範囲を一九一〇年半ばから一九一二年の終わりの時期に限定する。それ以後は「合理化問題」にヴェーバーの関心が焦点づけられ、カリスマ概念と支配概念が中心的な位置を占めるというのである。

こうした、「諒解」から合理化へヴェーバーの関心が移行したという解釈には、シュルフター自身の「合理化」に対する理解がかかわっていると考えられる。すでに指摘されているように（Peukert 1989：45＝85；前川 1992：53)、シュルフターのヴェーバー理解には「進化論的」な傾向がある（Schluchter 1979：12＝20；1980：15＝22)。ヴェーバーのいう合理化を進化論的に（直線的・一方向的に）理解してしまうと、「諒解」概念を合理化問題のなかに位置づけることはできないだろう。しかし本書で論じてきたように、合理化された近代社会に対するヴェーバーの把握は〈重層的〉であり、諒解を合理化の重要なモメントとして位置づけている。こうした解釈に立てば、「合理化問題」に関心の焦点が移行したとされる一九一三年以降の執筆部分についても、諒解の論理を組みこんだ立論として理解することは可能だと考えられる。なお、「支配社会学」の検討を含めたこの論点の展開については、別稿を期したい。本書序章の注（6）も参照。

第五章　政治ゲマインシャフトの存立構造

第一節　政治ゲマインシャフト論の課題

マックス・ヴェーバーは、まとまったかたちでの国家論を残していない。『経済と社会』旧稿のプランである可能性の高い「一九一四年構成表」には、最後の方に「近代国家の発展」という項目がみられる（序章参照）。だがこの部分は、結局執筆されないままに終わっている。

たとえば『政治論集』に収められた時事的な諸論文などからみて、ヴェーバーが終生、国家と政治に対して強い関心を抱いていたことは間違いないだろう（Beetham 1985 : 13-4＝18）。それだけに、『経済と社会』に代表されるより理論的な著作においても、「近代国家」を描き出すことが最重要の課題として念頭におかれていた可能性がある。「カテゴリー」論から始まって、諸ゲマインシャフト、宗教、法、支配を順次検討していくヴェーバーの論述は、最終的には「国家」を立体的に描き出すというテーマに方向づけられている。このような読解もそれほど的はずれでないかもしれない。

いずれにせよ、ヴェーバーがまとまったかたちでの国家論を残していない以上、われわれは「政治ゲマインシャフト」を中心とした残された断章群から国家を捉える枠組みとその内実を再構成していくしかない。[1] 時事的な諸論文を対象として、ヴェーバーの政治や国家に対する認識、その「ナショナリズム」を論じた研究は数多い。[2] だが、『経済と社会』旧稿の論述をもとにヴェーバーの国家理論を把握しようとする研究は、最近の雀部幸隆のものを除いては、あまり目にすることがない（雀部2005）。

本章では、雀部の論稿や『経済と社会』旧稿全体の再構成をめざす折原浩の諸論稿を導きの糸としながら、ヴェーバーの「政治ゲマインシャフト」から国家へと至る道筋を浮き彫りにすることを課題とする。その際に「政治ゲマインシャフト」章のみを単独で取りあげるのではなく、前章までと同様に『経済と社会』旧稿全体の論述やテーマに関連づけつつ論じることにする。したがって本章においても、「カテゴリー」論文以来の「諒解」概念を考察の軸として設定しておきたい。

雀部の整理によれば、「諸ゲマインシャフトに対する『政治ゲマインシャフト』のさしあたっての際立った特徴」は次の二点にある。「①所定の『地域』に対する『持続的』かつ『公然とした』『確固たる支配』権の要求と、②いざとなればゲマインシャフトのために命を投げ出せという、成員諸個人に対する――ぎりぎりのところ当人の直接個人的な価値合理的・情緒的・伝統的心意のいかんを顧慮しない――『死』の要求権」である（雀部 2005：144）。

政治ゲマインシャフトは、物理的な強制権力 Gewalt を独占し、それに裏づけられつつ一定の領域において支配権を確保する。だがそれのみでなく、政治ゲマインシャフトは、その成員に対して「命を投げ出せ」という〈究極の要求〉を発することができるのである。こうした「『死』の要求権」の根拠は何か。この点の解明が、ヴェーバーの政治ゲマインシャフト論にとってきわめて重要な課題となっているのではないか。

政治ゲマインシャフトの近代的形態である近代国家は、こうした「死の要求権」を含みこんで存立している。ヴェーバーは近代国家を、官僚制を典型とする形式合理的なシステム・制度として捉えて終わりとするのではなくて、この〈究極の要求〉が承認される正当性諒解が成り立っている場（諒解ゲマインシャフト）としても捉えている。後者の意味で国家の存立を支えている正当性諒解が、いかなるメカニズムによって調達されているのか、これが問題である。

『経済と社会』旧稿の展開にそくしてこのテーマを考察していくために、以下では「政治ゲマインシャフト」章を「権力威信と国民感情」、「『階級』、『身分』、および『党派』」の諸章と関連づけて取りあげることにする。(3) いずれも未完の断章であるが、上記のテーマがこれらを貫く筋道として伏流しているように読めるからである。政治ゲマインシャフト（国家）をゲゼルシャフト関係（アンシュタルト）と諒解ゲマインシャフトの重層性のもとに捉えること。この点が、ヴェーバーの国家理論の重要な射程を示していることを論じていきたい。

第二節　政治ゲマインシャフトの発展段階

政治ゲマインシャフトの要件

「政治」章の冒頭で、ヴェーバーはまず「政治ゲマインシャフト」の概念を提示する。「政治ゲマインシャフトというのは、物理的な強制権力、しかも通常は武力に訴える態勢を整えることにより、

『ある地域』……およびそこに永続的にか一時的にか在住する人間の行為を、関与者による整然とした統制下におくこと（時にはまた、関与者のためにもっと広い地域を獲得すること）をめざして、そのゲマインシャフト行為が経過するようなゲマインシャフトという意味で理解したい」（GS, 204＝「政治」175）。

それに加えて、「経済ゲマインシャフト」との違いが強調される。政治ゲマインシャフトは、「直接の経済的処置以外のことを命令する組織をもつ」ことがメルクマールとなるのである。したがって、政治ゲマインシャフトの要件は、①地域、②物理的強権行使の用意、③経済行為を超えた「人びとの関係を規制するゲマインシャフト行為」、の三つである（GS, 205-6＝176-7）。家ゲマインシャフトや近隣団体などの諸ゲマインシャフトは、部分的にこれらの特徴をもつ場合もある（たとえば強制権力）。だが単一のゲマインシャフトが、一定の領域内でこれらの要件をすべて満たしているのは、政治ゲマインシャフトのみである。

政治ゲマインシャフトは物理的な強制権力のチャンスを独占することによって、他のゲマインシャフトと比べてより強く、成員に種々の義務の履行を迫ることができる。その最たるものが、前述した「死の要求権」である。

ゲマインシャフトの利益を存続させるために個々の成員に要求されるものは、おそらく死という冷厳な事実である。それは政治ゲマインシャフトに特有な情熱をもたらす。それはまた、政治ゲマインシャフトの永続的な感情の基礎をうち立てる。共同の政治的運命、とりわけ生死を賭けた共同の政治的闘争は、人びとのあいだに追憶のゲマインシャフト Erinnerungsgemeinschaften を生み出し、それは、しばしば、文化や言語、または血統のゲマインシャフトの絆よりもいっそう強い影響力をおよぼす。この追憶のゲマインシャフトは、後述のとおり「国民意識」に、はじめて究極的かつ決定的な刻印をあたえる。（GS, 206＝178）

この部分では、生死をかけた闘争（典型的には対外戦争）の記憶の共有が、文化や言語、血統の共有よりも強力な、「追憶のゲマインシャフト」を生み出すことが強調されている。そしてこのゲマインシャフトが、「国民意識」に究極的・決定的な刻印をあたえるというのである。もちろん後にみるように、「国民意識」はいくつかの素材を用いて構築されるものである。だから「追憶のゲマインシャフト」それ自体も、そのときどきの状況にもとづいて再構成されたものであるとみてよいだろう。この点を確認して、先に進もう。

「適法性」という威信

ヴェーバーは、国家が強権を独占する根拠として、近代的な政治ゲマインシャフトが「適法性 Rechtmäßigkeit」という特別の「威信」をもつことに注目する。

政治団体の近代的な地位は、次のような威信にもとづいている。それは、政治団体が整序するゲマインシャフト行為の「適法性」が特別の位階をもつという、関与者のあいだに広く行き渡った信仰によってあたえられる威信である。この適法性に対する信仰は、当のゲマインシャフト行為が生殺与奪の権をともなう物理的強制を含む場合にも、いやまさにそれを含むかぎりにおいて成り立つものであり、ここに適法性に関する特有の正当性諒解 Legitimitätseinverständnis がある。政治的団体行為のもつ特有の「適法性」に対するこうした信仰は、——近代的な諸関係のもとでは実際そうであるように——もっぱらある政治ゲマインシャフトが（「国家」の名のもとに）、他の何らかのゲマインシャフトにより委任されるか承認されることにより、「適法」な物理的強制の行使を独占するとみなされるまで高まることがある。（GS, 207-8＝179）

ここでは、近代的な政治ゲマインシャフトの地位を支える構造、とくに「正当性諒解」の構造について論述がなされている。近代的な政治ゲマインシャフトは、「適法性」に対する成員の信仰がもたらす「威信」によって根拠づけられる。この信仰は、政治ゲマインシャフトが担うゲマインシャフト行為が、生殺与奪の権をともなう物理的強制を含む「かぎりにおいて」成り立つ。それが「適法性に関する特有の正当性諒解」なのだという。

こうした「正当性諒解」が、持続的・アンシュタルト的なゲゼルシャフト形成を遂げた近代的政治ゲマインシャフトである「国家」を支えている。この把握は、「諒解」がゲゼルシャフト関係を支えるという、「カテゴリー」論文以来『経済と社会』旧稿中に繰り返し現われてきた視角にもとづいている(4)。問題は、ここでいう「特有の」正当性諒解の中身である。

近代的政治ゲマインシャフトの威信を根拠づけている適法性への信仰は、そのゲマインシャフトの行為が生殺与奪の権を含む「かぎりにおいて」成り立つ、というものだった。この指摘をふまえると、適法性というのはたんに適法だからという理屈を超えた、その意味で「特有の」適法性であると思われる。当該の政治ゲマインシャフトが有する強制権力に、生殺与奪の権も含まれていることが根拠になっているのではない。先にみたような生死をかけた闘争の記憶の共有、「追憶のゲマインシャフト」がこの部分に関連してくるだろう。

政治ゲマインシャフトの行為が、その成員からたんに「適法」とみなされるだけで、「死の要求」まではなしえない。「悪法もまた法なり」といって毒杯を仰いだとされるソクラテスのように、政治ゲマインシャフトの成員が皆、適法という理屈を受けいれて生命を投げ出すとも思えない。たんに適法だからということを超えた、納得・承認のメカニズムがそこには働いているに違いない。政治ゲマインシャフトの存立根拠を問うヴェーバーの論述は、この点に焦点づけられているように思われる。「特有の正当性諒解」という用語は、こうした納得・承認のメカニズムを捉えようとしたものではないだろうか。正当性諒解が、たんに法に適っているという理屈にオーヴァーラップすることによって「特有の適法性」が生み出され、政治ゲマインシャフトを基礎づける「威信」を形成するのである。この諒解の中身については、この時点ではまだ「追憶のゲマインシャフト」との関連が示唆されるのみである。「政治」章を含めて後続するいくつかの断章は、この問題をめぐって複雑に絡まりあった思考が展開されていると読むこともできよう。

政治ゲマインシャフトの発展段階

ヴェーバーはまず、適法性に対する信仰が高まるのは、他のゲマインシャフトによる委任や承認にもとづいて、ある政治ゲマインシャフト（国家）が適法な物理的強制の行使を独占することによる、という見方を示す。以下、この点を中心に政治ゲマインシャフトの発展段階、つまり政治ゲマインシャフトが適法性を専有するまでの諸段階についての論述を、追っていくことにしよう。

発展の当初においては、政治ゲマインシャフトは存在しない。現在の国家が有する立法、警察、司法、行政、軍事などの強制権力をともなう諸機能は、無定型の「一時的ゲマインシャフト」がそのつど担うか、家ゲマインシャフトや氏族、近隣団体、市場団体などの各種のゲマインシャフトに必要に応じて分配され、それぞれが保持していた (GS, 209＝180–1)。

政治ゲマインシャフトへの発展は、次のような事態に端を発する。「強制的な行為が特有の正当性をもつという表象が、何らかの諒解行為と結びつくとすると、それは血讐義務を遂行する氏族の諒解行為と結びつく」(GS, 209＝181)。この場合、氏族による血讐義務の遂行は正当な強権行使であるという「正当性諒解」が成立しているのである。こうした事態に加えて、地域団体が外部から攻撃を受けた際に住民が防衛に結集するケースや私的な兄弟団による掠奪行などが例としてあげられている。とくに後者の場合は強権行使の正当性は意味をもたず、ただ指導者の「カリスマ」を通じてのみ正当化される。いずれにせよ、この段階の集団は「一時的ゲゼルシャフト形成」にすぎない。

次の段階は、こうした一時的なゲゼルシャフト関係が持続的な職業戦士集団である「メンナー・ブント」に発展することにより、もたらされる。この集団は武装能力のある男性のみをメンバーとし、家ゲマインシャフトから離れて共同生活を送る。彼らは武力を独占し戦争の遂行や掠奪を仕事とするが、とりわけ掠奪行は宗教的にのみ正当化される。

第三の段階では、日常の秩序を超え出てその外部に併存していた自由な職業戦士集団が、地域ゲマインシャフトに再編入される。それによって政治団体が創出され、この団体や戦士団の特権的地位が「強権行使についての特有の正当性」を獲得する（GS, 213＝184-5）。こうした発展を可能にする条件としては、①平和が長く続いたことによる戦士団の崩壊、②包括的な政治ゲゼルシャフト形成により戦士団の自由な掠奪行を統制できること、が指摘されている。

さらに第四の段階では、政治ゲマインシャフトは、その強制機関のために正当的権力行使を独占するに至る。この発展を推し進める勢力は、一方では教権制であり、他方では市場利害関係者である。教権制は大衆を掌握するために、市場利害関係者は日常的な経済活動を維持するために、ともに政治ゲマインシャフトによる平和の確保に利害関心をもつ。とりわけ「市場はその拡大につれ、図式的にはわれわれに知られている様式にしたがい、独占諸団体を経済的に掘り崩し、その成員を転じて市場利害関係者とする。それにより、正当的な強権行使が展開した利害ゲマインシャフトの基礎をそれら独占諸団体から剝奪するのである」（GS, 215＝186）。

この文章では、『経済と社会』旧稿中の「市場」章に含まれる、市場による身分的独占の打破が参照されている（GS, 197f.）。このようにして平和が保たれ、市場が拡大していくにつれ、①正当な強権の政治団体による独占が生じ、それは結局のところ「国家があらゆる物理的強制権力の正当性の究極的な源泉であるとする近代的国家概念」にまで至る。他方で、②強権行使のための規則の合理化がおこなわれ、こちらは「正当な法秩序」の概念に至る（GS, 215＝186−7）。

ヴェーバーによれば、こうした道筋を経て、政治ゲマインシャフトは適法性を専有することになる。とはいえここでの説明は、教会や市場関係者などの利害関心にもとづいて「国家」への展開をたどったもので、かなり〈合理的〉なものといえる。それにより、諸ゲマインシャフトや諸規範が、国家や国家法に収斂していく経緯は理解可能である。だがそれにしても、「近代」国家において〈生殺与奪の権〉が正当化される諒解がなぜ、どのように成立したのか、という点はいまだ十分には解明されていないように思われる。それがおそらくは「威信」や「国民」の概念にかかわるのであり、この点の解明が、後続する「国民」章以下の課題の一つをなしている。

第三節　威信感情と「国民」

（1）権力のダイナミクス

権力威信の追求

「権力威信と国民感情」章は、内容的には「政治」章を引き継ぎ、近代国家（とくに帝国主義的「列強」）を念頭において、政治ゲマインシャフトの構造と運命を規定する要因を探っていく。ヴェーバーは、政治ゲマインシャフトを規定する要因として、それが対外的に「膨張的」であるか「自足的」であるかという点を指摘する。そのうえで、政治ゲマインシャフトの権力がもつ性格に着目する。「政治形象のあらゆる『権力』は、それ自身固有のダイナミクスを内蔵している。すなわちこの権力は、政治形象の所属員が特殊な『威信』を要求する基礎となりうるのであって、こうした『威信』の要求が政治形象の外部に対する態度を左右するのである」(GS, 223=「国民」190)。

政治ゲマインシャフトの対外的態度の基盤をなしているのは「威信」の要求であり、ここに権力の「固有のダイナミクス」をみている。その意味で威信の要求は、その成員にとって主観的なものであると同時に、政治ゲマインシャフトの権力に内在する(成員が否応なく巻きこまれる)構造的なものでもあるといえる。

こうした政治ゲマインシャフトにおける威信の要求を、ヴェーバーは「『身分的』秩序にも比肩すべき『名誉』の王国」と特徴づける。(5) それを担うのは、典型的には封建的支配者層であり、さらに近代の将校や官僚も含まれる。彼らにとっては、政治ゲマインシャフトの権力が彼ら自身の権力を意味し、それにともなう威信感情を意味する。また対外的な権力の拡張は、彼らのレーエンや官職地位、俸禄、昇進チャンスの拡大を意味する。つまりこうした階層にとって、威信の獲得は彼らの利害関心を満足させるものなのである。

しかしその一方で、こうした威信獲得への努力は、「政治的権力の行使によって生活する階層の、当然どこにも存在する直接的な経済的利害関心の範囲を超えて、あらゆる特殊な権力形象やそれゆえまた政治形象の内部に広まった現象なのである」(GS, 223=190-1)。それは「国民的矜持」や現実上・想像上の優秀性に対する「矜持」とは異なり、「権力の名誉」すなわち権力拡張を意味するものだという。

こうした意味での威信要求を担うのは、ヴェーバーによれば、「量的に大きな政治ゲマインシャフト」(=列強)である。どこかで威信要求がもちだされると、「それは回避しがたい『権力のダイナミクス』により、他のあらゆる可能な威信の担い手たちの確執を挑発することになる。最近十年間の歴史、とくに独仏関係の歴史は、あらゆる政治的対外関係のこうした非合理的要素のおよぼす顕著な効果を如実に示している」(GS, 224=191)。

「権力のダイナミクス」とは、結局のところ、こうした「威信」をめぐる列強間の確執や闘争を指し示している。威信や名誉といったものは、合理的に論じることも規則によって規定することもできない、この意味で「非合理的要素」である。「威信」は(とりわけ直接の利害関係者以外にとっては)、個々の成員の合理的な判断や利害得失を超えて、そこに行為者が巻きこまれるものとして描き出されている。

ところで、こうした威信追求は自然に拡大していくわけではない。「同時に威信感情は、闘争に際しての確信にとって重要な、自己の権力の現存に対する強烈な信念を強化するのに役立つから、すべての政治的権力形象に特別の利害関係をもつ人びとは、このような感情を組織的に育成する傾向がある」(GS, 224=191-2)。政治ゲマインシャフトにおける「権力威信」追求が、直接の利害関係者を超えて普及していく背景には、利害関係者による威信感情の「組織的育成」が指摘されている。たとえば国家によって、「威信」が人為的に涵養されるのである。

「帝国主義」の経済的基盤と非経済的基盤

大規模な政治ゲマインシャフト(列強)は、「威信」追求をバネにして「帝国主義」的な膨張をはかる。一般的には、列強が形成され膨張していく過程は、経済的理由をもつと考えられる。ヴェーバーはこの事実を認めながらも、それだけでは因果連関を十分に説明できないとみる。(6)たとえばドイツでは、経済的な市場関係からみれば結合しないはずの東部の農業地域と西部の工業地域を、国境の関税障壁により政治的に統合している。この例にみられるように、「政治的紐帯はいったん創出されると、必ずしもつねにではないが、他の条件に恵まれた場合(言語ゲマインシャフト)しばしば強力に作用し、経済的利害の緊張関係に優越する」(GS, 228=195)。このように政治的紐帯が経済的利害に優越する事例を確認したうえで、以下では「威信感情」を含む政治的紐帯の内容が一貫して追求される。

歴史をたどりなおしてみると、古代的な帝国形成においても財貨交換・交易への利害関心のみでなく、「秩禄・レーエン・官職および社会的名誉の増大」が大きな意義をもった。また、財貨交易が政治的膨張に道を開いたわけではなく、政治的・行政的目的による交通手段の創出が交易の発達をもたらしたことも指摘されている(GS, 229=196)。

とはいえもちろん、経済の構造はさまざまなかたちで政治的膨張を規定する。とりわけヴェーバーが「帝国主義的資本主義」と呼ぶ動向においては、経済的利害関心の影響が大きい。平和的な市場交換にもとづく資本主義よりも、典型的には植民地からの強権による収奪にもとづく帝国主義的資本主義の方が利得チャンスが格段に大きいからである。たとえば武器を国家が発注する、大規模な鉄道建設工事をおこなう、徴税を独占するといったことが、資本主義の担い手の利得チャンスを形成する(GS, 236＝202–3)。

ヴェーバーは、以上のように帝国主義を担う層の経済的利害関心を指摘したうえで、それではこうした支配層とは利害状況を異にする「大衆」にとって、帝国主義的膨張はいかなる意味をもつのかという問いを立てる。まず最初に、大衆が抱く「平和主義」の根拠について言及される。それは、①植民地からの貢納は有産者層に対してのみであること、②労働者大衆にとってこうした貢納取得者は敵対する階級に属していること、③戦争により大衆の日常的な需要充足が困難になるうえ、戦争資金が賦課されること、である。

ところが現実には、こうした大衆の平和主義は思いのほか脆弱なものである。その理由は、「一つには、あらゆる未組織『大衆』がいちじるしく感情に動かされやすいことによるものであり、一つには、戦争によって何か予期せぬチャンスが訪れるかもしれないという漠然とした期待が彼らのあいだにきざすことによるものであり、また一つには、他の利害関係者たちとは違って、『大衆』が自分たちにはあまり賭けるものがないと考えやすい、という事情による」(GS, 239–40＝206–7)。

大衆は合理的に考えれば、戦争や帝国主義に対してほとんど経済的利害関心を満たすチャンスをもたない。だから本来的には、大衆の平和主義には根拠があるといえる。しかし現実には、大衆の「情動」に訴える(情動的感化)ことによって、戦争・帝国主義への「動員」が可能になる。とりわけ生命の危険への怖れも、こうした情動的感化によって消失させることができるという。冷徹な経済的利害関心や合理的判断を超えた認識と表象の枠組みが、大衆の動員を可能にしているわけである。この点が「国民」を主題とした部分においても、引き続き追求されていく。

（2）「国民」への統合

威信感情と「国民」

帝国主義の非経済的な支柱として、大衆の情動に訴え、その動員を可能にする「情動的感化」のメカニズムが指摘されていた。それは、本来的には利害状況や階級的立場を異にする諸階層を一つにくくる働きをする。

ヴェーバーによれば、場合によっては大衆に生命の危険への怖れを消失させる「情動的感化のパトス」は、「威信感情」にもとづく（GS, 240–1＝207–8）。とりわけ帝国主義的な列強に目立つこの威信感情の主たる担い手は、もちろん当該ゲマインシャフトにおいて指導的権力を所有する階層である。彼らにとって「国家」は、「無条件の献身を要求する」理念であり、彼らはこの国家理念の「もっとも堅固な担い手」でもある。

指導層に続いて威信感情および国家理念を担う階層は、これらによって利害関心を満たすことのできる層である。それは一方では経済的・物質的な利害を帝国主義的な拡張を通じて獲得する層であり、他方では「理念上の特権」をもつ階層である。後者は知識人（ないしは文筆家、イデオローグ）層で、権力威信にもとづいて「観念的な利害関心」を満足させることができる。彼らこそが、「むきだしの『権力』威信」をよりソフィスティケートされた「国民」の理念へと変化させるのである。すなわち、こうした「文化」の担い手によって、利害関係者の特殊な利害関心・権力威信が一般的な「国民」という観念に転化する。とりあえずはこのように「国民」概念を位置づけたうえで、ヴェーバーはこの概念の多義性や可変性について順次みていく。

「国民」概念の多様性

まず「国民」概念は、「一国民に算入される人びとに共通する経験的特質に応じて定義づけることはできない」。何らかの固有の指標を用いて、ある国民を定義づけることはできないのである。そうではなくて、「国民という概念は、まず疑いなく、ある人間集団に他の人間集団に対する特殊な連帯感情が要求されるであろうというほどの意味をもっている。したがってそれは、価値の領域に属するわけである」(GS, 241＝208)。

「国民」の概念にとっては、ある人びとに「共通する経験的特質」(算入される人びとに共通した、固有の経験的指標)が問題なのではなく、「連帯感情」という観念や表象の共有が問題である。しかもこの連帯感情は、自然にわき上がるものではなく「要求される」ものである。

この「国民」という明確な指標をもたない不定形の概念について、ヴェーバーは近い意味をもった他の諸概念と比較しながら検討を進めていく(GS, 241-3＝208-10)。まず「国民」は、政治ゲマインシャフトのある時点での所属者である「国家公民 Staatsvolk」とは異なる。なぜなら政治ゲマインシャフトは、オーストリアのように「国民」としての独立を主張する集団を包摂したり、統一的な「国民」という意識をもつ人びとの一部だけを包摂したりするからである。[7]

第二に「国民」は、言語ゲマインシャフトとも一致しない。同一言語を話すセルビア人とクロアチア人は、同一の国民ではない。逆に別々の言語を話しながら一国民を形成しているスイスの例もある。たしかに言語ゲマインシャフトは、通例「国民」形成の基礎になるが、その結びつきの強度には大きな違いがある。言語よりもむしろ、宗派や社会構造、慣習の違いによって「国民」の結びつきが形成される場合がある。そこにはまた、ドイツ系アルザス人とフランス人とのあいだにみられるような「政治的運命の共同への追憶」という要因も働いている。

第三に「国民」は、事実上の血縁の共同や人類学的類型の共同（人種）とも一致しない。『「国民」の理念は、とかく血統ゲマインシャフトや、ある（内容は定かでない）本質的類似性の表象をともないがちであるが、この点は、すでにみたとおり種々の源泉によって培われる『種族的』共通感情にしても同様である』。「種族」が人為的に成立する「（信じられた）共同性」を意味するにすぎないのと同様に、「国民」もまた、「血統」や「本質的類似性」という〈神話〉を動員して形成される「（信じられた）共同性」なのである。

こうして、「国民」は国家公民や言語ゲマインシャフト、人種といった制度、慣行、表象などと微妙に重なりあいながら存立している。これらの概念は実体的に（あるいは観念的に）「国民」の形成に寄与する場合もあるが、それぞれが「国民」と一致するわけではない。「種族」章での議論が参照されていることをふまえると、「国民」は、国家公民等の諸観念を「種々の源泉」として培われるものといえる(8)。さらにいえば、近代的な政治ゲマインシャフト（近代国家）というゲゼルシャフト関係が、その目的の範囲を超えた「諒解」としての「国民」の観念を喚起し、こうした諒解ゲマインシャフトによる「解釈替え」を遂行するのである。[9] そうしてみると、この「国民」という多義的でとらえどころのない概念が成立し、妥当していく過程は、「諒解」形成の典型的な一例であるといえるだろう。

ヴェーバーはさらに、「国民」という観念がその受け手によってまったく多様に受けとめられていることをみていく。「国民」の理念に対しては、それを強く肯定したり否定したりする態度から、完全な無関心に至るまでのあいだに、「きわめて異なった、またずいぶん変わりやすい態度が断絶のない段階をなして」存在している（GS, 244＝212）。一つの「国民」としてくくられる人びとのあいだでも、彼が所属する階層が、封建的階層、官僚層、ブルジョアジー、知識層のいずれであるかによって、「国民」理念に対する態度は異なるし、流動的である。

また「国民感情」の政治ゲマインシャフトに対する関係は、まちまちである。たとえばドイツ系オーストリア人はドイツ本国と交戦するのに抵抗を覚えるだろうが、ドイツ系アメリカ人はそれほどでもない、というふうに。同じ「国民」内部における対外的な連帯感は全体としては高まってきているが、その強度には差があり、変化しやすい。さらに他国に散在している人びとがある慣習律を「国民的」なものとして堅持するかどうかも同様に多様である。

ようするにヴェーバーは、「国民」の理念が、経験的にはまったく多様であることを強調している（各国民によっても、国家内部の諸階層・諸「民族」によっても）。それは「国民」が、何らかの客観的な指標をもつ実在ではないことの反映でもある。種々の条件に応じて形成される「国民」の理念は、まったく多様であり一義的に定めることはできない。近代国民国家として共通の普遍的な「国民」が想定されもするが、それは表面上のことにすぎない。現実には、個々の歴史的・地理的・経済的・政治的諸条件に応じた「諒解」によって、それぞれ異なった内実をもったものとして構成されるのである。したがって国民国家にとっては、とりわけ利害の異なる諸階層・諸身分・諸「民族」をいかにして共通の「国民」にまとめ上げるかということが、きわめて重要な課題となる。

「国民」理念の正当化

「国民」概念のもつ多様性・流動性について論じたうえで、ヴェーバーは先にふれた「威信」とのかかわりで「国民」を正当化する知識人の働きについて再説を試みる。「ここでは『国民』理念が、その担い手において『威信』への利害関心と密接な関係にあるという点を、いま少し立ち入って論じてみよう」(GS, 246＝214)。

歴史をさかのぼると、「国民」の理念は摂理による「使命」伝説を含んでいたという。この使命は、「国民」の個性的特質の「育成」によって果たされるものであり、「国民」はこの使命を引き受けることを期待された。ここで育成される文化的特質の優越性や非代替性こそが、「国民」の重要性に根拠をあたえるのである。

したがって、あたかも政治ゲマインシャフトの有力者たちが国家理念を鼓吹するように、「国民」理念を鼓吹するのは、「文化ゲマインシャフト」すなわちこの場合でいえば、その特質のゆえに「文化財」とみなされる一定の業績に対し特別に接することのできる人間の集団の内部において指導権を掌握する人びと、それゆえわれわれが仮にそれを呼んでおいたように「知識人」なのである。

（GS, 246-7＝214-5）

「国家」理念も「国民」理念も、ともに利害関係者が担い手となって「鼓吹」するものである。その際とりわけ、知識人が伝説や神話を素材として「威信」という優越性の表象を構成することが、「国民」理念の浸透の鍵を握っている。

ところでヴェーバーの論述は、この部分で（文章の途中で）突然終わっている。そして『経済と社会』（初版）ではこの章に「階級、身分、および党派」と題された章が続いている。一方「一九一四年構成表」では「身分、階級、党派」が「国民」の前におかれている。いずれも途中で執筆が中断しており、その前後関係についての判断は留保せざるをえない。ただ内容的には、「威信」というテーマが連続しているとみることができる。「身分」を論じる際に中心的な位置づけをもつ「社会的名誉（威信）」の議論との関連がうかがえるのである。

推測の域を出ないのであるが、ヴェーバーは「国民」理念と「威信」との関係を探ろうとして、この「社会的名誉」の概念を検討しておく必要性にたどりついたのではないか。すなわち、「威信」が（大衆を含む）人びとを捉え巻きこむ理由・根拠を探るために、社会的名誉というより一般的な概念におき換えて、「階級」章における検討を進めたのではないだろうか。「国民」章と「階級」章の編纂上の順序については判断はできないが、論理的には上記のような関係があるように思われる。

第四節　身分と階級の対立と交錯

「身分」というと前近代的・封建制的な社会集団を指し示しているようにみえる。しかしヴェーバーの場合、身分と階級を、それぞれ前近代と近代に対応させているわけではない。身分も階級も「あるゲマインシャフト内部における権力分配の現象」として位置づけられている（GS, 253＝「階級」217）。両者ともに「現象」なのであるから、固定的なものではなく、流動的で複雑な対立と交錯の諸局面を含むものと理解されている。

以下では「階級」章の論述をたどりながら、ゲマインシャフトを編制する身分と階級の関係を中心に考察する。その際とくに、「国民」章から引き続く「威信」、「(社会的）名誉」の概念に焦点を合わせてみていくことにする。

（1）階級と身分の〈構成〉

階級的地位の生成

ヴェーバーによれば階級は、家ゲマインシャフトや身分のような「ゲマインシャフト」ではない。階級は「ゲマインシャフト行為を可能にし（かつしばしばもたらす）基礎をなす」ものである。その内容を構成しているのは、「1ある人間群に、その生活チャンスを規定する特定の因果的契機が共通に認められ、2その契機が、もっぱら財貨所有や営利への利害関心によって表現されているかぎり、しかも、3（財貨または労働）市場の諸条件のもとで表現されている場合（「階級的地位」）」ということである（GS, 253＝217-8）。

この定義によれば、ようするに階級的地位は市場における地位、チャンスにもとづく。そうだとすると、階級は〈客観的〉に成立しているようにみえる。しかし話はそう単純ではない。ヴェーバーは、階級はたしかに市場によって拘束された利害であるけれども、それにもかかわらず「階級的利害」が曖昧な概念で、一義的に経験的な概念ではないことを強調する（GS, 255＝220-1）。たとえば労働者という共通の階級的地位にあったとしても、その階級内のどの下位区分に属するか、階級を基礎にゲマインシャフトやゲゼルシャフト関係（たとえば労働組合）が形成されているかどうかによって、その階級の個々の成員が実際に追求する利害の方向は異なるのである。

また共通の階級的地位から共通のゲマインシャフト行為やゲゼルシャフト関係が生まれるかどうかも、おかれた条件によって異なってくる。それは、一般的な（とくに知的な種類の）文化的条件に拘束されているのであり、それと関連して「階級的地位」の因果関係がどれだけ透明かによる。「階級行為」が生じるためには、「生活チャンスの対照」すなわち財貨や営利に対するアクセス可能性の相違が具体的な経済秩序の構造の結果として生じている、ということが認識されなければならない。このような認識が得られてはじめて、合理的なゲゼルシャフト関係（労働組合）による対抗という階級行為が可能になるのである。

したがって、階級は非常に多様な形態をとる階級行為の担い手である場合もあるが、必ずしもそうとは限らない。同じ階級的地位にある人びとが、大衆的行動を通じてもっとも適合的な利害の方向で一様に反応するという事態は、モデルにすぎない。階級をゲマインシャフトとして扱い、このモデルで現実を裁断するやり方は「似非科学的」といわざるをえない。それゆえヴェーバーは、当時のマルクス主義を念頭におきながら、「個々人は自分の利害に関して思い違いをすることがあるが、『階級』はその利害に関して『無謬』である」という認識を批判する（GS, 257＝222–3）。

階級は「市場における地位」により規定されるが、それ自体として（利害をストレートに反映するものとして）存在しているわけではない。階級的利害は、それ自体として人びとを結集させ、動かしていくものではない。それは、一方で階級的地位の因果関係を明示する知的な操作、多義的な階級的利害をくくる操作にもとづいて、他方で成員の〈意味づけ〉を経由して〈構成〉されるものなのである。

それでは階級的地位が生成されるのは、どのような条件のもとでなのか。ヴェーバーはこの点を近代の「階級闘争」を例にあげて述べている（GS, 257–8＝223–5）。階級的地位をつくりだすのは、同一の階級に属する者どうしのゲマインシャフト行為ではなく、異なった階級間のゲマインシャフト行為だという。たとえば賃金の決定をめぐる闘争は、労働者と工場主・経営者のあいだでたたかわれる。実際には、工場主や経営者よりも利子生活者・株主・銀行家により多くの利得や不労所得が流れていっているにもかかわらず、労働者の憎悪の的になるのは前者なのである。

ここでも、階級にもとづいた行為や利害・地位が、階級対立の構成のされ方により条件づけられている、という認識が示されている。右の例のような対立の構成は、実際の利害対立や本来の敵を、むしろ覆い隠す方向に作用する。

身分と「国民」の共通性

みてきたように、階級は一見すると単純に経済的地位と結びついているようでいて、じつは一筋縄ではいかない。対峙する他の階級との関係を含む種々の条件に従って、複雑に〈構成〉されるものだった。そしてこの階級概念と微妙に交錯するものとして「身分」概念が設定されている。「身分」はまず、階級との対比によって規定される。「身分は通例、階級と異なってゲマインシャフトをなす。純粋に経済的に決定された『階級的地位』とは反対に、人びとの生活上の運命をかたちづくる類型的諸要素のうち、『名誉』という（肯定的ないしは否定的な）社会的評価に制約された諸要素のすべてを、われわれは『身分的地位』と呼ぶことにしたい」(GS, 259＝226)。

社会的な名誉（威信）にもとづいて、身分というゲマインシャフトが形成される。階級は「純粋に経済的に決定」されているとはいえ、現実にその成員の行為を方向づける際には、種々の条件による媒介と構成を必要とする。それに対して身分は、「名誉」という（曖昧なものにもみえる）要素を軸として、人びとの相互的な行為の基盤をなすと捉えられているのである。こうしたヴェーバーの把握は、少なくとも近代社会を念頭におくと、かなり独特のものに思える。一般的には階級の方が、実体的で根拠があるようにみえるが、実際にゲマインシャフトをなして、成員の行為に影響力をもつのは身分の方なのである。

市場において有利な地位を占めている階級は、長期間のうちには優位な身分・社会的名誉を獲得する場合が多い。とはいえ「身分的名誉は、必然的にある『階級的地位』に結びつくとは限らない」。たとえばアメリカでは、階級的には対立する経営主と従業員が、ナイトクラブやビリヤード場では「紳士」として身分的に「対等」にふるまうのである（GS, 260＝226–7）。この例は、ジンメルがいうように「役割」と「人格」を切り離した、その意味で〈近代的〉な関係を示しているとみることもできる[10]（Simmel 1922 : 26＝216）。だが他方で、こうした「身分的平等」には、階級対立や所有の差異を覆い隠す働きをもつ、という面もある。「国民」概念と共通の、利害対立から目をそらして集団を統合する作用である。つまり、「身分的名誉」を国民国家全体に広げれば「国民」と重なるわけである。身分概念を検討するヴェーバーの問題意識の中には、このような視角が示唆されていると考えられる。

（2）身分、生活態度、諒解

身分的名誉の性格

身分を形成する「身分的名誉」は、どのような内容をもち、それはゲマインシャフトとしての身分にどのような性格をあたえるのだろうか。

身分的名誉は内容的にいって、ふつう何よりもこの集団に仲間入りしようとするすべての人びとに対し、特殊な性質をもった生活態度を要求するところに現われている。これと関連して身分的名誉は、とくに通常の通婚を含む「社交的」交際、すなわち経済的その他業務上の「物象的」目的に資することのない交際を、完全な内的閉鎖をもたらすほどに身分的範囲に制限するという点に現われている。異なった生活態度をたんに個人的にまた社会的にとるに足らない仕方で模倣するのではなく、このような性格の諒解をともなうゲマインシャフト行為を示すやいなや、「身分的」発展が進行していることになる。 （GS, 260＝227–8）

身分的名誉をかたちづくるものは、ある特定の「生活態度」の共有である。それはたんなる生活態度の「模倣」とは異なり、一定の行為や生活のスタイルが、あたかも「義務づけられた」ものである「かのように」人びとによって繰り返され、互いに行為の予想を成り立たせることができる「諒解」でなければならない。いいかえると、ある生活態度をとることが、集団成員によって違和感なく受けいれられることをあてにできる、そのような空間が確立しているということである。

ここでいう生活態度は日常的な立ち居ふるまいや「生き方」を意味するのであるから、むろん何らかの明示的な規定にもとづくものではないだろう。生活態度はまさに、人びとのあいだに共有され、身体化された意味関係（「諒解」関係）にもとづいているのである。したがってある身分集団への所属は、当人の生活態度がその集団において成り立っている「諒解」にふさわしいものであるかぎりにおいて、可能となるのだ。

部外者の模倣を拒むような生活態度は、それを共有している成員の範囲に通婚関係や社交関係を制限する。これはけっして、前近代社会を念頭においた議論ではない。ヴェーバーによれば、近年のアメリカ合衆国においても、慣習律によって支えられた「身分」編制が発展している。屋敷街に居住していることや上流社会の流行にしたがっていること、特定の家族の出身者、あるゼクテに所属していること、などの指標が身分的名誉を構成する。経済的所有それ自体よりも、服装や立ち居ふるまいのあり方と周囲によるその認知が、当の身分集団への所属にとって重視されるわけである。(11)

身分集団の閉鎖化

そしてこうした身分編制が事実上「なじまれ」安定すると、ある特定の身分集団による「財やチャンス」の独占、あるいは法的な特権づけに至ることが通例である。

実際上の意義についてみれば、身分編制はつねに、観念的また物質的な財やチャンスの、類型としてはわれわれがすでに知っている方式による独占をともなっている。……身分的な閉鎖性が増すにつれて、一定の地位につくチャンスの慣習律的優先権は、身分的に区切られた一定の集団に対する一定官職の法的独占にまで強められる。……身分的「名誉」に対する「生活態度」の決定的な役割は、「身分」があらゆる「慣習律」の特殊な担い手であること、つまりどのようなかたちで現われようと、生活のあらゆる「様式化」が身分的な起源をもつか、そうでなくても身分的に保存されるということを、必然的にともなう。 (GS, 265-6=232-3)

慣習律とは、「諒解」によって拘束力をもつとみなされている秩序であり、法的な強制力ではなく「周囲の非難」がその「妥当」を保障するものだった (WuG, 187-8=「諸秩序」29-31)。つまり生活上の立ち居ふるまいのあり方が一定の形式をもつようになり、この形式は「諒解」関係の存在によって保障される。ある特定の生活態度を身につけているかどうかによって、身分集団への所属・非所属が明らかになるのである。様式化された生活態度を身につけていれば、当の身分集団の成員や第三者から身分集団への所属を是認される。

ここでは、生活態度、生活のスタイルが身分編制に対してもつ決定的な役割が強調されている。生活態度とその諒解にもとづいた再生産は目に見えにくいものであり、そういう意味で明示的な協定にもとづくゲゼルシャフト関係とは異なる論理によってゲマインシャフトが編制されている。ある特定の生活態度の取得にもとづいて、たとえばある特定の衣装を着る権利から一定の地位や官職につくチャンスに至るまで、種々の特権が特定の身分集団により独占される。身分集団は、ある意味ではまさに特定の生活態度にもとづくがゆえに、特権を独占しうるのである。

こうした諒解をともなうゲマインシャフトの閉鎖の議論は、「カテゴリー」論文から「ゲマインシャフトの経済的関係一般」章まで、一貫して取りあげられてきたものである。これらの章では、合理的なゲゼルシャフト関係の範囲を超えた諒解関係の形成という議論や、そこにおける「人格性」の働きに力点があったが、念頭におかれている事例はほぼ同じである。ここでは同じ事態を、身分および生活態度の概念を用いて再論しているといえる。いずれも、ゲゼルシャフト関係が諒解ゲマインシャフトによって〈オーヴァーラップ〉される、という論理が適用されている。

カーストの「名誉」

ところでヴェーバーは、「宗教的ゲマインシャフト」章で取りあげていたニーチェのルサンチマン論について、この文脈で再度言及している。身分集団による（積極的あるいは消極的）特権の独占は、場合によっては閉鎖的な「カースト」に至ることもある。カーストとは、「血縁上の親縁性を信じ通婚と社交を対外的に閉鎖する種族ゲマインシャフトが、相互に『ゲゼルシャフト形成され』たもの」を指す（GS, 262＝「階級」229-30）。種族的な疎隔が「水平的併存関係」なのに対して、カースト的編制は「垂直的な社会的上下関係」をもたらす。

ユダヤ人などの「パーリア」民族は、ここでいうカーストにあてはまる。種族ゲマインシャフトが併存している場合は、それぞれがみずからの「名誉」を最高のものと考えることができるが、カーストに編制されている場合は、特権的なカーストの「名誉」の「優位」を下位のカーストが承認する必要がある。しかしヴェーバーはここで、ユダヤ人などの下位におかれた「パーリア」民族ですら、「みずからの特殊な『名誉』への信仰」を持ち続けることに注意をうながしている（GS, 263＝230-1）。

この場合、特権なき身分の「品位感情」は、「摂理による『使命』への信仰と神の前での『選民』という特殊な名誉への信仰に培われざるをえない」。特権なき身分に照準しても、「名誉」をかたちづくる品位感情こそが彼らを支えているのである。だからこそ、「パーリア身分によって培われる宗教性の固有の性格は、そうした事態を源泉として生まれるのであって、……ルサンチマンからではない」。このように、ニーチェのルサンチマン論が明確に批判される。(12)

ヴェーバーによれば、種族ゲマインシャフトがゲゼルシャフト形成をとげたものがカーストなのであるが、「身分形成が種族的疎隔を起源とするのはけっして通常の現象ではない」。むしろ、名誉と生活態度の共有にもとづく身分編制が、「種族」を構成する基盤となる。[13] そして身分をつくりだすものは、政治的所属や階級的地位であり、「今日では階級的地位がはるかに優勢なのである」(GS, 264-5 = 232)。経済的に制約される階級的地位が、「身分的」生活様式の可能性を開く。今日においても、人びとは階級的地位だけでは満足せず、身分的特権を求めるのである。

身分と階級の「重層性」

いままでみてきたように、ヴェーバーはつねに、階級とのかかわりを念頭におきながら身分を取りあげ、論じている。両者の対立し、また交錯する諸側面を整理しておこう (GS, 266-9 = 234-7)。「市場」と「身分」は、原理的に対立する。市場は、「名誉」や「人格」のいかんをいっさい顧みず、もっぱら「物象的」な利害関心により支配される。市場は基本的には財をめぐる競争について開かれており、市場における所有の力に応じて階級的地位が決まる。それに対して身分は、名誉や身分的生活様式により編制される。だから身分的に特権を有する集団は、共有された身分原理を守るために、生活態度を共有しない純経済的勢力に対しては「成り上がり者」として仲間はずれの扱いをする。これはけっして前近代の話ではなく、近代的な市場経済を前提とした話である。

それゆえ身分的編制は、市場の自由な発展を阻止する。その経路は二通りある。一つは、身分が特定の財貨や顧客を独占し、法的あるいは慣習律的に自由な取引を禁止する、というやり方である。身分は財や権利をめぐる競争を妨げる。もう一つは、身分的名誉の観念によって、市場における「駆け引き」が忌避され、営利活動それ自体が恥とされる、という道筋である。身分原理のもつこうした側面は、市場とは相容れない。

ここでは、市場原理（それにもとづいて編制される階級）と身分原理との対立の側面が描かれている。理念型的には、両者は鋭く対立するものとして構成されており、また現実にも対立するケースは多い。だがヴェーバーは、両者のもっと複雑で相補的な関係にも着目している。

たとえば、市場原理にもとづく「自由な競争」が、じつは身分仲間に独占されている場合もある。形式的には「自由」が貫徹しているようにみえても、実質的には部外者に見えにくいルールが貫徹している。ようするに、これまで繰り返しみてきたような、ゲゼルシャフト関係が（諒解）ゲマインシャフトによって、〈オーヴァーラップ〉されているケースである。

たしかに、『階級』は財貨の生産と営利に対する関係にしたがって編制され、『身分』は特定の『生活態度』のかたちをとった財貨の消費の原理にしたがって編制される」。「職業」も、職業によって制約された特定の「生活態度」によって社会的名誉を要求するのが通例なので、「身分」といえる。しかし、階級と身分の区別は、現実には「しばしば混ざりあう vermischen sich」のである。

ヴェーバーは随所で、身分と階級の関係がけっして単線的な継起関係ではないことを強調している。「財貨の獲得や配分の基礎がある程度（相対的に）安定していることは身分編制を促進するが、これに反してどのような技術的・経済的動揺や変革も身分編制を脅かし、『階級的地位』を前面に押し出す。むき出しの『階級的地位』が優越した意義をもつ時代や国々は、通例、技術上・経済上の変革期なのであるが、これに反し経済的変革過程が緩慢化すると、ただちに『身分的』形態が台頭し、社会的名誉の意義が回復されるのである」(GS, 269=237)。

身分―階級の対比は、前近代―近代の対比ではなく、安定期―変革期の対比である。社会の前面に現われてくるものはどちらか、という違いはあるが、ともに社会の基礎的な編制でありつづける。したがって近代においても、社会が相対的安定期に入ると階級が身分によってオーヴァーラップされ、それゆえ〈生活態度‐諒解〉のもつ意義も増大してくる。この議論が現代的意義をもつゆえんである。

第五節　むすび――政治ゲマインシャフトの重層性

〈究極の要求〉を成り立たせるもの

本章は、政治ゲマインシャフトがなぜその成員に「死」をも要求できるのか、という問いを出発点として、こうした「死の要求権」さえもが成り立つメカニズムを探るために、『経済と社会』旧稿に含まれる「政治」章から「国民」章を経て「階級」章に至る一連の論稿を検討してきた。その際手がかりとしたのは、旧稿に一貫してみられる「諒解」やゲマインシャフトの重層性といった視点である。

ヴェーバーによれば、「死の要求権」の基盤となるのは、生死をかけた闘争の記憶の共有だった。この(多分に再構成された)記憶の共有が、「追憶のゲマインシャフト」を生みだし、それがさらに「国民意識」に究極的・決定的な刻印をあたえるのである。先行世代が生命を投げ出してつくりあげた(または守った)祖国という「記憶」が、その成員に対して〈究極の要求〉を可能にするような

「国民意識」をつくりあげるという。だがこの「記憶」によって、なぜ人びとが命まで投げ出すのかは、必ずしも明らかにされているとはいえない。

他方でヴェーバーは、近代的な政治ゲマインシャフトが「適法性」に対する成員の信仰がもたらす「威信」によって根拠づけられる、ということに注目していた。政治ゲマインシャフトの発展段階は、正当な強制権力が国家に独占されていくプロセスとして描き出される。自律的な諸団体の特権が剝奪されて、国家が適法性を専有するに至るのである。だがこの過程と、国家の「生殺与奪の権」（究極的には「死の要求権」）が正当化されるような「適法性に関する特有の正当性諒解」が生じる過程は必ずしもイコールではないだろう。たんに〈法に適っている〉という理屈を超えた「正当性諒解」がなぜ成り立つのか、ということは依然として十分に解明されていない。この点の探求が、「国民」章においてもなお続行される。

ヴェーバーによれば、政治ゲマインシャフトの対外的膨張の基盤をなしているのは「威信」の要求であり、ここに権力の「固有のダイナミクス」が存在していた。それはとりわけ「列強」にとって回避しがたいもので、個々の成員の合理的判断や利害得失を超えて否応なく巻きこまれる「非合理的要素」として描かれている。まだしも「帝国主義」を担う階層にとっては、こうした「威信」の追求は、経済的利害関心を満たすという意味で合理的な側面をもつ。だが「大衆」は、戦争や帝国主義によって利害関心を満たす客観的チャンスをほとんどもたない。にもかかわらず大衆が「威信感情」をもつのは、利害関係者による大衆の「情動」への働きかけ、「組織的育成」によるものとみられている。

こうしてとりわけ「列強」内部においては、例の「記憶」の働きもあって「小市民大衆」自身にも威信感情が「深くしみわたっている」。この威信感情を基盤として「国民」理念が形成される。その際知識人層が、利害関係者の特殊な利害関心にもとづく「むき出しの『権力』威信」を、より一般的でソフィスティケートされた「国民」の理念に変換する役割を果たすのである。それが、本来的には利害状況や階級的立場を異にする諸階層を〈一つにくくる〉働きをする。

ヴェーバーは、知識人によってつくりあげられる「国民」という理念が、経験的にはまったく多様で融通無碍であることを強調する。それは、言語などの文化、人種といった表象、あるいは伝説や神話などによる「威信」という優越性の表象などを素材として、構成されたものである。近代国家というゲゼルシャフト関係は、「諒解」としての「国民」の観念を喚起し、それを不可欠のものとして組みこんで存立しているといえる。

自尊感情と「国民」の連結

ところでヴェーバーは、政治ゲマインシャフトにおける威信の要求を「『身分的』秩序にも比肩すべき『名誉』の王国」と特徴づけており、「階級」章との論点の連続性が示唆されていた。「国民」章は、「国民」理念と「威信」との関係を探ろうとしたところで中断している。この「威信」のもつ力を探るという課題が、「階級」章において「社会的名誉」を追求する際にも、念頭におかれていた可能性がある。

身分は、社会的な名誉（威信）にもとづくゲマインシャフトである。ヴェーバーによれば、身分は集団内部の利害対立から目をそらして人びとを統合する作用をもつ。この意味では、身分的名誉を国民国家全体に広げれば「国民」と重なる、という見方も可能である。こうした身分的名誉をかたちづくっているのは、ある特定の「生活態度」の共有である。そこでは、ある生活態度が「諒解」として通用している。

このように身分的名誉について論じる文脈の中で、ヴェーバーはニーチェのルサンチマン論を再度取りあげ、批判する。このやや唐突とも思える議論は、どう位置づければよいのか。ヴェーバーは、ユダヤ人という「パーリア民族」が、「名誉」と「品位感情」によって支えられ、また突き動かされていることを強調する。どのような地位や身分に属していようとも、ルサンチマンではなく、名誉や品位感情という自分への意味づけ、自尊の意識が重要な役割を果たすのである。こうした自尊感情は、たとえば宗教によって社会的に意味づけられることにより、きわめて長きにわたって民族の統合を可能にする。

ヴェーバーはこうした名誉や品位感情が歴史的に果たしてきた役割を想起することによって、「国民」理念の形成において威信や名誉といった要素がもつ意義を確認しているのではないだろうか。こうした認識の背景には、「あらゆる生活チャンス一般が自己義認の要求をもつ」という人間観・社会観がある（WuG, 549＝「支配Ⅰ」28）。政治ゲマインシャフトは、自分の存在や行為に対する正当化や社会的な〈意味づけ〉を求める人びとの欲求に訴え、それを「国民」の理念に連結することによって、「死の要求権」さえも可能にしているのではないか。(14)

権力者は、大衆の「情動」に働きかけて威信感情を「組織的に育成」する。だがそれが、一方向的な〈イデオロギーの注入〉といったようなものだったら有効に機能しえないだろう。知識人が種々の源泉から構成した「国民」の理念は、人びとの名誉や品位感情、そうした「自己義認の要求」に働きかけることによって、はじめて力をもつ。しかもこうした要求を水路づけて、拘束性をもった〈国民としての名誉ある生活態度〉の確立と共有にまで至れば、「国民」の理念は〈身体〉のレベルまで巻きこんだ強力なものになりうるだろう。

ヴェーバーは近代国家を、一方では官僚制や近代法に代表される合理的な諸制度をもった機構として描き出す。だが他方で、これまでみてきたような、人びとの曖昧で不定形な意味づけや思いの側から構成されるものとしても描き出している。『経済と社会』旧稿に一貫してみられる〈諒解がゲゼルシャフト関係を成り立たせる〉という見方をヒントにすれば、次のようにもいえるだろう。近代国家は、名誉や自己義認の獲得をめざした人びとの思考や行動に根ざし、それを「義務的・拘束的なもの」として立ち現われる諒解によって客観的に意味づけ、確証する（そうみなされるようになる）ことによって成り立っている。

ヴェーバーは、政治ゲマインシャフトの存立構造を、このような諒解のメカニズムを内在させた重層的なものとして描き出していたのである。

［注］

（1）ヨハネス・ヴィンケルマン編集の『経済と社会』第四版および第五版では、第二部第九章の八節が「国家社会学」と題されている。しかしこの部分は、ヴェーバーが『経済と社会』旧稿の一部として執筆したものではない。この節は、ヴィンケルマンが「新秩序ドイツの議会と政府」や「職業としての政治」等の諸論文から（それぞれの背景や文脈を抜きに）国家に関わる文章を抽出して編集したものである。したがって、本書の考察対象にはならない。

（2）たとえば代表的なものとして、ヴォルフガング・J・モムゼン（Mommsen 1974）やデーヴィド・ビーサム（Beetham 1985）の研究などをあげることができる。

（3）章のタイトルと配列順は、暫定的に『マックス・ヴェーバー全集』の該当巻（MWG, I/22-1）に従っている。なお、以下本文中ではこれらの各章を順に「政治」、「国民」、「階級」と略記する。

（4）本書第一章第三節、第二章第二節、などを参照。

（5）この点で「威信」をめぐる議論は、後続する「階級」章に受け継がれるとみることもできよう。

（6）したがって初版の編集者がこの部分に「『帝国主義』の経済的基礎」という節題をつけたのは、やや不正確といえる。

（7）この点を考えると、はたしてここでいう Nation の訳として「国民」が適切なのかどうか疑わしい。とりあえず、こうした多様性を含みこんだ概念であることを確認しておきたい。

（8）この点については、本書第二章第三節を参照。

（9）「ゲゼルシャフト関係には、通例〔その目的の〕『範囲を超える』ゲマインシャフト関係がともなう」（GS, 91=「一般」539）。この点について詳しくは、本書第二章第三節を参照。

（10）ヴェーバーは、「持てる者も持たざる者も同じ身分に属することができる」このような関係を、ドイツ式のクラブ組織が持ちえなかったアメリカ的クラブの「魅力」とみている（GS, 260=「階級」227）。

（11）ブルデューの「ハビトゥス」概念はこうした思考の系列に位置づけることができるだろう（ブルデュー 1991）。

（12）この点については、本書第一章第二節、および第三章第三節を参照。

(13) この点については、本書第二章第三節を参照。

(14) だからといってヴェーバー自身は、このような諸個人の名誉や自尊感情と威信ある国家との連結を必ずしも〈批判的に〉みているわけではない。たとえば笹倉秀夫は、ドイツ自由主義の流れに立つヴェーバーにとって、近代的・自立的な国民主体の確立と強固な権力国家としての自己主張は「相互不可分の連関」にあったとしている（笹倉 1979：12-3）。本章ではさしあたり、社会秩序の存立をザッハリッヒに解明する試みとして、「政治」章以下の議論を受けとめている。

終章　行為者像の転換と社会像の転換

行為と構造の〈あいだ〉

本書が課題としてめざしていたことは、シンプルにいえば次のようになるだろう。すなわち、これまでのヴェーバー研究が多かれ少なかれ前提としてきた二項対立図式――一方での目的合理的な個人像、他方での物象化・官僚制化の進んだ「鉄の檻」としての社会像が無媒介的に並立している図式――をどう超えるか、ということである。この課題に対して、「諒解」という、編纂事情のゆえにこれまで十分な位置づけがあたえられてこなかった概念を〈復権〉させることによって、ここまで回答を試みてきた。

ヴェーバーによる「諒解」の規定は、けっして分かりやすいものではない。ようするに諒解とは、何かはっきりとした取り決めがなくても、他者はこのように行為するだろうと立てた予想が、それなりの確率で当たることを意味している。なぜ当たるかといえば、他者がこの予想を「妥当なもの」として扱う（あるいは扱った「かのように」行為する）ことが十分考えられる（その蓋然性が客観的に存在している）からである。この意味で予想はけっして「妄想」ではなく、予想が成り立つような空間や関係が現実に存在しているわけである。それではなぜ予想が成り立つのか。しかも偶然ではなく、客観的な蓋然性をもって成り立つのか。諒解概念は、こうしたメカニズムの解明を課題としていた。

諒解の基盤には、目的合理的な計算、価値合理的なあるいは習慣化した義務や拘束性の観念、意図と身体化された性向が、多くの場合は渾然一体となって存在している。[1] だから何が行為の目的であり動機であるのか、本当のところは明晰に意識していることは少ない。それでも私たちは相互行為において、こうした不確定の要素にもとづいて、互いに相手の行為を予想しながら自分の行為を組み立てている。お互いに相手の出方がまったく予想できなければ、私たちは相互行為をつないでいくことができない。だから社会秩序が存立している基盤には、このような諒解のメカニズムが働いているとみることができる。

この議論をふまえると、ヴェーバーが、みずからの目的や価値を明晰に意識し、合理的にふるまう個人をもっぱら社会理論の基盤あるいは出発点に据えていた、という理解は受けいれにくい。目的合理的な個人は、理念型としては（したがってある種のユートピアとしては）設定されていたが、現実の社会分析における位置づけは、相対的で限定的なものにとどまっているのではないか。現実に予想が成り立ち、秩序が成り立っているのは、行為者の明晰な意識にも無意識（社会構造による規定）にも還元されない、両者の〈あいだ〉にあるものの働きによる。人間の行為の多くは、すっきりとは言い表せないような曖昧で複雑な要素にもとづいている。[2]

だから問題はむしろ、なぜこうした曖昧で複雑な要素を基盤としているにもかかわらず、人びとは（少なくとも一見）合理的にふるまうことができたり、形式合理的な秩序を成り立たせたりできるのか、というかたちで立て直されるべきだろう。ヴェーバーは、種々のゲマインシャフトにおける秩序形成の様態をたどりながら、この問いについて一貫して考察していたのではないか。ある種独特の想定や義務の観念にもとづいて、人びとが繰り返し行為を接続させていくとき、その結果として、合理的な行為者と合理的な秩序が同時に立ち現われる。本書で検討してきた『経済と社会』旧稿の諸章からは、このような行為と構造をつなぐ諒解メカニズムの解明というテーマを読みとることができたのである。

「諒解」の射程

ヴェーバーは、『経済と社会』旧稿の出発点において、研究者や観察者からみて客観的に成り立つふるまい方の予想（客観的に妥当する意味）と、行為者自身が抱く予想（主観的に思われた意味）を区別する必要性を強調していた。もちろん行為者が抱く予想は客観的な諸条件に影響されているし、こうした諸条件に影響されつつ現実化する行為は、逆にこの諸条件を強化するだろう。しかし行為者は、場合によっては、研究者が妥当とみなす意味とは異なった予想を抱く可能性をもつと想定されている。それは研究者の観点からすると「整合合理的」ではないかもしれないが、しかし行為者なりの〈意味づけ〉にもとづいて判断の枠組みが形成され、行為が現実化しているのである。

諒解とは、別の言い方をすれば、この二つの水準の「意味」が〈結果的に〉あまり齟齬をきたさずに相互循環している状態を指し示している。「主観的に思われた意味」と「客観的に妥当する意味」がかなりの程度重なりあい、それによって相互に行為を予想しあうことが可能になっている。明確な協定や制定秩序がない（あるいはその存在が十分意識されていない）状況で、先に述べたような曖昧で複雑な諸要因に影響を受けつつ、予想と行為の接続が成り立つのである。ヴェーバーは、秩序の「妥当」をこのような動態的な過程として捉えていた。

とはいえ諒解が立脚している二つの水準の「意味」は、当然まったくは重ならずにズレることもありえる。たとえば第五章で取りあげたように、「大衆」は戦争によって得るものは少ないにもかかわらず（だから整合合理的には戦争に反対する方が理屈に合うのに）、むしろ積極的に戦争を支持し、生命を投げ出すこともいとわない。政治指導者が大衆の自尊感情などに訴え、「国民」へと動員することを通じて、客観的諸条件とは異なった諒解をつくりだすこともありえるのである。二つの水準の意味の区別は、なぜ行為者が諸条件を見通すことができないのか、なぜみずからの利害に反した「意味」を受けいれるのか、その仕組みを問うことにもつながる。

しかし行為者が、つねに客観的な諸条件に見合った予想をして行為を選択するわけではないことは、諒解が〈変更〉される可能性に結びつく。そこには、行為者がこれらの諸条件を捉え返し、新たに意味づけ、動態化していく可能性が（少なくとも可能性としては）内包されている。二つの水準の意味と諒解を用いて社会秩序の存立にアプローチするヴェーバーの社会理論は、このような射程をもっていることをまずは確認しておきたい。

また「諒解」概念が、合理化・ゲゼルシャフト化が進んだ近代社会に焦点づけられていることも、あらためて強調しておきたい。義務・拘束性の観念が水や空気のように存在していて、とくに人びとから疑問も抱かれず、他の行為選択肢も思い浮かばないような世界では、「諒解」のメカニズムがあえて〈問い〉として前景化されることはないだろうし、またその必要もない。行為の選択性や（形式的）自由が拡大した近代だからこそ、義務や拘束性が成り立つ根拠が問題になるともいえる。すなわち、他者も拘束性を感じている（かのように行動する）と予想することが折り重なって義務として社会的に成立するのであり、他者も規範として扱う（と予想する）から規範になるという、やや回りくどいメカニズムを想定することが必要になるのである。

こうした想定を根拠づける歴史認識として〈重層性〉へのまなざしを位置づけることができる。ヴェーバーは、近代に至る歴史を進化や発展、あるいは物象化や没意味化として必ずしも直線的に把握していたわけではなかった。むしろ、合理的なゲゼルシャフトの目的の範囲を超えたゲマインシャフトが創出され、合理的なゲゼルシャフトが諒解ゲマインシャフトに支えられて妥当する、という局面に繰り返し注意がうながされていた。諒解ゲマインシャフトは、合理化されたゲゼルシャフトを成り立たせるために、呼び起こされ、新たに意味づけられて再編制され、そこに組みこまれていくのである。したがって諒解ゲマインシャフトのクローズアップもまた、きわめて近代的な現象であるといえよう。

「鉄の檻」の動態化

物象化・官僚制化の進んだ「鉄の檻」という社会像は、前述の目的合理的個人の頽落態である歯車的・意味喪失的個人像と、ある意味で対応している。行為の意識性の水準において〈合理性〉が頽落した行為者には、高度に合理的な秩序である「鉄の檻」を乗り越えていくことは（それを問題視することさえも）難しい。このような図式でヴェーバーの社会理論を把握してしまうと、物象化した「鉄の檻」の〈外部〉から救済を求める以外に、「鉄の檻」を越える方法がなくなる。

しかし、みてきたようにヴェーバーの行為者像は（少なくとも『経済と社会』旧稿の段階では）、みずからの価値と目標を見据える高度に意識的な合理的個人でもない代わりに、価値合理性を喪失した、たんなる機構の歯車でもない。ヴェーバーは、諒解のメカニズムにもとづいて社会秩序を成り立たせている諸個人には、ある種の価値的ないしは倫理的な要素による「意味づけ」が働いているとみていた。本書ではこうした要素を随所にみてきたが、とりわけ重視されていたのは「名誉」や「自尊心」、「品位感情」のもつ意義である。

たとえば「宗教的ゲマインシャフト」においては、非特権層の「品位感情」の働きがきわめて重視され、ニーチェのルサンチマン説への反論となっている。また「政治ゲマインシャフト」以下の諸章においても、人びとの名誉や自尊心が「国民」へと連結されていく様が描き出されていた。みずからの「正しさ」や「価値」への要求が引き出され、組みこまれることが、社会秩序の形成にとって巨大な意義をもつとみなされているのである。この視点は、やがて「支配社会学」において、「あらゆる力、あらゆる生活チャンス一般が、自己義認の要求をもつ」とあらためて総括されることになる（WuG, 549＝「支配I」28）。

ヴェーバーにとって、社会をなして存在する諸個人は、このような「価値」への意識に突き動かされ、また支えられて日常の生活を送っている。「鉄の檻」を成り立たせているのは、機構の歯車ではなく、この意味での価値的・倫理的な要素を含む「人格性」である。したがって物象化した近代社会は、こうした「価値」の要素を含みこんだ諒解のメカニズムによって、日々妥当し、確証されることによって存立している。物象化した社会は、形式合理的な機構と、価値的要素を含む人格性との相互連関として動態的に捉え返すことができる。

物象化した「鉄の檻」が、このような意味での「人格性」を前提として成り立つという事態は、まさに〈両義的〉である。一方でヴェーバーは、「宗教」章において、「全人格性」という近代人の人格観に対して「およそ人間性に縁遠い」という評価を下していた（RG, 367＝258）。人格が丸ごと評価の対象になるので、罪や失敗の回復が困難になることが理由である。他方で彼は、時事的な政治論文の中で次のように述べている。「大衆の精神を名誉と同志愛のうえにうち立てようとする国が忘れてならぬことは、労働者の経済闘争という日常においても、名誉と同志愛の感情こそが大衆を教育するにあたって唯一の決定的な倫理的諸力のもとになること、だからこそこの諸力を自由に発揮させねばならないこと、これである」（PS, 318＝「議会と政府」348）。ここでは、全般的官僚制化の傾向に対して、政治的に自立した個人を育成するために「名誉と同志愛」が重要であることが強調されている。[3]

近代合理主義を担った輝ける人格性が、官僚制機構の「歯車」に頽落したわけではないだろう。人格性は、そもそも両義性をもつものとして近代化と近代社会の存立に組みこまれていた。物象化した社会が存立し通用していくためには、ある種の価値的・倫理的なものを媒介とする必要がある。このことは、価値や意味を含めた人間性の全面的な収奪につながる可能性がある。しかし同時に、（やや踏みこんでいうと）「人格性」として組みこまざるをえないというまさにその点に、歯車にはなりえないそれぞれなりの「自尊心」をもった人間が、みずからの手で秩序をつくりかえていく契機が孕まれているとみることもできるだろう。

いずれにせよ、この最後の点は、ヴェーバー自身がみずからの課題として明確に意識していたことではないだろうし、その理論構成において明示的に展開されているわけでもない。[4] しかし、二つの水準の「意味」と「諒解」というカテゴリーに着目してきた本書の探索は、ヴェーバーによる〈合理的な社会秩序の存立構造論〉をある程度明らかにすることができた。『経済と社会』旧稿で繰りひろげられているヴェーバーのカズイスティークは、私たちの社会を動態的に捉え返すための理論的資源の宝庫として位置づけ直すことができる。

残された課題

本書は、『経済と社会』旧稿の編纂問題に関する折原浩の提起を導きの糸として、「カテゴリー」論文から旧稿本体に至るヴェーバーの議論をたどってきた。旧稿各章間の緊密なつながりや論理上の結びつきに関しては、折原が指摘する参照指示のネットワークに加えて、(限られた視点からではあるが)テーマや視角の一貫性という意味でも確かめることができた。何よりも、「カテゴリー」を冒頭に配置しなければ旧稿を理解することは不可能であることを、本書なりの視点から明らかにできたと思う。とはいえ旧稿の各章・各段落の配置について詳細に検証していくことは、本書の範囲を超えている。今後の課題としたい。

ヴェーバー研究の領域において、本書でできたことはきわめて限定的である。初期から後期へとヴェーバー社会理論の発展を時系列的にたどったうえで、『経済と社会』旧稿を位置づけることはできなかったし、同時期に執筆された『宗教社会学論集』との関連にも目配りすることはできなかった。

いずれも今後、長期的に取り組んでみたいと思う。

とりあえず当面の課題としては、『経済と社会』旧稿のうち、今回取りあげることができなかった「支配社会学」の検討をあげておきたい。ヴェーバーは「支配」という現象を、強権や暴力、あるいはたんなる利害関心からではなく、「正当性諒解」のカズイスティークを通じて理解しようとしている。支配の領域では、名誉や自己義認、正当化といった要因をいかに組みこむかが、まさに主題となる。本書で取りだした視点は、ヴェーバーが「社会的なるものすべての中心現象」とみなす支配を論じる際に、当然中心的な役割を果たしているだろう。膨大な「支配社会学」を検討することによって、本書の議論を膨らませ位置づけ直すとともに、『経済と社会』旧稿全体の論理的な〈まとまり〉についても論じてみたい。

本書では、出口のない「鉄の檻」と英雄的・カリスマ的な個人の対抗、という図式とは異なったヴェーバー像を提示してきた。運命に抗って道を切り開くような「強い個人」の復活に期待するのではなく、ふつうの個人の日々の営みの中に「鉄の檻」を動態化していく契機を探る試みである。この試みを、今後もヴェーバーのテキストを読み解くことを通じて継続してゆきたい。

[注]

(1) ここで目的合理的な計算といっても、たとえば利得ないしコストの認識自体はある種の文化的・価値的なものによって規定されているのであって、一般的・普遍的な数式で表現できるものでは必ずしもない。

（2）人間はこのように、理屈に合わない、理屈では割り切れない矛盾したものを抱えているといえる。目的合理的人間像よりも、こちらの方がじつはヴェーバーの人間観により近いのではないか。しかしヴェーバーの場合、理屈に合わないことに埋没するのではなくて、それをあくまでも科学の言葉によって対象化し、説明しようとした。曖昧な割り切れなさを、（深層）心理からではなく経験的な行為と秩序の連関から、論じているのである。「諒解」という概念の難しさと魅力は、こうした人間の〈わけの分からなさ〉に向き合いアプローチしたところにあると思われる。

（3）ヴェーバーは「ロッシャーとクニース」で、「人格性」について次のように述べていた。「人格性」とは、「特定の究極的な『価値』と生の『意義』に対する恒常的な内的関係のうちにその本質が見いだされる」ものである（WL, 132＝「ロッシャー」270）。この規定をさらに押し広げるかたちで、デーヴィド・オーウェンは、ヴェーバーの「人格性」が「特定の生の領域の選択や遵守」をともなうという。具体的には、「規範や義務に対するコミットメントが随伴する」労働が念頭におかれている（Owen 1994：128＝214）。オーウェンが直接にカリスマ概念に引きつけて「人格性」を理解していくことには異論があるが、「規範や義務に対するコミットメント」という視点からみていくことは本書の理解と重なる。

（4）とはいえ逆に、『経済と社会』旧稿の膨大なテキストを貫くような、単一で明確な動機や意図を、ヴェーバーがつねに一貫して意識していたとも言い切れないだろう。たとえばヴィルヘルム・ヘニスは、ヴェーバーの作品全体を貫通するテーマとして「人格と生活秩序の緊張関係」をあげている（Hennis 1987：70＝81）。だがこうした〈究極の問題設定〉を求める理解は、（ヘニスが批判している）進化論的見地からの合理化論や脱魔術化論がヴェーバーの中心テーマであるとするテンブルックやシュルフターの理解と、いわば〈同位対立〉に陥っているのではないか。

この点については、柳父圀近による次の指摘をふまえたい。「現代の知識人は『精神的多面体』である他はない。ウェーバーは何らかの『信仰』――信仰箇条と礼拝様式――に丸ごと帰依するには、あまりに『醒めた』知性の持主であった。『生の無限の多様性と非合理性』を凝視してたじろがない精神がヴェルトフライハイトであった。もちろんそれは強靭な、『多面性に耐えうる精神』を失えばただちにニヒリズムにすべりおちる他はない。……ところで、『多面体』であることの緊張に耐えているウェーバーには（従来考えられていたその姿とは少しことなって）ある『わりきれなさ』がいつもつきまとっていたように思われる。しかしそうしたウェーバーの『わりきれなさ』（明晰性にもかかわらずではなく、まさに明晰性ゆえの）こそは、西ヨーロッパの知的精神史の（西ヨーロッパ的な「生」の経験と論理とは何か、を啓示する）ティピカルな、そしてそれが内包せざるをえなかったある深い悲劇性のゆえに、おそらくはもっとも高貴な遺産なのである」（柳父 1983：23）。

ヴェーバーの作品は、一つの観点から直線的に再構成できるようなものではない。対象の把握そのものが、（対象の性格に対応して）多面的で重層的である。場合によっては、著者自身が明瞭に意識していない動機が、理論構成や議論の展開に表出することもありえる。本書では多様な意図と論理展開を潜在させ、多様な読みに開かれたテキストとして『経済と社会』旧稿を扱い、一つの〈可能な読み〉を提示することをめざしてきた。

あとがき

本書は、二〇〇五年九月に東北大学大学院文学研究科に提出した学位請求論文「ヴェーバー『経済と社会』(旧稿)の研究——諒解・意味・重層性」をもとに加筆・修正をおこなったものである。ここ数年、サブタイトルにある「諒解・意味・重層性」という三つのキーワードを軸として、『経済と社会』の旧稿部分を読み返すという作業を続けてきた。視角と対象をそれなりに限定して臨んだつもりではあったが、それでもヴェーバーはあまりにも巨大で、関連する先行研究も膨大にあり、その際限のなさに途方に暮れた。が、そういっていてもきりがないので、無理やり自分で締切を設けて作業の途中経過をとりまとめ、批判を仰ぎつつ少しずつでも前進をはかりたいと考えた次第である。

ヴェーバーを読む際に、私自身の側で気になっていたこと、念頭においていたことは、いくつかある。一つは、いまの日本社会に広がっているように感じられる、曖昧で不定型な自縄自縛の雰囲気である。誰かが命令しているわけではないのに、いったん流れができるとそれに逆らえなくなる。昭和天皇死去の際にみられた「自粛現象」、マスメディアの過剰な自己規制あるいは苛烈で一方的なバッシング、さらに昨今の「大学改革」に至るまで、この間あきれるほど多くの事例を目にしてきた。強制する者がいるわけではないので、結果に対しては誰も責任を負わない。そういう意味では、丸山眞男が問題にした日本社会のありようからさっぱり変化がないともいえる。

しかしこうした事態を、(日本的な)個の未確立や未成熟というかたちで問題にすることが依然として妥当なのかどうかには、いくぶんの疑問が残る。というのも、個の自立と「人権」の時代だったはずの二十世紀が、同時にかつてないほどの戦争と殺戮の世紀であった、という事実に向きあわざるをえないからである。そしてこうした事態は、残念ながら二十一世紀にも引き継がれている。人権とヒューマニズムが広く定着したはずの時代において、かつてないほどの大量虐殺という愚行が繰り返されたという逆説。人権が純粋な正義として掲げられたときに、暴走に対する歯止めが失われるという経験。語られてきたような「近代的個人の確立」は、こうした逆説を十分にふまえたものになっていたのだろうか。

現代社会が抱えこんでいるこのような根深い問題性に対して、何らかの〈解答〉をヴェーバーに求めることは、無い物ねだりというほかないだろう。しかしこうした問題を念頭におきながらヴェーバーを読むと、立ち止まってよく考えるべきポイントや、考えるためのヒントが豊富に含まれていると感じられた。たとえば、本書で合理化された社会の成り立ちを明らかにするための戦略ポイントとして位置づけてきた、諒解、二つの水準の意味、重層性、「かのように」等々の視座や名誉・自己義認を重視する人間把握などである。

ある一定の流れがある「かのように」多くの人びとが予想し行動すると、一定の流れができる。ある規範がある「かのように」他の人びとも行動するとみなすと、現実に拘束性をもった規範が立ち現われる。目的合理的に規制される（はずの）システムの存立は、「かのように」の論理がつくりだす、システムの明示的な目的を超えた諒解ゲマインシャフトによって支えられている。

こうした諒解ゲマインシャフトは、もちろん何の脈絡も理由もなしにつくられるわけではなく、一定の〈根拠〉をもつ。それは「血と土」への偽装され拡張された記憶に訴えることもあるし、フリーターの「プライド」を組みこむこともあるだろう。あるいは人びとの正義感や差別意識をバネにすることもある。そのようなありふれた要素を素材として、諒解ゲマインシャフトが形成される。それがある条件の下では、ファシズムやウルトラ・ナショナリズムに結びつくことは、私たちが経験してきたことだ。とりわけ形式的自由の増大と実質的なチャンスの制限が同時進行する中では、プライドの確保や自己義認の要求のために、きわめて非合理的な選択がなされるという事態もみてきた。

諒解の領域そのものは、明示的な規則や合意による歯止めを欠いているために、こうした極端な結果に行き着く危険性をつねにもっている。だがその一方でヴェーバーは、諒解、「かのように」といった曖昧なものの領域を、この側面においてのみ捉えていたわけではない。たとえば貨幣を用いた交換は、見知らぬ他者が貨幣を価値あるものとして受け取ることを、そして交換の結果を尊重するであろうことを「信頼」することによって保障される。当事者が、そうした秩序があるかのようにふるまうことによって、秩序が成り立つのである。

その際、個別の交換相手を深く理解するとか共感するといったことは、とくに問題にされていない。相手を良く理解できなくても、あるいはうまく理解できない場合にこそ、信頼を仮設し、諒解にもとづいて相互に行為することがメリットをもつ。もちろんそれは、ほとんどの場合目的意識的につくられるものではなく、事後的にその存在に気づかされるようなものである。そうした秩序が多くの関与者にとって合理的であるならば、長期にわたって妥当し存続していくだろう。私たちの社会は、そのようにして成り立っている。

合理化された社会の秩序を、諒解の領域との重層性において捉えることは、秩序の究極的な原理や根拠づけをとくに求めないことにつながる。秩序が「かのように」という〈約束ごと〉によって成り立っていることを理解すれば、それは極端な原理主義に対しての免疫ともなりうる。原理主義やウルトラ・ナショナリズムは、多くの場合、ある種の自然必然性や真性の記憶、伝統の衣をまとうものだからである。

もちろん、諒解や「かのように」秩序がいかにして成り立つのかということには、普遍的で一義的な解があるわけではない。さまざまな社会的・文化的要素（義理人情とか郷土愛とか「人格性」とか「伝統」とか……）が材料となって、種々の条件の下で、人為的にあるいは成り行きで秩序形成がなされるだろう。こうした「わけの分からないもの」「割り切れないもの」「曖昧なもの」の領域が、どのように方向づけられ、制度化されていくのか。それが社会の存立とその行方にとって決定的な意義をもつことを、いくつかの重要な事例とあわせて、ヴェーバーは教えてくれる。

ヴェーバーの社会理論をこのような筋道で理解するとき、自立的で主体的な近代的個人の確立と彼らが形成する透明なゲゼルシャフトという展望だけでは（それはそれである程度必要なことだとは思うが）、社会形成の半面しか捉えていないことになる。何の条件も支えもないままに、みずから決断し道を切り開く「強い個人」を要請することは、人間に強いプレッシャーをかけることになる。そればかりか、簡単に白黒をつけることができると信じ、スッキリした透明な社会や関係を追い求めるタイプの個人は、極端から極端へと大きな振幅を描きがちで、原理主義的なものに対する免疫も弱いのではないか。

「諒解」の領域がもつ意義を重視する立場からすれば、「強い個人」を前提とした社会理論の構成やみずからを「強い」と思いこむ個人の存在は危なっかしい。むしろ矛盾を抱えこみながら「曖昧なもの」に向き合い、そこでとまどい、ためらうような個人、曖昧だからこそ、そこにさまざまなルートを〈仮設〉する試行錯誤の上に成り立つような関係性こそが望ましいのだと思う。

ヴェーバーはこれまで、英雄的で決断主義的な、それゆえ悲劇的なイメージのもとで解釈されてきた。しかし彼の社会理論は、そんなに大上段にふりかぶらなくても、もっと日常的な感覚と等身大の人間像にもとづいて理解することができるのではないか。英雄的でもないがたんなる歯車でもない、それぞれが小さなプライドを抱えて生きる個人と彼らが織りなす社会の理論として動態的に捉え返してみるとき、私たちは、ヴェーバーの残した著作から新たな示唆を引き出すことができるだろう。

拙い小著をようやく取りまとめたにすぎないが、これまで多くの方々にお世話になってきた。学部生のころからかなり長期にわたり、菅野正先生の研究室やご自宅にうかがって、『支配の社会学』の読書会に参加させていただいた。この読書会では、ヴェーバーのテキストを段落ごとに音読した上で、その内容について細かく議論していった。菅野先生の語る、近代日本の地主制などの歴史的事例で肉付けされることによって、ヴェーバーの一見すると無味乾燥で回りくどい文章が、生き生きとしたりアリティを帯びて呼吸を始めることに驚いた。

佐藤勉先生からは、「もっと研究に人生賭けてみろ！」的な叱咤激励をよく頂戴した。先生のような愛情と情熱をもって対象と取り組まない私が、きっと歯がゆかったのだと思う。先生とは芸風が違うだけで、私なりには情熱をもっていたような気はするが。「里親」のようにあれこれ心配していただいたことも忘れられない。細谷昂先生主宰の通称「細谷ゼミ」からも多くを学ばせていただいた。難解なマルクスのテキストを青息吐息で読みながら、「こんな場合ヴェーバーだったらどういうか」とふと考えたりもした。研究会終了後の「飲み会」での議論も、とりわけ勉強になった（と思う）。細谷先生や先輩諸氏の闊達なお話に耳を傾けながら、アルコールのせいだけではない興奮を覚えた（翌朝その中身をよく憶えていないことが難点ではあったが）。

すべての方のお名前をあげるわけにはいかないが、研究者のタマゴ時代を過ごした仙台でお世話になった、先生方や院生の皆さまには感謝している。対象は何であれ、とにかく地味にコツコツと学説研究に取り組むこと、現地に繰り返し足を運んで実証研究に取り組むこと、この両方を往復してナンボであること、を徹底して教えていただいた。

自由で居心地のよい環境の中でマイペースで研究することを許してくれた、新潟大学人文学部の同僚の先生方にもお礼を申し上げたい。「改革」の永久運動（？）を強いられる中で、何かと気ぜわしい毎日ではあるが。

本書のもとになった博士論文に対して、多くの方からコメントをいただいた。論文の主査をお願いした高城和義先生をはじめとして審査委員を担当していただいた東北大学大学院文学研究科の先生方からは、多くの有益な示唆を頂戴した。また雀部幸隆先生からは、博論への重要なコメントを含む長文のお手紙をいただいた。鈴木富久氏を中心とする方法論研究会では、報告の機会をあたえていただき、鈴木氏や大関雅弘氏をはじめとするメンバーの方から貴重なご意見をいただいた。こうした機会に頂戴したコメントをもとに、直せるところは直したけれども、まだ十分に生かし切れていないものも多い。今後の課題とさせていただきたい。

折原浩先生からは、この間とくに何度も温かいコメントと励ましをいただき、また出版に際して仲介の労をとっていただいた。学部生時代に出会った『危機における人間と学問』から始まって、折々に先生の著作をひもとき、大学教員になって担当した最初の演習では『デュルケームとウェーバー』をテキストに選んだ。本書の出発点もまた、『経済と社会』再構成にかかわる先生の膨大な業績である。先生が切り開いた道を歩かせてもらいながら、ところどころで勝手なことを言っている、というのが本書での私の姿かもしれない。にもかかわらず、同じ領域を研究対象とする後進という以外は接点のない私に対する先生のご厚情は、文字通り「有り難い」ことで、お礼の申し上げようもない。今後も地道にヴェーバー研究を続けていくことで、少しでもお返しができればと思う。

最後になったが、専門書の出版事情が厳しい中で本書の出版を引き受けて下さった未來社の西谷能英社長、編集の労をとっていただいた中村大吾氏に心より感謝申し上げたい。

二〇〇七年八月

松井克浩

［人名索引］

▼ア行
相澤出　71
荒川敏彦　145
アンダーソン（Benedict Anderson）　108
安藤英治　69
ヴィンケルマン（Johannes Winckelmann）　18-9, 25, 147, 248-9
上山安敏　142
宇都宮京子　27-8, 69-70
オーウェン（David Owen）　260
大塚久雄　13, 25
折原浩　14-5, 18-9, 21, 25-9, 69, 72-3, 77, 98, 107, 120, 213-4, 258
オルブロウ（Martin Albrow）　27, 71
▼カ行
加藤眞義　72
川島武宜　206
姜尚中　143-4
菅野正　107-8
コールバーグ（Stephen Kalberg）　68
▼サ行
ザイファート（Constans Seyfarth）　141
佐久間孝正　108, 153-6, 161, 202
笹倉秀夫　250
雀部幸隆　144, 207, 209-10, 214
佐藤慶幸　144
佐野誠　108
シュッツ（Alfred Schütz）　70
シュプロンデル（Walter M. Sprondel）　141
シュルフター（Wolfgang Schluchter）　25-7, 70, 141, 150-3, 161, 201-2, 208, 210-1, 260
ジンメル（Georg Simmel）　32, 237

スカッフ（Lawrence A. Scaff） 69
杉浦克己 29
杉野勇 69
▼タ行
平子友長 71-2
高城和義 12
ターナー（Bryan S. Turner） 69
デュルケム（Emile Durkheim） 92, 106
テンブルック（Friedlich Tenbruck） 18, 25, 145, 260
▼ナ行
中野敏男 15, 69, 149, 156-61, 178, 196, 204, 207
西原和久 208
ニーチェ（Friedrich Nietzsche） 13-4, 37-8, 112, 114, 125-9, 142-4, 148-9, 157, 241, 247, 256
野口雅弘 210
▼ハ行
橋本直人 71, 208
パーソンズ（Talcott Parsons） 12, 92, 106, 141
ハーバーマス（Jürgen Habermas） 17
林道義 21, 28
ビーサム（David Beetham） 213, 249
廣松渉 70-1
ブルデュー（Pierre Bourdieu） 142, 249
ヘニス（Wilhelm Hennis） 145, 260
ベンディクス（Reinhard Bendix） 140
ポイカート（Detlev J. K. Peukert） 108, 145, 210-1
▼マ行
前川輝光 145, 211
牧野雅彦 142
三苫利幸 108
向井守 25
モムゼン（Wolfgang J. Mommsen） 12, 25, 148-9, 153, 155, 207, 209, 249

▼ヤ行
柳父圀近　260-1
矢野善郎　141
山之内靖　13-4, 111-2, 143, 149
嘉目克彦　141
米本昌平　108
▼ラ行
リンガー（Fritz Ringer）　68-9
ルーマン（Niklas Luhmann）　17, 157, 159-61, 207
ロッシ（Pietro Rossi）　26

［事項索引］

▼ア行

アンシュタルト（Anstalt） 28, 58-61, 63, 75-6, 104-5, 135, 165-6, 179-80, 215, 218

家ゲマインシャフト 23, 60, 76, 95-7, 108, 216, 220-1, 233

威信感情（Prestigegefühl） 223-5, 227, 245-7

▼カ行

階級（Klass）：

——行為 234

——対立 235, 237

——的地位 233-7, 242-3

——的利害 234-5

——闘争 194, 235

家産制（Patrimonialismus） 60, 96-7, 107, 166-9, 173-4, 209；

——国家（Patrimonialstaat） 107-8, 209

カースト（Kaste） 123, 127, 129, 241

かのような（als ob） 19, 21, 23, 32, 44-5, 48-50, 58, 62, 66, 72, 75, 86-90, 98, 103, 106, 160, 181, 205, 238, 251, 255

家父長制（Patriarchalismus） 107-8, 167, 172-4, 201, 209

貨幣 29, 48-9, 52, 64, 85-6, 88

カリスマ（Charisma） 12, 119, 121, 135, 148, 155-6, 161, 211, 220, 259-60

慣習律（Konvention） 16, 54, 56, 80-4, 89-90, 97, 103, 117, 121, 142, 154, 163, 206, 230, 238-9, 242

義務づけられた（verbindlich） 46, 51-4, 58-9, 62, 66, 72, 86-7, 89, 163, 238

恭順（Pietät） 61, 96, 98-9, 135, 187

強制権力（Gewalt） 186-7, 214-6, 219-21, 245

「強制されたが欲したのだ」（“coactus voluit“） 184, 187, 201, 203, 206

強制装置（Zwangsapparat） 54, 59, 79, 81, 83, 86, 90, 164

共属意識（Gemeinsamkeitsbewußtsein） 23, 100, 103

兄弟関係／兄弟盟約（Verbrüderung） 98, 101-2, 178

兄弟契約（Verbrüderungsvertrag） 177-8

規律（Disziplin）　122, 134, 158, 186-7, 190, 207, 209
近代化　12, 105, 111, 145, 192, 257
近代主義　13, 147, 201
近代批判　13-5, 25, 111, 148, 153, 160, 162
近隣（Nachbar）：
　——ゲマインシャフト　96-7
　——性　96-7, 103
　——団体　97, 216, 220
形式性と実質性　24, 156, 162, 171-2, 198, 203, 206, 208
形式的合理化　24, 149, 162-3, 166-7, 205
契約の自由（Vertragsfreiheit）　154, 165, 167, 175-6, 181-5, 188-91, 193-4, 201, 205-6
権威（Autorität）　96, 98, 107, 117, 126, 135, 171-2, 184-8, 194-6, 203, 206, 209
言語　29, 49, 57, 102, 208, 217, 225, 229, 246
原生的（urwüchsig）　60, 96-100, 102, 104, 107, 177-8
合意（Vereinbarung）　89-90, 144, 164, 166, 177-8, 181-3, 187, 189-91, 201, 204-6
拘束性／拘束力（Verbindlichkeit）　21, 71, 79, 81-2, 85, 87-8, 90, 92, 99, 102-3, 160, 188, 192, 239, 248, 252, 254
合法性（Legalität）　46, 57, 75, 147-8, 150-1, 160, 197
合理化過程　12, 16, 22, 96, 98, 138, 143, 150, 156, 162, 202
合理主義（Rationalismus）　122-4, 129, 133-4, 140-1, 148, 150, 175, 188-9, 195, 198, 205, 257
国民意識　217, 244
▼サ行
祭司（Priester）　117-22, 124, 131, 142, 173, 210
思考習慣（Denkgewohnheit）　45, 64, 119-20, 138-9
自己義認（Selbstrechtfertigung）　130, 137, 139, 209, 247-8, 256, 259
市場ゲマインシャフト　57, 88, 165, 177, 185-7, 193, 202
自然法（Naturrecht）　12, 16, 147-8, 151-3, 157, 166, 175, 188-96, 202-3, 209-10
氏族（Sippe）　97-8, 101, 220
自尊感情／自尊心（Selbstachtung）130, 143, 184, 187, 201, 206, 247, 250, 254, 256-7
死の要求権　24, 215-6, 244-5, 247

司牧（Seelsorge） 121, 174, 201, 208
市民層（Bürgertum） 13, 16, 172, 205
自由主義 147, 250
重層化 23-4, 104, 107, 162, 200
重層性 76, 92, 96, 104, 108, 145, 206, 215, 244, 255
習俗（Sitte） 54, 78, 80, 81, 83, 84, 89, 100, 102, 103, 154
種族（的）（ethnisch） 23, 91, 99-103, 108-9, 229, 241-2
授与（Oktroyierung） 61-4, 71, 87-9, 103, 135, 164, 173, 179, 206
小市民層（Kleinbürgertum） 123-4
人権（Menschenrechte） 147, 151, 189, 192, 201-2, 209-10
人種（Rasse） 99-100, 102-3, 108-9, 229, 246
信条倫理（Gesinnungsethik） 121, 136
人民投票的指導者民主制 12, 148, 155
整合型（Richtigkeitstypus） 34-36, 40, 43, 70
整合合理性（Richtigkeitsrationalität） 34, 36, 69
誠実（Treue） 97-9, 107, 123, 198, 209
正当性（Legitimität） 106, 140, 148, 151, 190-1, 193, 196, 220-1
責任倫理（Verantwortungsethik） 67, 150, 152-3, 161, 201
全人格性（Gesamtpersönlichkeit） 23, 94, 132, 136-7, 139, 144, 177, 257
▼タ行
大衆（Masse） 28, 64, 121, 149, 172, 199, 221, 226-7, 232, 235, 245, 247, 254, 257
脱魔術化（Entzauberung） 145, 197, 209, 260
団体（Verband）:
　　――結成 31, 69
　　――行為 60, 62, 79, 218
　　政治―― 125, 163, 165, 167, 174, 217, 221
知識人（Intellektuellen） 227, 231-2, 246-7, 260
追憶のゲマインシャフト（Erinnerungsgemeinschaften） 217, 219, 244
適合的因果連関（adäquate Verursachung） 34-5, 44, 51
適法性（Rechtmäßigkeit） 217, 218-20, 222, 245
鉄の檻 12-7, 22, 91-2, 111-2, 140, 148-9, 155, 186, 251, 255-7, 259
伝統（Tradition） 16, 68, 82, 109, 120, 168, 169, 178, 208, 214

伝統主義（Traditionalismus）　13, 116, 121-2
同胞性／同胞愛（Brüderlichkeit）　97, 99, 143-4
▼ナ行
半ば意識的（halb bewußt）　163-4, 191, 204, 206, 208
ナチズム　12, 148-9
▼ハ行
パーリア（Paria）　37, 125-7, 129-30, 142-3, 241, 247
範囲を超えた（übergreifend）　56, 93-4, 101-2, 107, 229, 249, 255
非合理性　13-4, 261
平信徒（Laie）　117-22, 124, 131, 142, 210
品位感情（Würdegefühl）　23, 38, 122-3, 128-30, 137, 139-40, 142-3, 197, 241, 247-8, 256
物象化（Versachlichung） 15-7, 22, 101, 105, 133-4, 137, 140, 143, 150, 153-7, 160-2, 175, 185-7, 202, 251, 255-7
プロテスタンティズム（Protestantismus） 13-4, 16, 111-2, 125, 133-5, 137-8, 143-4
プロテスタント的近代　111-2, 138, 140
法（Recht）：
　客観的――　80, 181, 204
　――教義学　36, 38, 40, 200
　近代――　148, 150-4, 175-6, 179-80, 182, 198, 201, 203, 205, 207-8, 248
　――実証主義　195-6
　特別――　165-6, 179-81
　――仲間　168, 179
　――と倫理　151-2, 161, 174, 201, 208
　ローマ――　134, 166-7, 169-70, 188
方法論的個人主義　23, 31, 38, 67-9, 112
没意味化　14-6, 21, 28, 67, 72-3, 104, 158-9, 161, 255
▼マ行
身分（Stand）：
　――契約（Statuskontrakt）　177-8
　――的諸特権　165-6, 174-5
　――的地位　236

——的名誉　237-9, 242, 246-7
民主制／民主主義（Demokratie）　147-8, 172
無意識　33, 37, 40, 114, 126, 128, 139, 143, 164, 208, 252
名望家（Honoratioren）　97, 108, 169, 173
目的（Zweck）
——契約　178, 190
——結社　47, 58, 59, 104
——団体　93-5, 144
目的合理性（Zweckrationalität）　14, 17, 34, 36, 54
▼ヤ行
ユダヤ教（Judentum）　38, 125-7, 129-30, 134-5, 142
預言（Prophetie）　119-22, 124, 127, 132, 139
預言者（Prophet）　60, 117-22, 124, 131, 142, 210
予定信仰（Prädestinationsglaube）　35, 136, 137
▼ラ行
理念型（Idealtypus）　12, 16, 47, 49, 58, 93, 152, 164, 178, 203, 243, 252
諒解（Einverständnis）
——関係　21, 28, 56, 73, 89-90, 93, 95, 104-5, 144, 208, 240
——ゲマインシャフト　24, 59-60, 76, 92, 104-5, 165, 178, 180, 190-1, 200, 215, 229, 240, 255
——行為　28, 52-7, 59-60, 62-3, 78, 82, 84-5, 220
正当性——　24, 62, 66, 215, 218-20, 245, 259
倫理（Ethik）：
——的アノミー　35, 137
——的宗教性　118, 121, 123-4, 131, 210
ルサンチマン（Ressentiment）　37-8, 114, 125-30, 139, 142-3, 241, 247, 256

[文献]

相澤出, 2004, 「ヴェーバーにおける学問研究の社会学――『授与―諒解』論の視点から」『社会学研究』75 : 83-112.

Albrow, Martin, 1990, *Max Weber's Construction of Social Theory*, Macmillan, London.

Anderson, Benedict, 1983, *Imagined Communities : Reflections on the Origin and Spread of Nationalism*, Verso, London. (＝1987, 白石隆・白石さや訳『想像の共同体――ナショナリズムの起源と流行』リブロポート.)

安藤英治, 1992, 『ウェーバー歴史社会学の出立――歴史認識と価値意識』未來社.

荒川敏彦, 2002, 「脱魔術化と再魔術化――創造と排除のポリティクス」『社会思想史研究』26 : 49-61.

Beetham, David, 1985, *Max Weber and the Theory of Modern Politics*, 2nd ed., Polity Press, Cambridge. (＝1988, 住谷一彦・小林純訳『マックス・ヴェーバーと近代政治理論』未來社.)

Bendix, Reinhard, 1977, *Max Weber : An Intellectual Portrait*, University of California Press, Berkeley. (＝1987, 折原浩訳『マックス・ウェーバー――その学問の包括的一肖像』上・下, 三一書房.)

Bourdieu, Pierre, 1987, Legitimation and Structured Interests in Weber's Sociology of Religion, Whimster, Sam & Scott Lash (ed.), *Max Weber, Rationality and Modernity*, Allen & Unwin, London : 119-136.

ブルデュー, ピエール, 1991,『構造と実践』(石崎晴己訳) 藤原書店.

デュルケム, エミール, 1971,『社会分業論』(田原音和訳) 青木書店.

Habermas, Jürgen, 1981, *Theorie des kommunikativen Handelns*, Band 2, Suhrkamp, Frankfurt am Main. (＝1987, 丸山高司, 他訳『コミュニケイション的行為の理論(下)』未來社.)

橋本直人, 1997, 「M. ウェーバーにおける『形式的』法の逆説――近世西欧における法の合理化過程を中心に」『社会学評論』191 : 2-18.

――――, 2000, 「ヴェーバー行為論における目的合理性と『秩序問題』」『情況』7月号 : 39-52.

橋本努・橋本直人・矢野善郎編, 2000,『マックス・ヴェーバーの新世紀』未來社.

林道義, 1970,『ウェーバー社会学の方法と構想』岩波書店.

Hennis, Wilhelm, 1987, *Max Webers Fragestellung*, J. C. B. Mohr, Tübingen.（=1991, 雀部幸隆・嘉目克彦・豊田謙二・勝又正直訳『マックス・ヴェーバーの問題設定』恒星社厚生閣.

廣松渉, 1991,『現象学的社会学の祖型——A・シュッツ研究ノート』青土社.

Kalberg, Stephen, 1994, *Max Weber's Comparative-Historical Sociology*, Polity Press, Cambridge.（=1999, 甲南大学ヴェーバー研究会訳『マックス・ヴェーバーの比較歴史社会学』ミネルヴァ書房.）

姜尚中, 2003,『マックス・ウェーバーと近代』岩波書店（岩波現代文庫).

菅野正, 1993,『ウェーバーと近代化論』恒星社厚生閣.

————, 2004,「ウェーバー研究と農村調査の間——ウェーバー研究の私的回顧」『社会学研究』75 : 159-177.

加藤眞義, 1999,『個と行為と表象の社会学——マルクス社会理論の研究』創風社.

川島武宜, 1950,『日本社会の家族的構成』日本評論社.

Luhmann, Niklas, 1972, *Rechtssoziologie*, Rowohlt Taschenbuch Verlag, Hamburg.（=1977, 村上淳一・六本佳平訳『法社会学』岩波書店.）

前川輝光, 1992『マックス・ヴェーバーとインド——甦るクシャトリヤ』未來社.

牧野雅彦, 2000,『責任倫理の系譜学——ウェーバーにおける政治と学問』日本評論社.

松井克浩, 1989,「ウェーバーの近代的支配論における『諒解』の位置」『社会学研究』54 : 135-153.

————, 1991,「『諒解』にもとづいた支配——ウェーバーの『権威的』支配へのアプローチ」『新潟大学教養部研究紀要』22 : 77-88.

————, 1997,「M. ヴェーバーとR. ミヘルス——ドイツ社会民主党・大衆民主主義・ファシズム」細谷昂編『現代社会学とマルクス』アカデミア出版会 : 303-323.

三苫利幸, 2000,「マックス・ヴェーバーにおける『人種』概念の再検討」『社会学史研究』22 : 67-76.

Mommsen, Wolfgang J., 1974, *Max Weber und die deutsche Politik 1890-1920*, 2. Aufl., J. C. B. Mohr, Tübingen.（=1994, 安世舟・五十嵐一郎・小林純・牧野雅彦

訳『マックス・ヴェーバーとドイツ政治 1890～1920』II, 未來社.)
向井守, 1997,『マックス・ウェーバーの科学論――ディルタイからウェーバーへの精神史的考察』ミネルヴァ書房.
中野敏男, 1983,『マックス・ウェーバーと現代』三一書房.
――――, 1988,「法秩序形成の社会学とその批判的潜在力――ウェーバー『法社会学』の問題構成と射程」『思想』5 月号 : 86-119.
――――, 1993,『近代法システムと批判――ウェーバーからルーマンを超えて』弘文堂.
西原和久, 2003,『自己と社会――現象学の社会理論と〈発生社会学〉』新泉社.
野口雅弘, 2006,『闘争と文化――マックス・ウェーバーの文化社会学と政治理論』みすず書房.
大塚久雄, 1965,「《Betrieb》と経済的合理主義」大塚編『マックス・ヴェーバー研究』東京大学出版会 : 303-332.
折原浩, 1969,『危機における人間と学問――マージナル・マンの理論とウェーバー像の変貌』未來社.
――――, 1988,『マックス・ウェーバー基礎研究序説』未來社.
――――, 1996,『ヴェーバー『経済と社会』の再構成――トルソの頭』東京大学出版会.
――――, 1997,「原生的血縁・地縁（家・近隣・氏族）ゲマインシャフトとその発展傾向にかんする理解社会学的概念構成――ヴェーバー『経済と社会』の全体像構築に向けて（1）」『名古屋大学文学部研究論集 哲学』43 : 77-93.
――――, 1999,「宗教的行為と宗教的ゲマインシャフト形成にかんする理解社会学的概念構成（3）」『名古屋大学文学部研究論集 哲学』45 : 121-137.
――――, 2000,「『双頭の五肢体部分』は容認できるか」（シュルフター・折原, 2000 : 111-150）.
Owen, David, 1994, *Maturity and Modernity : Nietzsche, Weber, Foucault and the ambivalence of reason*, Routledge, London.（＝2002, 宮原浩二郎・名部圭一訳『成熟と近代――ニーチェ・ウェーバー・フーコーの系譜学』新曜社.)
Parsons, Talcott, 1968, *The Structure of Social Action*, Volume II, The Free Press, New York.（＝1974, 稲上毅・厚東洋輔訳『社会的行為の構造』第 4 分冊, 木鐸社 ; 1989, 稲上毅・厚東洋輔・溝部明男訳『社会的行為の構造』第 5 分冊, 木鐸社.)

Peukert, Detlev J. K., 1989, *Max Webers Diagnose der Moderne*, Vandenhoeck & Ruprecht, Göttingen.（＝1994, 雀部幸隆・小野清美訳『ウェーバー 近代への診断』名古屋大学出版会.）
Ringer, Fritz, 1997, *Max Weber's Methodology*, Harvard University Press, Cambridge.
Rossi, Pietro, 1987, *Vom Hisorismus zur historischen Sozialwissenschaft*, Suhrkamp, Frankfurt am Main.（＝1992, 水沼知一訳『マックス・ウェーバー講義』みすず書房.）
佐久間孝正, 1986,『ウェーバーと比較社会学——「人格化」と「物象化」の東西文化比較』創風社.
————, 2000,「エスニシティ・ネイションの『政治・国家社会学』としての『経済と社会』」(橋本努・橋本直人・矢野善郎編 2000 : 42-58.)
佐野誠, 1993,『ヴェーバーとナチズムの間——近代ドイツの法・国家・宗教』名古屋大学出版会.
雀部幸隆, 1993,『知と意味の位相——ウェーバー思想世界への序論』恒星社厚生閣.
————, 1999,『ウェーバーと政治の世界』恒星社厚生閣.
————, 2001,『ウェーバーとワイマール——政治思想史的考察』ミネルヴァ書房.
————, 2005,「ウェーバーの政治ゲマインシャフト形成論」『椙山女学園大学人間関係学研究』3 : 119-151.
笹倉秀夫, 1979,「いわゆる『ヴェーバー問題』について——マックス・ヴェーバーにおける『自立人』・『小集団』・『国家』の連関構造」『大阪市立大学 法学雑誌』25-3・4 : 7-57.
佐藤慶幸, 1986,『ウェーバーからハバーマスへ』世界書院.
Scaff, Lawrence A., 1984, Weber before Weberian Sociology, in : *The British Journal of Sociology*, 35-2 : 190-215.
Schluchter, Wolfgang, 1979, *Die Entwicklung des okzidentalen Rationalismus*, J. C. B. Mohr, Tübingen.（＝1987, 嘉目克彦訳『近代合理主義の成立』未來社.）
————, 1980, *Rationalismus der Weltbeherrschung*, Suhrkamp, Frankfurt am Main.（＝1984, 米沢和彦・嘉目克彦訳『現世支配の合理主義』未來社.）
————, 1988, *Religion und Lebensführung*, Band 2, Suhrkamp, Frankfurt am Main.（＝1990, 河上倫逸編『ヴェーバーの再検討』風行社.）
————, 2000, *Individualismus, Verantwortungsethik und Vielfalt*, Velbrück Wissenschaft,

Göttingen.（＝シュルフター・折原, 2000 : 47–74, 95–110）
———, 2005, *Handlung, Ordnung und Kultur : Studien zu einem Forschungsprogramm im Anschluss an Max Weber*, Mohr Siebeck, Tübingen.
シュルフター, W.・折原浩, 2000,『『経済と社会』再構成論の新展開』未來社.
Schütz, Alfred, 1981, *Der sinnhafte Aufbau der sozialen Welt*, 2. Aufl., Suhrkamp, Frankfurt am Mein.（＝1982, 佐藤嘉一訳『社会的世界の意味構成』木鐸社.）
Simmel, Georg, 1922, *Soziologie : Untersuchungen über die Formen der Vergesellschaftung*, 2. Aufl., Duncker & Humblot, München.（＝1970, 居安正訳『社会文化論 社会学（現代社会学大系 第1巻）』青木書店.）
Sprondel, Walter M. und Constans Seyfarth（Hg.）, 1981, *Max Weber und die Rationalisierung sozialen Handelns*, Ferdinand Enke Verlag, Stuttgart.
杉野勇, 2000,「視点の差異と合理性――目的合理性と整合合理性について」『情況』7月号 : 53–64.
杉浦克己, 2000,「ヴェーバー行為論の検討――『諒解』概念の可能性」（相関社会科学有志編『ヴェーバー・デュルケム・日本社会――社会学の古典と現代』ハーベスト社 : 1–17.）
平子友長, 1997,「解説」『高島善哉著作集7 マルクスとヴェーバー』こぶし書房 : 451–489.
高城和義, 2003,『パーソンズとウェーバー』岩波書店.
Tenbruck, Friedlich, 1975, Das Werk Max Webers, *Kölner Zeitschrift für Soziologie und Sozialpsychologie*, 27–4 : 663–702.（＝1997, 住谷一彦・小林純・山田正範訳『マックス・ヴェーバーの業績』未來社.）
Turner, Bryan S., 1981, *For Weber, Essays on the Sociology of Fate*, Routledge & Kegan Paul, London.
上山安敏, 2000,「マックス・ウェーバーの『パーリア』論」（橋本努・橋本直人・矢野善郎編 2000 : 164–183.）
宇都宮京子, 1989,「マックス・ウェーバーの方法論についての一考察――『客観的可能性の範疇』並びに『整合合理性』と『整合型』の意味をめぐって」『人間文化研究年報』13 : 123–136.
———, 1993,「ウェーバー理解社会学における整合型と現象学の意義――方法論における一貫性とその原理」『人間文化研究年報』17 : 1–10.
———, 1999,「マックス・ヴェーバーの行為論」『情況』4月号別冊 : 39–54.

———, 2000,「リッケルトとヴェーバーの関係の再考察」『情況』7月号 : 21-38.

Weber, Max, 1920, *Gesammelte Aufsätze zur Religionssoziologie* I, J. C. B. Mohr, Tübingen.（＝1989, 大塚久雄訳『プロテスタンティズムの倫理と資本主義の精神』岩波文庫.）

———, 1924, *Gesammelte Aufsätze zur Soziologie und Sozialpolitik*, J. C. B. Mohr, Tübingen.（＝1982, 中村貞二訳「市町村の経済的事業によせて」『政治論集』1, みすず書房 : 100-106 ; 1982, 中村貞二訳「ドイツ社会学会の立場と課題」『ウェーバー 社会科学論集（完訳 世界の大思想 1)』河出書房新社 : 207-234.）

———, 1976, *Wirtschaft und Gesellschaft*, 5. Aufl., J. C. B. Mohr, Tübingen.（＝1960, 世良晃志郎訳『支配の社会学』I, 創文社 ; 1962, 世良晃志郎訳『支配の社会学』II, 創文社 ; 1974, 世良晃志郎訳『法社会学』創文社.）

———, 1978, *Economy and Society*, University of California Press, Berkeley.

———, 1980, *Gesammelte Politische Schriften*, 4. Aufl., J. C. B. Mohr, Tübingen.（＝1982, 中村貞二・山田高生訳「新秩序ドイツの議会と政府」『政治論集』2, みすず書房 : 333-486.）

———, 1981, Some Categories of Interpretive Sociology, *Sociological Quarterly*, 22-2 : 151-180.

———, 1985, *Gesammelte Aufsätze zur Wissenschaftslehre*, 6. Aufl., J. C. B. Mohr, Tübingen.（＝1988, 松井秀親訳『ロッシャーとクニース』未來社 ; 1987, 阿閉吉男・内藤莞爾訳『社会学の基礎概念』恒星社厚生閣 ; 1990, 海老原明夫・中野敏男訳『理解社会学のカテゴリー』未來社.）

———, 2001a, *Wirtschaft und Gesellschaft, Gemeinschaften, Max Weber Gesamtausgabe*, I/22-1, J. C. B. Mohr, Tübingen.（＝1954, 濱島朗訳『権力と支配』みすず書房 ; 1977, 中村貞二訳「種族的共同社会関係」『みすず』211 : 64-81 ; 1979, 厚東洋輔訳「共同体の経済的関係についての一般的考察」「ゲマインシャフト結合とゲゼルシャフト結合の諸類型」『ウェーバー』中央公論社 : 528-553, 554-598.）

———, 2001 b, *Wirtschaft und Gesellschaft, Religiöse Gemeinschaften, Max Weber Gesamtausgabe*, I/22-2, J. C. B. Mohr, Tübingen.（＝1976, 武藤一雄・薗田宗人・薗田坦訳『宗教社会学』創文社.）

Winckelmann, Johannes, 1952, *Legitimität und Legalität in Max Webers Herrschaftssoziologie*, J. C. B. Mohr, Tübingen.

———, 1986, *Max Webers hinterlassenes Hauptwerk : Die Wirtschaft und die gesellschaftlichen Ordnungen und Mächte*, J. C. B. Mohr, Tübingen.

柳父圀近, 1983,『ウェーバーとトレルチ――宗教と支配についての試論』みすず書房.

山之内靖, 1982,『現代社会の歴史的位相――疎外論の再構成をめざして』日本評論社.

———, 1986,『社会科学の現在』未來社.

———, 1993,『ニーチェとヴェーバー』未來社.

———, 1997,『マックス・ヴェーバー入門』岩波新書.

矢野善郎, 2003,『マックス・ヴェーバーの方法論的合理主義』創文社.

米本昌平, 1989,『遺伝管理社会』弘文堂.

嘉目克彦, 2001,『ヴェーバーと近代文化人の悲劇』恒星社厚生閣.

［初出一覧］

本稿の各章と既発表論文との対応は，以下の通りである．ただしいずれも，本稿に収録するにあたって大幅に書き直してある．

序章………書き下ろし

第一章……「ヴェーバーにおける『意味』と『諒解』――『理解社会学のカテゴリー』の問題構制」『社会学史研究』23, 2001 : 73-83.

第二章

第一節・第二節……「諒解と秩序形成――ヴェーバー『経済と社会』草稿から」『社会学年報』31, 2002 : 27-44.

第三節・第四節……「ゲマインシャフトの重層性と『諒解』――M・ヴェーバーの『経済と社会』草稿から」『社会学評論』55-2, 2004 : 115-128.

第三章……「『理解』の方法と宗教社会学――M・ヴェーバー『経済と社会』草稿の研究」『社会学研究』75, 2004 : 113-134.

第四章……書き下ろし

第五章……書き下ろし

終章………書き下ろし

［著者略歴］
松井克浩（まついかつひろ）
1961年　新潟県生まれ
1984年　東北大学文学部卒業
1991年　東北大学大学院文学研究科博士課程単位取得退学
1991年　新潟大学教養部専任講師
1993年　新潟大学教養部助教授
2006年　新潟大学人文社会・教育科学系教授．博士（文学）
専　攻　社会学理論，地域社会学
主　著　『行為と時代認識の社会学』（共著，創風社，1995年）
『現代社会学とマルクス』（共著，アカデミア出版会，1997年）
『デモクラシー・リフレクション』（共著，リベルタ出版，2005年）

ヴェーバー社会理論のダイナミクス
——「諒解」概念による『経済と社会』の再検討

2007年9月25日　初版第1刷発行

著者　松井克浩
発行者　西谷能英
発行所　株式会社未來社
〒112-0002　東京都文京区小石川3-7-2
振替 00170-3-87385　電話 03-3814-5521（代表）
http://www.miraisha.co.jp/　info@miraisha.co.jp

印刷　精興社
製本　榎本製本
定価　本体3500円＋税
ISBN978-4-624-40060-6　C0036

ウェーバー著／梶山力訳・安藤英治編
プロテスタンティズムの倫理と資本主義の《精神》
忘却の淵に沈まんとしている先達の名訳を復活・復権。本復活版では、大改定がなされた『倫理』論文の改定内容が立体的に把握でき、「アメリカにおける教会とゼクテ」も収録。　四八〇〇円

ウェーバー著／海老原明夫・中野敏男訳
理解社会学のカテゴリー
ウェーバーの古典の一つである本書は、ウェーバー自身の広大な学問体系のまさに核心に触れるものであり、近年ドイツで進展したウェーバー研究の最新成果を踏えた新訳である。　二二〇〇円

ウェーバー著／松井秀親訳
ロッシャーとクニース
ドイツ歴史学派の創始者ロッシャーとクニースの歴史的方法と国民経済学の連関を、怜悧な科学的精神で批判した、神経症克服後の最初の重要な業績。　二八〇〇円

ウェーバー著／田中真晴訳
国民国家と経済政策
歴史学派・史的唯物批判の視角からウェーバーの方法論的自立が確立された名著。東エルベ農業問題を踏まえ、ドイツの危機と経済学者の在り方に鋭い問題提起をおこなう。　一五〇〇円

ウェーバー著／肥前栄一訳
東エルベ・ドイツにおける農業労働者の状態
初期ウェーバーの農業経済研究の古典。農業労働制度の変化と農業における資本主義の発展傾向を分析。エンゲルスの『イギリスにおける労働者階級の状態』とも並び称される名著。　二八〇〇円

レヴィット著／柴田・脇・安藤訳
ウェーバーとマルクス
〝マルクス＝ウェーバー問題〟を初めて提起した初期レヴィットの代表的論文で、資本主義社会の自己疎外＝合理化にかんする両巨人の分析批判と理念の相異を比較検討した名著。　一八〇〇円

モムゼン著／得永新太郎訳
官僚制の時代
［マックス・ヴェーバーの**政治社会学**］依然として今日の社会学的問題である官僚制をヴェーバーは自由抑圧の装置として把えた。モムゼンによるヴェーバー官僚制論の平易・明快な入門書。　二〇〇〇円

（消費税別）

山之内靖著
ニーチェとヴェーバー
痛烈なニーチェ批判者であったヴェーバー。しかしその理路に潜むニーチェ的モーメントを丹念に追跡する作業を通じて新たなヴェーバー像が浮かび上がる。精妙かつ大胆な読解。 三二〇〇円

前川輝光著
マックス・ヴェーバーとインド［オンデマンド版］
［**甦るクシャトリヤ**］ヴェーバー＝ニーチェ関係に着目する山之内靖氏の新研究に依拠しつつ、ヴェーバー「ヒンドゥー教と仏教」にバラモンとクシャトリヤの対抗図式を透視する。 四二〇〇円

橋本努・橋本直人・矢野善郎編
マックス・ヴェーバーの新世紀
［**変容する日本社会と認識の転回**］シンポジウム「マックス・ヴェーバーと近代日本」を起点とする本書は、日本のヴェーバー研究の到達点と21世紀に向けて継承すべき課題を示す。 三八〇〇円

折原浩著
ヴェーバー学のすすめ
「倫理」論文を、言われなき批判から擁護する。全てのヴェーバー研究者への問題提起であるとともに、日本の学問文化のあり方への批判の書。いまヴェーバーを読む意味とは何か。 一八〇〇円

折原浩著
学問の未来
［**ヴェーバー学における末人跳梁批判**］学問軽視・専門家無視の軽佻浮薄化する風潮に抗し、怒りをこめて痛烈に批判する論争書『ヴェーバー学のすすめ』につづく羽入辰郎書批判。 五八〇〇円

折原浩著
ヴェーバー学の未来
［**「倫理」論文の読解から歴史・社会科学の方法会得へ**］長いヴェーバー研究の精髄を渾身の力で注ぎ込んだ待望の「マックス・ヴェーバー入門」。『学問の未来』の姉妹篇。 二四〇〇円

折原浩著
危機における人間と学問
［**マージナル・マンの理論とウェーバー像の変貌**］著者によって拡大深化された傍題の理論にもとづき、変革期知識人の役割を追求するマンハイム、ウェーバー論の全論文を収録。 二八〇〇円